原爆「黒い雨」訴訟

田村 和之・竹森 雅泰（編）

本の泉社

広島原爆による「黒い雨」降雨図

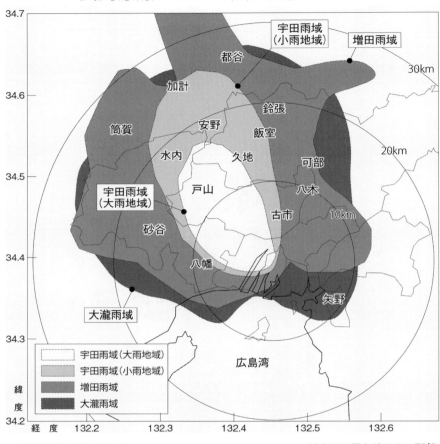

竹森雅泰弁護士作成

同心円は爆心地からの距離

1　「宇田雨域」（宇田降雨図）とは、広島原爆直後に当時の広島管区気象台の気象技師宇田道
　　隆氏らが行った調査によるもの。「大雨地域」と「小雨地域」に分けられ、前者が1976年
　　に「健康診断特例区域」に指定された。
2　「増田雨域」（増田降雨図）とは、元気象研究所予報研究室長増田善信博士が独自に調査し、
　　1989年に発表したもの。
3　「大瀧雨域」（大瀧降雨図）とは、2010年に広島大学原爆放射線医科学研究所の大瀧慈教
　　授が、広島市等の行ったアンケート調査をもとに統計解析を行って発表したもの。

増田善信「黒い雨」雨域図

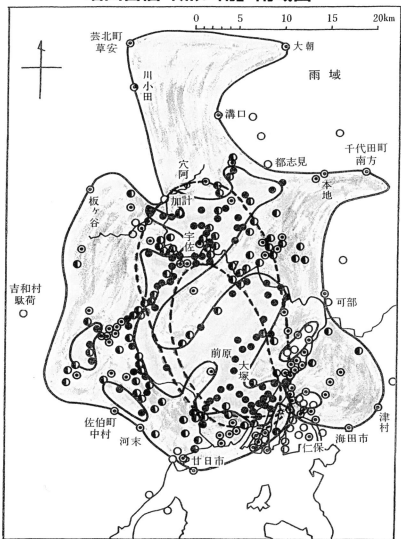

⊙は小雨、◗は中雨、●は大雨の降った地点で、○は雨が降らなかった地点である。
出典：増田善信「広島原爆後の"黒い雨"はどこまで降ったか」日本気象学会『天気』
（1989年2月）（手書きの地名を活字に改めている）

【目　次】

はしがき

　広島、長崎の原爆被爆から78年になる。ところが、今なお新たに原爆「被爆者」になる人がいる。

　2022年4月から2023年3月までの1年間に、約3,800人が広島県および広島市から被爆者健康手帳の交付を受けて「被爆者」となった。被爆者健康手帳の交付を受けた者が被爆者援護法にいう「被爆者」であり、上記の数の人が新たに「被爆者」となったのである。

　被爆者とは原爆を被爆したものであるとすれば、78年前の被爆のときから被爆者であるはずである。なぜ今頃になって「被爆者」が生まれるのか。答えは、法律にいう「被爆者」は、法律の定める要件や手続きにより「被爆者」と認められた者をいうことになっているからである。

　被爆者の救済・援護を目的とする法律である被爆者援護法の適用を受けようとすれば、この法律の定めるところにより「被爆者」と認められ、被爆者健康手帳の交付を受けなければならない。広島県・市が被爆者健康手帳を交付して「被爆者」と認めた人が、2022年度だけで上記の数にのぼるが、実はこの数は「黒い雨」被爆者だけである。

　広島原爆の直後、当時の広島市内だけでなく、市外のかなり広い範囲に「黒い雨」が降った。この雨には原爆により生じた放射性微粒子（フォールアウト）が含まれており、これに打たれ、あるいは、放射性微粒子が付着した野菜や水などを摂取した人は、原爆放射線（残留放射線）を外部被曝し、あるいは内部被曝した。この人が「黒い雨」被爆者である。

　広島原爆の関係では、1976年の原爆医療法施行令改正により旧・山県郡安野村の一部ほか9地域（宇田雨域の大雨地域）を健康診断特例区域と定め、これらの区域内で「黒い雨」に遭った人には被爆者健康手帳が交付

6

される途がひらかれた。しかし、「黒い雨」は、宇田雨域だけでなく、後に明らかにされる増田雨域や大瀧雨域でも降っていた。これらの雨域で「黒い雨」に遭った人たちは、「自分たちも被爆者である」「被爆者健康手帳の交付を求める」という運動に立ち上がった。この運動の集大成が「黒い雨」訴訟であった。

　「黒い雨」訴訟は、一審広島地裁、二審広島高裁ともに見事な原告「黒い雨」被爆者の勝利であった。被告の広島県・市および訴訟参加した厚生労働大臣は上告せず、高裁判決が確定し、84人の原告全員に被爆者健康手帳が交付された。閣議決定による「内閣総理大臣談話」が発表され、原告と同じような事情にあった者にも被爆者健康手帳を交付するとした。広島県によれば原告と同じような事情にあった者は1万3,000人に及ぶというから、冒頭に述べた3,800人は、この一部分でしかない。それにしても、この1年間に「被爆者」が3,800人も増えたのは驚きである。これをもたらしたのが「黒い雨」訴訟の原告勝訴であった。

　本書では、そのような「黒い雨」訴訟について論じた諸論文を一冊にまとめた。特色を述べると、第一は、編者および執筆者とも何らかの形で「黒い雨」訴訟に、原告に寄り添いながら関わっていることである。諸論文は、このような立場から書かれている。第二は、原爆「黒い雨」および「黒い雨」訴訟について、社会科学および自然科学の両面から考察した論文により構成されていることである。この意味で本書は、一つのテーマについての、社会科学・自然科学の協働による成果である。第三は、各執筆者が、それぞれの専門性を十二分に発揮して論じていることである。そのため、各論文は専門的であり、読みやすくないかも知れないが、ぜひ読破していただきたい。そして、編者・執筆者に、疑問、問題、課題を投げかけていただきたい。

　「黒い雨」訴訟の一審・二審判決は、放射線の健康に対する被害について、

その可能性があれば救済されなければならないと判断した。この考え方は、原爆放射線被害だけでなく、そのほかの放射線被害の救済に通底するところがある。このような判決を、被告の広島県・広島市だけでなく、参加行政庁の厚生労働大臣も受け入れたのであり、その責任は重い。

　本書の出版にあたっては、当初予定していた出版社を変更しなければならないという思いもかけない困難に遭遇した。そんな中で、本の泉社が刊行を引き受けてくださることになり、感謝の言葉もない。浜田和子社長、編集にあたられた井上一夫さん、田近裕之さんには、心より感謝申し上げる。

2023 年 5 月

編集にあたって

「黒い雨」訴訟とは

　「黒い雨」訴訟とは、広島地裁に提起された被爆者健康手帳交付申請却下処分の取消し、および、同手帳の交付の義務付けを求めた裁判である（広島地裁 2020 年 7 月 29 日判決。裁判所ウェブサイト、判例時報 2488・2489 合併号。広島高裁 2021 年 7 月 14 日判決。裁判所ウェブサイト、賃金と社会保障 1793・1794 合併号、判例時報 2521 号）。

「黒い雨」訴訟の原告、被告、参加行政庁について

　原告は広島原爆の直後に「黒い雨」に遭った者（被爆者）であり、被告は広島県および広島市である。広島地裁の審理が開始された直後に、行政事件訴訟法 23 条に基づき厚生労働大臣が訴訟参加を申し立て、認められた。参加行政庁の同大臣は、裁判では被告と同じ権限を有している。

「黒い雨」降雨域図について

本書巻頭に広島原爆「黒い雨」降雨域図を2枚収録した。その1つは、増田善信氏が作成したものである。もう1つは、これまでに明らかにされている宇田道隆氏作成の「宇田雨域」、「増田雨域」および大瀧慈氏作成の「大瀧雨域」を合体したものである。本書の諸論文は随所で「黒い雨」降雨域に言及しているが、巻頭掲載の降雨域図は全論文「共用」のものである。

カラー図の掲載個所について

増田善信論文（第5論文）および大瀧慈論文（第7論文）では随所にカラー図が用いられているが、印刷の都合上、巻末に収録した。該当の図の元の掲載個所に、この旨を記し、実際の掲載ページを記載した。

注記について

注記のしかたは、各執筆者の活動する学界により異なる。この違いを尊重し、あえて統一していない。

略語について

本書には、次のような略語が用いられている個所がある。
① 原子爆弾被爆者に対する援護に関する法律 → 被爆者援護法
② 原子爆弾被爆者の医療等に関する法律 → 原爆医療法
③ 原子爆弾被爆者に対する特別措置に関する法律 → 原爆特別措置法
④ ②および③の法律を合わせて「原爆二法」という。
⑤ 被爆者健康手帳 → 手帳

（田村 和之）

序　論

田村 和之・竹森 雅泰

　2021 年 7 月 14 日、被爆者援護法による被爆者健康手帳の交付を求める
広島原爆「黒い雨」訴訟で、広島高裁は広島県、広島市（以上、被告・控
訴人）および厚生労働大臣（参加行政庁）の控訴を棄却し、原告（被控訴
人）の「黒い雨」被爆者 84 名が勝訴した原審の広島地裁判決を維持した。
被告らは最高裁への上告を断念し、この判決を受け入れた。この結果、広
島高裁判決は確定し、原告全員が被爆者援護法 1 条 3 号「原爆が投下され
た際又はその後において、身体に原子爆弾の放射能の影響を受けるような
事情の下にあった者」（放射能影響被爆者、三号被爆者）に該当すると認
められ、被爆者健康手帳が交付されるとともに、同法による諸給付を受け
られることとなった。

「被爆者」と扱われない被爆者

　原爆被爆者の救済・援護を目的とする被爆者援護法（原子爆弾被爆者に
対する援護に関する法律。1994 年法律 117 号）の適用を受けるには、同法
1 条各号の「被爆者」と認定され、被爆者健康手帳の交付を受けなければ
ならない。第 1 号の「直接被爆者」および第 2 号の「入市被爆者」は、時
（原爆の投下の際、政令の定める期間内）と所在場所（広島市内・長崎市
内、隣接区域内）により類型化された概念であるが、第 3 号の「放射能影
響被爆者」は、上述のように原爆放射能による影響を身体に受けるような
事情の下にあった者であり、具体的にはこの規定の解釈により決まる非類
型的な概念である。同法の前身の原爆医療法（原子爆弾被爆者の医療等に
関する法律。1957 年法律 41 号）の制定当時、厚生省は被爆死者の遺体処
理に従事した者や爆心地から 5 km 以上離れた海上で被爆した者を具体例
として示した。その後、1968 年には被爆者の救護・看護にあたった者が

放射能影響被爆者に当たるとし、また、後述の1974年同法改正による「みなし被爆者」が一定の疾病に罹患していると診断されたときは、放射能影響被爆者に当たるとした。

　ところが、1980年に「被爆地域の指定は、科学的・合理的な根拠のある場合に限定して行うべきである」とする原爆被爆者対策基本問題懇談会「報告」（基本懇報告）が出された後は、「被爆地域」の拡大、「被爆者」の見直しは行われなくなった。このため、今なお被爆者援護法の適用外におかれ、原爆被害に苦しむ被爆者が多数残存している。その代表的な人々が広島原爆「黒い雨」被爆者であり、長崎原爆の「被爆体験者」である。これらの人たちは、被爆者援護法にいう「被爆者」と扱われてこなかったが、本書ではまぎれもなく被爆者であると考えている。

「黒い雨」に遭った被爆者

　「黒い雨」とは、広島・長崎原爆の爆発直後に形成された火災積乱雲から降った、黒色・泥状かつ油状の雨のことをいう。この雨が黒い色を呈していたのは、原爆爆発により形成された火球内で発生した黒い微粒子群と火災による煤が含まれていたからであり、「黒い雨」は非常に多くの放射性微粒子を含んでいた。

　広島原爆の「黒い雨」被爆者とは、爆心地の西方から北方、さらには東方の地域（「黒い雨」雨域図参照）に降った黒色の雨に遭った者である。「黒い雨」に打たれた者は放射性降下物による外部被曝を生じ、また、雨に打たれなくても放射性物質を含む飲料水や食物に付着した放射性物質を摂取したことにより内部被曝した。

　1974年に原爆医療法が改正され、原爆が投下された際政令で定める区域（健康診断特例区域）に在った者は、同法4条の健康診断の規定の適用については被爆者とみなす（前述の「みなし被爆者」）とされ（改正後の附則3項）、「健康診断受診者証」（現在の「第一種健康診断受診者証」）が交付されることになった（以上の仕組みは被爆者援護法にそのまま受け継がれている）。この法改正を受けて厚生省公衆衛生局長は通達（1974年7

月22日、衛発402号）を発し、健康診断受診者証を交付された者が健康診断を受けて一定の疾病にかかっていると診断されたときは、放射能影響被爆者（三号被爆者）に該当するとして被爆者健康手帳を交付できるとした。広島関係の健康診断特例区域としては、1976年の原爆医療法施行令の改正により「黒い雨」宇田雨域の大雨地域が定められたが、小雨地域は健康診断特例区域に定められなかった。また、「黒い雨」の降雨は、「宇田雨域」の外の広範な地域でみられたが、政府は降雨そのものを認めようとしなかった。

　原爆当時、同区域外に在った人たちは、自分たちも「黒い雨」に遭ったので被爆者に当たるとして住民組織をつくり、広島県・市、政府に対し「健康診断特例区域」（被爆区域）の拡大を求める運動を粘り強く展開するようになるが、厚生省・厚生労働省は科学的・合理的な根拠がないなどとして、要求を拒み続けてきた。1989年に気象研究者の増田善信が「黒い雨」雨域の調査研究結果（増田雨域）を学会誌に発表したが、広島県・市が1988年に設置した「黒い雨に関する専門家会議」は、残留放射能の残存と放射線による人体影響の存在は認められないとして、健康診断特例区域の拡大の必要性を否定した（1991年）。2010年には広島県と関係市町村は、2008年以降の調査研究結果を踏まえて、「黒い雨」はそれまで言われてきたより広い範囲で降った、放射性降下物の影響がみられるなどとして、新たに判明した黒い雨降雨範囲（大瀧雨域）を健康診断特例区域（第一種）と定めるよう政府に要望したが、2012年に政府はこれを拒んだ。

　このような経緯を経て、「黒い雨」雨域全域を「被爆区域」と定めることを求めてきた「黒い雨」被爆者は、残された道は裁判しかないと考え、2015年11月、被爆者健康手帳交付申請却下処分取消訴訟および同手帳交付の義務付けの訴えを広島地裁に提起した。被告は広島県と広島市であり、厚生労働大臣が訴訟参加した。4年半あまりの審理を経て、2020年7月29日、広島地裁は原告84名全員の請求を認める判決を出した。被告らは控訴したが、翌年7月14日、広島高裁は控訴棄却の判決を出した。広島県・市および厚生労働大臣は上告を断念し、判決は確定した。「黒い雨」に打

たれた人たちの「自分たちは被爆者である」という主張・要求は、40数年に及ぶ長いたたかいを経てようやく認められたのである。

広島高裁判決のいう「被爆者」

　広島高裁判決は、被爆者援護法が援護対象とする放射能影響被爆者（三号被爆者）に当たるかどうかは、「原爆の放射能により健康被害が生ずる可能性がある事情の下に置かれていた」か否か、言い換えれば、「原爆の放射能により健康被害が生ずることを否定することができない事情の下に置かれていた」か否かにより判断すべきであるとした。すなわち、この判決は、被爆者援護法により救済・援護すべき者は、原爆放射線により健康被害が既に発生している者でなく、健康被害が発生する可能性がある（発生を否定できない）者である、としたのである。

　放射線に被曝した場合、健康被害が直ちに発生するわけでなく、数十年あるいはそれ以上の年月の経過後に発生することがあることは、既に広く知られている。また、放射線被曝による健康被害については、いまだ科学的に解明されていないことも多い。この判決は、そのような放射線被曝者の救済・援護を健康被害の発生をまって行うのでなく、健康被害が未発生の段階であっても、その発生の可能性があれば（発生を否定できなければ）、被爆者援護法を適用して行うべきであると判断したのである

　被爆者援護法1条各号の「被爆者」は、いずれも原爆放射能の健康影響に着目した概念であり、1号の直接被爆者では原爆の初期放射線に着目し、2号の入市被爆者では初期放射線による残留放射線に着目し、前者は原爆爆発の際一定の区域内に在った者、後者は原爆爆発の後の定められた期間内に一定の区域内に在った者、と類型化した。したがって、これらの「被爆者」に該当するか否かは、各類型に当てはまるか否かにより判断される。これに対して、被爆者援護法1条3号の「身体に原子爆弾の放射能の影響を受けるような事情の下にあった者」は、前2号のように「被爆者」を類型化したものではない。広島高裁は、このような放射能影響被爆者についての前述のような理解を、同法の解釈として示したのである。

放射線被曝の健康影響の特性を考えれば、広島高裁判決のような理解は、原爆・核兵器による放射線だけでなく、広く放射線被曝を受けた者の救済のあり方に通じるところがあり、示唆に富むものである。本書は、このような考えで編まれている。

本書の内容

　本書は、以上のように「黒い雨」訴訟および同訴訟判決の意義をとらえ、各執筆者がそれぞれの関心に即して、原爆「黒い雨」問題、訴訟、関連する法などについて考察した論文により構成されている。執筆者は、それぞれのテーマについて、独自の観点から論じており、編者において調整していない。しかし、執筆者は、何らかの形で「黒い雨」訴訟に原告の側から関わり、勝訴に貢献した者であり、おのずと基本的な立場を共有している。

　第1論文の「『黒い雨』問題とは何か――『科学的な線量推計』を中心に」で湯浅正恵は、広島・長崎原爆のデータをもとに作られた「科学的な線量推計」が、いかに「実践的、経済的」な放射線防護基準に加工され、国際「原子力社会」の公共財となると同時に、被爆者援護制度に埋め込まれ、「黒い雨」被爆者を救済・援護の対象から排除することになったのかを明らかにしている。「科学的な線量推計」は、切り分けることのできない核の軍事利用と民事利用を「科学」で分けて繋げ、内部被曝の健康影響とともに「黒い雨」被爆者を周縁化した過程でもある。

　第2論文の「『黒い雨』被爆者のたたかい」で向井均は、周縁化された「黒い雨」被爆者が、自分たちもまた身体に原爆放射能の影響を受けた被爆者であり、原爆二法・被爆者援護法により救済・援護されるべきである者であるとの要求をかかげ、40数年間、広島県・市および政府（厚生省・厚生労働省）へ向けて粘り強い運動を繰り広げてきた過程を振り返る。この過程を通して「黒い雨」被爆者は、周縁的存在から脱却を図り、被爆者の中に加わることができたのである。

　第3論文「『黒い雨』訴訟・審理経過と判決の内容及び意義について」の執筆者の弁護士・竹森雅泰は、「黒い雨」訴訟原告弁護団事務局長を務め、

訴訟活動において中心的な役割を担った。この任務を成功裏に果たした竹森は、「黒い雨」訴訟がどのような裁判で、どのようにたたかわれたかを詳細に述べている。この論稿は訴訟活動の全貌を詳細に描いているが、第一審および控訴審における原告・被告の当事者間の攻防、その間に立って裁判所がどのような訴訟指揮を行い、判断したかを詳しく述べている。

　この裁判の中心的な争点は、「黒い雨」に遭った者が被爆者援護法1条3号の「被爆者」（放射能影響被爆者）に当たるかどうかであった。第4論文の「原爆『被爆者』の概念について——放射能影響被爆者（三号被爆者）を中心に」で田村和之は、同条各号の「被爆者」概念がどのような経緯、背景のもとで形成され、どのような意味が込められているかを検討しつつ、「放射能影響被爆者」の意味と特質を明らかにしている。

　「黒い雨」訴訟では、放射性微粒子を含む「黒い雨」がどの地域・範囲で降ったかが大きな争点であった。これを明らかにしたのが、第5論文「『黒い雨』再調査と34年後の真実」の執筆者の増田善信である。広島原爆に伴う「黒い雨」の調査は原爆直後に行われ、それゆえに不十分さを免れなかったが、宇田道隆博士を中心とする広島管区気象台の台員による調査をもとに作られた「宇田雨域」が、その後「固定化・絶対化」されたため、実際に「黒い雨」に被爆した多くの人たちが「被爆者」とされず、救済・援護されてこなかった。そのような「宇田雨域」にみられた不十分さを是正し、「黒い雨」が降った地域をより高い精度で明らかにしたのが「増田雨域」である。「増田雨域」は1989年の発表の直後から、これをなきものにしようとする勢力による「攻撃」が執拗に行われてきた。増田はそれらの、とりわけ1991年に公表された「黒い雨に関する専門家会議報告書」の問題点を明らかにしている。

　第6論文「低空で水平に広がる円形原子雲——『黒い雨』雨域に放射能が運ばれたメカニズム」で矢ヶ﨑克馬は、原爆爆発により形成された小さな火球内にあった放射性物質が、風下以外の遠い場所まで運ばれたメカニズムを探ると同時に、「黒い雨」には放射性微粒子による「黒」が含まれていることを明らかにしている。矢ヶ﨑は、科学の基礎となる客観的事実

は原爆直後に撮影された写真と動画に残されていたとし、観察した事実を物理法則に則り考察している。なお、矢ヶ﨑は、「黒い雨」訴訟の第一審広島地裁で専門家証人として、本テーマで証言し、裁判所の判断に影響を与えた。

　第7論文「『黒い雨』と放射線内部被曝」で大瀧慈は、2008年に実施された広島市による「黒い雨」雨域に関するアンケートによる実態調査について論じ、「黒い雨」訴訟において論じられた「黒い雨」による内部被曝・健康障害の発生に関する証拠、および、想定される機序について述べ、内部被曝は低線量被曝と考えられているが、放射性微粒子の摂取が絡んでいる場合には、局所的に超高線量被曝の状態が存在し慢性的な細胞の発生リスクの上昇が生じている可能性があるとする。なお、大瀧も広島地裁で専門家証人として証言し、裁判所の判断に影響を与えた。

　前述のように、「黒い雨」訴訟広島高裁判決を受け入れた広島県・市および厚生労働省は、これまでの被爆者援護法1条3号の解釈・運用を全面的に改めなければならないこととなり、「黒い雨」に遭った者に被爆者健康手帳を交付することにした。広島県によれば、「黒い雨」降雨地域にいた者は1万3,000人に及ぶと推定されているが（2020年9月17日広島県議会生活福祉保健委員会における広島県健康福祉局被爆者支援課長答弁）、広島県および広島市は2023年3月までに合計で約3,800人に対し被爆者健康手帳を交付している。終章「被爆者健康手帳交付行政の課題」で田村和之は、このような被爆者健康手帳交付行政の運用改善をめぐる動きを紹介しつつ、そこに見られる問題点を検討する。その際、田村は、厚労省が依然として長崎「被爆体験者」を法律上の「被爆者」とみなさず、被爆者健康手帳を交付しようとしていないことの問題点も検討している。

　以上の各論稿はそれぞれ独立の論文であるが、各論者の叡智が「黒い雨」訴訟に結集し、裁判所のすぐれた判決が生み出されたのである。

I

原爆「黒い雨」問題

❶「黒い雨」問題とは何か
──「科学的な線量推計」を中心に──

湯浅　正恵

　戦後70年に提訴された「黒い雨」訴訟は原告の全面勝利で終わった。広島県「黒い雨」原爆被害者の会連絡協議会（連絡協）が結成されて43年、なぜこれほど長期間にわたり「黒い雨」被爆者は闘わなければならなかったのか。「黒い雨」被爆は、他の被爆に比べて被害が周縁的なのか。そのために忘れられていたのだろうか。「黒い雨」問題とはいったいなになのか。上告を断念した政府は「内閣総理大臣談話」を発表した。

　　内部被曝の健康影響を、科学的な線量推計によらず、広く認めるべきとした点については、これまでの被爆者援護制度の考え方と相容れないものであり、政府としては容認できるものではありません。（首相官邸　2021）

　上告をしないという自らの判断に矛盾するこの談話は、「黒い雨」の何が政府にとって重要かを示している。本論が注目するのが「科学的な線量推計」である。低線量であれば深刻な健康被害をもたらさないという、「科学的な線量推計」による健康リスク判断によれば、核は爆発させなければ、兵器として保有し脅しに使おうと、発電に使おうと、原子炉から多少漏れ出そうと「平和的」であり、核の傘も原発事故も「平和国家」と何ら矛盾しないことになる。「平和的」な核抑止と「核の平和利用」を柱とする核不拡散条約（NPT）体制、そしてそれを中心的制度とする「原子力社会」に、日本はこれまで貢献し、それこそが「平和国家」の安全保障であり国益とみなしてきた。2022年NPT再検討会議の初日、広島を地元とする岸田首相は、地元からの声をものともせず、核兵器禁止条約には一言も触れず、「NPTの守護者としてしっかり守り抜く」と演説した。そしてNPTはま

たもや決裂した。そうした日本の国際貢献を支えてきたのが、被爆者援護制度に深く埋め込まれた「科学的な線量推計」である。それは平和主義を謳う日本国憲法と日米安全保障条約という戦後日本の矛盾する制度の蝶番となり、その一本のネジとして「黒い雨」問題は存在し、その重要性ゆえに周縁化されてきたのではないだろうか。

　「国際平和文化都市」を都市像としてきた広島市政も蝶番を支えた。被爆体験に根差す「核兵器廃絶」と憲法の「世界恒久平和」をほぼ半世紀にわたり基本施策としてきた広島市も日米安全保障条約や核抑止政策の見直しを政府に具体的に迫ることはなかった。広島の「核兵器廃絶」と「世界恒久平和」の叫びは、「唯一の戦争被爆国」の実質の伴わない「核兵器のない世界」というスローガンを支えながら、核に依存する日米安全保障条約や日米原子力協定を容認することで、国際政治の場では国内問題になっていった。現実から離れゆく自らの平和行政と「ヒロシマの心」を守るために、広島も蝶番を必要としたのかもしれない。広島市や広島県は「黒い雨」被爆者援護を政府に求めながら、自らが手帳交付を拒否し、「科学的な線量推計」によって「黒い雨」被害者の主張を否定した。広島市や広島県を被告とする「黒い雨」裁判は「国際平和文化都市」の混迷を照射することとなった。

　「科学的な線量推計」は、2011年東京電力福島第一原子力発電所の事故により社会問題となった。放射性降下物が東日本に降り注ぎ太平洋に流れ、政府は避難指示を拡大し、避難指示地区外からも多くの人々が被曝を恐れて避難した。水や魚、農作物の汚染による内部被曝の危険から、政府は食品の放射線安全基準を公表したが、市民の間には不安が広まり、買い控えや放射能測定室を設置する運動も広がった。政府の追加線量 20mSv/年という放射線防護基準には、国内外からの批判が集まり、政府は「科学的知見」と「国際合意」を盾にその基準を正当化し緩んだネジを再度締めなおそうとした。ところが、2021年もう一本のネジが外れた。「黒い雨」裁判の判決である。また2017年には核兵器禁止条約の国連採択により、日本政府が「平和」貢献と謳い支えたNPT体制が、核廃絶に無力な制度から、

核廃絶を阻害する制度へとイメージを変えることになった。

　本章は、広島・長崎のデータをもとに作られた「科学的な線量推計」が、いかに「実際的で経済的」な放射線防護基準に加工され、国際「原子力社会」の公共財となると同時に、被爆者援護制度に埋め込まれ、「黒い雨」被爆者を排除することになったのかを論じる。それは、切り分けることのできない核の軍事利用と民事利用を「科学」で分けて繋げて、内部被ばく健康影響とともに「黒い雨」被爆者も周縁化した過程である。

1　「科学的な線量推計」

　「内閣総理大臣談話」における「科学的な線量推計」は、「黒い雨」訴訟第一審被告側の第二準備書面（2016年3月31日）において、次のように論じられている。

　　現在の科学的知見においては100ミリシーベルトを下回るような放射線に被曝した場合については、それによって健康被害が発症し得るか否かも定かでなく、そもそも人体になんら健康影響を与えない可能性も十分にありえると考えられている。…上記の100ミリシーベルトを下回るような線量の放射線被曝の場合にまで、被爆者援護法の定める手厚い援護措置を適用することは、およそ公正妥当な範囲にとどまるものとは言いがたく、国民的合意を得ることは困難である。（第二準備書面 2016: 64）

　これは、原告が被爆した推定線量が、100mSvを下回るため、とうてい放射線の健康被害は認められないという主張である。これと同様の「100mSv」の主張は、福島原発事故後に放射線防護の「専門家」と呼ばれる研究者の発言として議論を呼んだ。例えば、長崎大学山下俊一教授（当時）は福島県放射線防護アドバイザーとして、事故後の放射線防護政策について「100mSv以下の被曝でガンが発生するかどうかは証明されていない」から「安心」と公言したため住民らから告訴され、海外メディアから

も複数の取材を受けることになった（山下 2011；福島原発告訴団 2012）。原発事故収束及び再発防止担当大臣であった細野豪志が専門的知見を聴取するために設置した「放射性汚染物質対策顧問会議」の下部組織であった「低線量被ばくのリスク管理に関するワーキンググループ（低線量 WG）」の報告書は、その「100mSv」を繰り返す。例えば、「現在の科学でわかっている健康影響」として以下のように記述される。

　　低線量被ばくによる健康影響に関する現在の科学的な知見は、主として広島・長崎の原爆被爆者の半世紀以上にわたる精緻なデータに基づくものであり、国際的にも信頼性は高く、UNSCEAR［国連科学委員会］の報告書の中核を成している。

　イ）広島・長崎の原爆被爆者の疫学調査の結果からは、被ばく線量が100ミリシーベルトを超えるあたりから、被ばく線量に依存して発がんのリスクが増加することが示されている。

　ロ）国際的な合意では、放射線による発がんのリスクは、100ミリシーベルト以下の被ばく線量では、他の要因による発がんの影響によって隠れてしまうほど小さいため、放射線による発がんリスクの明らかな増加を証明することは難しいとされる。疫学調査以外の科学的手法でも、同様に発がんリスクの解明が試みられているが、現時点では人のリスクを明らかにするには至っていない。（厚生労働省 2011: 4）

　そして「放射性汚染物質対策顧問会議」と「低線量被ばくのリスク管理に関するワーキンググループ」のメンバーであり、福島県放射線防護アドバイザーや福島県立医科大学副学長にも任命された広島大学原爆放射線医科学研究所長（当時）の神谷研二教授は、雑誌のインタビューで、以下のように述べている。

　　現在、私たちが最も信頼できるのは、他でもない広島・長崎の原爆被

爆者たちのデータなのです。……この疫学調査と研究結果は、原子放射線の影響に関する国連科学委員会（UNSCEAR）で評価され、さらに国際放射線防護委員会（ICRP）の専門家のレビューを経て、人類を放射線から守るための一番安全な方法を考えるうえでの原点ともいうべきデータになっています。このコホート研究における最も重要な所見は、被ばくした放射線の量と、がんが発症するリスクとの間に、被爆線量の増加に伴い発ガンリスクも直線的に増える相関関係が認められる事です。ただしその相関関係が観察される放射線の下限はゼロではありません。原爆被爆者の場合、相関関係が観察されるのは 100mSv 以上です。100mSv 未満では現在のところ被ばくによってがんが増えるという統計的有意差が見られていません。（神谷 2011:2-3）

「『100mSv 以下で健康影響は観察されていません』という専門家の話を総合すると、最大の根拠は広島・長崎の被ばく生存者追跡データにあるようだ」と京都大学原子炉実験所の今中哲二は述べている（今中 2011:1152）。広島・長崎の被ばく生存者追跡データは「寿命調査」と呼ばれる。

寿命調査（LSS）は、疫学（集団および症例対照）調査に基づいて生涯にわたる健康影響を調査する研究プログラムであり、原爆放射線が死因やがん発生に与える長期的影響の調査を主な目的とする。1950年の国勢調査で広島・長崎に住んでいたことが確認された人の中から選ばれた約 94,000 人の被爆者と、約 27,000 人の非被爆者から成る約12 万人の対象者を、その時点から追跡調査しています。（放射線影響研究所 2022）

この調査を開始したのは原爆傷害調査委員会（Atomic Bomb Casualty Commission　以下 "ABCC" という）であり、1946 年にハリー・トルーマン米国大統領令を受けた全米科学アカデミー学術会議（NAS-NRC）が、

広島・長崎の原爆被爆者を調査する機関として設置したとされている。なぜ日本政府が「科学的な線量推計」を守らなければならないのか理解するには、このABCCが「蝶番」にかかわることになった過程を辿る必要がある。

2　国際「原子力社会」と寿命調査

原爆投下直後、原爆放射線の医学的・生物学的影響を調べようと、米国陸軍、海軍、マンハッタン工区がそれぞれ医療チームを結成した（Lindee 1994: 23）。日本に到着した３チームは当初は意図していなかった「合同」調査を連合国最高司令官ダグラス・マッカーサーから求められ、すでに活動を開始していた日本のふたつの医療チームの協力を得て「合同調査団」は誕生した（Lindee 1994: 24）。米国チームが約４ヵ月にわたる調査を終えて帰国後、日本側は独自調査を継続し、調査結果やサンプルをアメリカ側に提供したが、３チームを率いた Robert Oughterson、Shields Warren そして Stafford Warren は、長期にわたる包括的な調査は、米国により実施されることが望ましいと結論づけた。生存者登録の重要性から、広島と長崎の研究を管理監督する「米国支配の常設委員会（Permanent American Control Commission）」を設置することをその最終報告書で推奨し、原子力エネルギーの利用拡大により放射性物質の生物学的影響について、軍ではなく全米科学アカデミーが、継続した大規模調査を行うべきだと述べている（Lindee 1994: 32）。

全米科学アカデミー学術会議は、当時、科学者の研究を評価し政策決定に役立つ報告書を作ることを主たる業務としており、優秀な科学者はいたものの、地球の裏側での疫学調査を主導する任務に適しているとは言えなかった。しかしその科学的権威は政治的見地からして極めて望ましく、放射線研究に高名な米国科学者の関与や賛同が期待できるというメリットがあったという（Lindee 1994: 33）。研究予算は被爆者に強い関心をもっていたマンハッタン工区の後継組織である原子力委員会が支払うことになり、ABCCは1946年に設置された。そして予想通りABCCの運営は順調には進まなかった。

　1951 年には原子力委員会は、研究成果が不十分な上に今後も成果が期待できないとし、翌年度の予算を半減することを決定し、事実上の組織廃止を宣告した（Lindee 1994: 114）。朝鮮戦争が第 3 次世界大戦に発展する可能性[1]の中で、その予算に見合う成果が出せず、将来性もない組織を維持することはできないとの判断だった。しかし戦況が好転し ABCC は存続することとなる。その最も重要な要因は、被爆者データがいかに説得力のないデータであろうと、たとえその研究計画が不適切であろうと、米国政府が研究の主導権を取らねばならないとワシントンが認識したからだとされる（Lindee 1994: 104）。微量放射線の遺伝影響を否定する研究結果がないかと、米国原子力委員会の Max Zelle が ABCC の研究員であった James Neel に相談した時、Neel は「しばらく考えた後（after considerable soul-searching）」、結果の出ていない自らの研究の詳細な途中経過報告書を作成し、科学的な反論が必要ならば ABCC への資金提供を続けるべきであり、さもなければ原子力委員会は「原爆の潜在的遺伝的影響という幽霊」にとりつかれることになるだろうと添え状に書いたという（Lindee 1994: 115）。

　アメリカ本国では核実験による放射性降下物による汚染が、1953 年頃からネバダ周辺で、54 年 4 月にはニューヨーク州トロイ市の水道水を汚染し、55 年には科学者 Linus Carl Pauling が原子力委員会の Willard Libby と大論争を行い新聞で報道された（中川 2011: 73-4）。ビキニ事件後、世界に広がった反核運動への対抗策は、危険を否定するのではなく、被曝リスクとして管理し、受忍を大衆に容認させることだった。米国政府や原子力委員会との強いパイプを持ち、原子力発電事業に乗り出そうとしていたロックフェラー財団は、1955 年に全米科学アカデミーに「原子放射線の生物学的影響に関する委員会（BEAR 委員会）」設立を要請し、破格の 50 万ドルを提供した（中川 2011: 78）。1956 年に出された BEAR 委員会の報告書を受け、全米放射線防護委員会（NCRP）は前回の報告書の改定に直ちに取り掛かり、核武装と原子力開発に積極的なイギリスも、国民の不安に対処するため同様の報告書を提出した。アメリカとイギリス

の科学者が主要メンバーとなっていた ICRP（国際放射線防護委員会）も「1958年勧告」を発表し、BEAR 報告書と齟齬をきたさない労働者や一般公衆の「許容線量」を示し、1950年勧告では「可能な最低レベルまで」（to the lowest possible level）とした被曝防護原則を「実行可能な限り低く」（as low as practicable）と変更した（中川 2011: 82-86）。ビキニ事件を契機に国連のもとに誕生した国連科学委員会（UNSCEAR）でも、アメリカ・イギリスがソ連・チェコスロバキアの反対意見[2]を抑え、BEAR 報告の基本線を追認する UNSCEAR 報告書を 58年に公表した（中川 2011: 88）。

　1958年の ICRP勧告と UNSCEAR 報告書は、遺伝的影響については安全な線量はないことを認めざるを得なかったが、ガンや白血病については曖昧な表現で断定を避けた。しかし状況に危機感をもった米国原子力委員会は「一斉に攻勢をかけて」ガン・白血病の「しきい値」の存在を主張し始めるが、その最大の拠り所が広島・長崎被爆者調査であり、50年代終わりから ABCC の体制立て直しが開始される（中川 2011: 99）。1955年、全米科学アカデミー学術会議の医学部門長であった Dr.Keith Cannan が、ミシガン大学の疫学者 Thomas Francis を長とするフランシス委員会を立ち上げ、ABCC の調査を依頼する。「組織も研究も無秩序で、モラルも低く、研究の進行も非常に遅い」。専門研究員はやる気がなく、組織はバラバラで部門間のコミュニケーションもとれていないうえに、多くの資源と時間が、組織の本来の目的ではない日本人医師の訓練に費やされているとフランシス委員会は ABCC について報告している（Lindee 1994: 246）。しかしながら委員会は改革案を提示しており、そのひとつが調査対象を 1950年の国勢調査によって固定し、長期にわたり同じ被験者を追跡することで、死因やがん発生に原爆放射線の与える長期的影響を調査する寿命調査だった。

　組織存続の危機を乗りこえた ABCC は、研究成果として原爆放射線の晩発障害を見出していった。1952年に白血病、70年頃には胸、肺、胃、甲状腺癌が放射線影響であることを公表し、これらは世界中の労働者の放射線防護法制の重要な基礎とされることとなった（Lindee 1994: 245）。

電離放射線の生物学的影響に関する米国学士院報告（BEIR 1972）に記載された放射線被ばくに起因する発癌リスクの推定値は、大部分が ABCC のデータに基づき、1972 年に出版された UNSCEAR の「電離放射線——そのレベルと影響」では、さまざまなガンの記述は ABCC の被爆者データから始められていた（Jablon 1991）。Lindee によれば、世界で最も権威ある放射線防護基準とみなされているのは、ICRP の「1977 年勧告」と米国 NCRP の 1987 年基準のふたつであり、1977 年の ICRP 勧告は寿命調査の結果に依存しており、NCRP は 1987 年基準のみならず、1992 年基準もほぼ ICRP1977 年勧告に従っているとされる（Lindee 1994: 245）。こうして寿命調査のデータは、「科学的な線量推計」とあわせて放射線リスクの算定根拠となり、国際「原子力社会」の公共財となっていった[3]。

3　日本の核政策と寿命調査

　原子力委員会が ABCC 存続を決定してから、フランシス委員会の提案する改革が開始されるまでの時期、日本社会においても放射線への恐怖が社会を大きく動かすこととなった。1954 年 3 月 1 日のビキニ水爆実験による第 5 福竜丸被災である。日本の草の根の反核感情の広がりや、吉田政権の対応失敗に危機感を募らせた米国政府は、日本が中立主義に向かうことを阻止し、日米同盟を堅持するためには「効果的で穏健な保守政府」の設置のみならず、核戦争や放射能への国民ひとりひとりの恐怖に対処する必要性を認識した（樋口 2003: 105）。こうして日本人は政策実施調整会議（OCB）[4]の心理情報活動の重要なターゲットとなっていく。OCB は核実験の被害がいかに限定されたものであり、自由世界の防衛にいかに資するかを示し、アメリカの平和への尽力を演出することで世論の関心を逸らす活動を行い、アイゼンハワー大統領はそれを「教育」と呼んだ（樋口 2003）。「平和のための原子力」の宣伝はこの「教育」の中核となった。

　1954 年 11 月の日本学術会議主催「放射線物質の影響と利用に関する日米会議」では、米原子力委員会の科学者が被曝マグロの廃棄基準が「厳しすぎる」ことを示唆する魚の安全基準を報告している（高橋 2018: 925）。

1956年2月末の日米事務レベル会合において、「放射能基準の相互理解の確立」と「市民の教育」が強調され、最終的に「あまりに低い基準による経済的影響を考慮し、出来るだけ早く実際的で経済的な基準を決定する」ことが合意された（樋口 2003: 109）。厚生省は3月から原子力委員会や日本学術会議とともに放射能安全基準設定の研究に着手し、米国が放射能基準を日本に受け入れるよう圧力をかけていると思われないよう、安全基準の研究で中心となった都築正男、中泉正徳に米国と「非公式」の意見交換をするように打診したという（樋口 2003: 109）。その中泉正徳博士は同年、ABCCの準所長に任命された。

　こうしたアメリカの「教育」を、日本側も積極的に受け入れた理由があったと樋口は指摘する。1956年春、米国原子力委員会は、多数の日本人科学者が原子力の「平和利用」の開発計画を阻害するような「核実験ヒステリー」を恐れており、さらに彼らが日本における公的な「情報計画」の必要性を認識していると報告している（樋口 2003: 107）。1954年3月2日、日本は初の原子力予算を国会で可決し、1955年11月に日米原子力研究協定が発効、12月には一挙8本の原子力関連超党派法案を臨時国会最終日に実質的審議なしに同時可決した。そしてこの流れに乗り、産業界も1956年に5つの原子力産業グループを形成し、科学者らも、政・官・財界主導で形成された原子力体制へ「協力・便乗」し、日本の原子力体制が一挙に構築された（吉岡 1999: 73）。アリソン在京米大使は、1956年の米国核実験に対する日本世論の意外なほどの穏やかな反応の理由の一つとして、その予告時期が日本の原子力委員会発足時期と前後したことをあげ、日本はもはや「無垢な被害者」ではなく、国際「原子力社会」に参加、関与しているという「国家プライド」の証左であり、外務省の一部もその妥当性を認めたと報告している（樋口 2003: 108）。この国際「原子力社会」の一員としての日本の姿勢は、UNSCEARの会議において、放射性降下物をもたらす核実験停止提案に、アメリカやイギリスとともに反対している点にもみることができる（中川 2011: 89）。米国国務省も日本における原子力平和利用の広報や取り組みが、日本人の原子力問題についての思考

を転換させることに役立ったと報告している（樋口 2003: 108）。

　それから 12 年後の 1968 年 1 月 30 日、佐藤首相は衆議院本会議において、「日本の核政策 4 本柱」を表明した。非核三原則、核軍縮、米国核抑止への依存、核の「平和利用」という 4 つの政策は、日本政府の核依存を明言することとなった（岸 2019: 204）。第四番目の柱としてあげられた核エネルギーの「平和利用」は「最重点国策として全力をあげてこれに取り組」み、「世界の科学技術の進歩に寄与し、みずからその実益を享受しつつ、国民の自信と国の威信を高め、平和への発言権を強める」とされた（岸 2019: 205）。核の「平和利用」が、経済的実益のみならず、核保有の潜在能力を高め、米国の核の傘の信頼性を高める施策として認識されていたことにも留意すべきであろう（岸 2019: 217-8）。この核 4 政策は、自民党が党決議とし国会に提出するが、採択されることはなかった（岸 2019: 188）。しかしながら、1970 年に佐藤が署名し、1976 年に三木政権により批准された核不拡散条約は、この日本の核 4 政策を国際社会において制度化することとなった。「実際的で経済的な放射能安全基準」は、これらの政策を経済的に実現可能とし、「平和国家」に相応しい政策と正当化する重要な国家資産となっていったと考えられる。

4　寿命調査と被爆者援護制度

　厚生省から、放射能安全基準設定のため、内密に米国と意見交換することを依頼された中泉正徳博士が副所長となった ABCC では、フランシスコ委員会が提言した寿命調査を開始する合意書が日米両国政府間で 1958 年に交換され、寿命調査が開始された（Jablon 1991）。その記念すべき合意書交換時の写真が放射線影響研究所（ABCC の後継組織）のＨＰに掲載されている（Jablon 1991）。並ぶ日米両国の 7 人の男性の右端は、満面の笑顔の小柄な男性であり、写真のキャプションによれば河角泰助厚生省公衆衛生局企画課長とある[5]。河角は、1957 年に制定された原爆医療法の 1960 年改正の担当者だった（任都栗 1960: 52）。厚生省は当時、自治体と与党自民党議員などからの強力な要請にもかかわらず、最後まで医療法改

正案作成を拒み続けた。しかし最終的に「特別被爆者」カテゴリーを新設することとし、「国際放射線防護委員会で認められる許容量の25レントゲン」に基づき爆心地から2km以内という条件をその特別被爆者定義に入れた。この区域制限は地元広島の医者らにとっては被爆者の実態にあわず、最後まで厚生省との厳しい折衝が続けられたが「遺憾ながら完全に納得せしめる資料に乏しく」、60年改正においては2km制限を動かすことはできなかった（原対協 1961: 730-1）。その後、強力なロビー活動により76年まで改正を重ね援護対象区域は拡大されていったが、厚生省は援護対象や内容を拡大しながらも、この2km制限を守り続けた。実際、被爆者健康手帳を交付される被爆者はこの2km制限を越えて拡大していったが、その被爆者の疾病が「放射線由来、もしくは治癒能力が放射線の影響を受けている」とされる「原爆症」認定は、爆心地から2km以内で被爆した被爆者にほぼ限られ、「専門家」による「科学的な線量推計」に基づく審査を経て認定することとされた（青木 2019: 1）。したがって原爆症認定患者数は、80年代からほぼ横ばいで、被爆者健康手帳を持つ被爆者の1％未満にとどまった（青木 2008）[6]。つまり99％の被爆者は、原爆由来の放射線と関連ない疾病に苦しみ、国家がその原因不明の疾病の治療費を支給するという奇妙な「被爆者援護制度」が定着した。

　爆心地から2kmという区域制限は、初期放射線到達域であり、2kmより遠距離の被爆影響を否定することは、初期放射線以外の放射線による健康影響を否定することを意味した。爆心地から2kmの推定被ばく線量は60年改正時に使われていたT57Dと呼ばれる線量推計システムでは25ラドであり、線量推計システムがDS86とかわって、1.9km地点の空間線量が100mGy、2kmが71mGy、2.5kmが10mGyと計算された（放射線被曝者医療国際協力推進協議会 1992: 335）[7]。このように被爆者援護制度は、「科学的な線量推計」を用いた。放射性降下物を含む残留放射線による健康影響を否定することは、上述したとおり、核武装と核産業を推進する国家を中心に構成される国際「原子力社会」にとって、また日本政府にとって、政治的に好都合な「科学的な線量推計」をもたらすことになっ

た。しかし、それがいかに「科学」として成立しうるのだろうか。

5　科学的寿命調査の政治的前提

　寿命調査が原爆の放射線被害を過小評価する問題について、科学史家の中川保雄は、被爆後数年の間に高い死亡率を示した被爆者と爆心地近くで被爆しながらも市外に移住した高線量被爆者が除外され、調査対象となったのは1950年時点で把握された直接被爆者の4分の1のみであり、爆心地から2km以上離れた場所で被爆した者の大部分も調査対象とされず、年齢構成においても若年層が欠けていると指摘する（中川 2011: 107）。長期的な疫学調査において偏りのない対象集団はあろうはずもなく、その集団の特徴を踏まえた分析が求められる。しかし寿命調査にとって致命的な問題は、中川が「誤った方法」と指摘するその調査デザインであるように思える。寿命調査は、2.5km以遠で被爆した被爆者を「非被爆者」として比較対照群とし、高線量被爆者と比較しその疾病率や死亡率の差からリスク計算を行うことで、放射線被害の深刻な過小評価をもたらした（中川 2011: 107, 沢田 2004: 85, Schmitz-Feuerhake 1983）。そもそも2km以遠で被害が「ない」とする根拠はなにか。前述の合同調査団の原爆調査だと中川は指摘する。

　合同調査報告書の、急性死と急性障害についての主な結論は次の2点であり、これは米国原子力委員会や国務省などにも引き継がれたとされる（中川 2011: 100）。

　　1　放射線急性死には100レム（1シーベルト）の「しきい値」が存在し、それ以下の放射線では死なない。
　　2　放射線障害にも25レム（250ミリシーベルト）それ以下の「しきい値」が存在し、それ以下の被爆は人体に影響を及ぼさない。

　しかし急性死の閾値は1945年9月初めまでの急性死のみを対象として算出されたもので、その後12月まで続いた急性死が除外されている。急

性障害についても、実際調査団が確認した 10 以上の症状のうち、3 つの症状のみを選び「急性症状」とし、しきい値が設定された。その症状とは脱毛、紫斑、口内炎であり、他の症状とは異なる、ある共通する特徴があった。それはその発症が爆心地から 2 km 以内の被爆者にのみにみられた特有な症状であった（中川 2011: 101）。歯茎からの出血、下痢、発熱、悪心、嘔吐、食欲不信、倦怠感、出血などは爆心地から 4 km 地点にいた被爆者にも発症しており、その発症率は下痢、倦怠感、発熱においては 20 %を上回る。にもかかわらず「急性症状」を 3 症状のみに限定することで、「しきい値」は爆心地 2 km の推定線量の 25 レムとされた。なぜ 45 年の 9 月から 12 月の急性死を除外し、2 km より遠い場所で発症した急性障害を急性障害とみなさなかったのか。寿命調査の前提となった合同調査団の結論には、さらなる踏襲すべき前提があった。

　1945 年 9 月 6 日、東京の帝国ホテルにおいて、マンハッタン工区の Leslie Groves の指令で広島の状況を調査するため派遣されたファーレル准将は、連合国軍記者団との記者会見を行ない「死ぬべき者は死んでしまい、9 月上旬現在原爆放射能のために苦しんでいる者はいない」と述べたとされる（笹本 1995: 54、高橋 2008: 49）。それは英国『デイリー・エクスプレス』紙が、広島では「ケガも受けていない人々であっても、『原爆病』としか言いようのない未知の理由によって、いまだに不可解かつ悲惨にもなくなり続けている」という記事を、また『ニューヨーク・タイムズ』紙が「原子爆弾はいまだに日に 100 人の割合で殺している」という記事を掲載した翌日だった（高橋 2008: 46-47）。このファーレル声明の根拠として、日本政府が占領軍に提出した報告書の第二部「広島破滅の報告（放射能に関して）」における「爆心地の周辺には人体に被害を及ぼす程度の放射能は存在していない」との結論が指摘されている（笹本 1995: 54, 高橋 2008: 50）。合同調査団は 9 月 6 日の時点ではまだ現地に入ることすらできていなかった (Lindee 1994: 23)[8]。ファーレルは 9 月 6 日付でマンハッタン管区司令官のグローヴス少将に極秘電報で日本の報告書の翻訳を読んだことを報告している（笹本 1995: 50）。そしてグローヴス自身も、ニュー

メキシコに新聞記者や写真家を連れて行き、放射線測定器を確認させ、マンハッタン計画の主要な科学者たちの話を聞かせ、原爆実験場に残留放射能は存在しないことをアピールしており、その記事は9月12日の『ニューヨーク・タイムス』に掲載された（笹本 1995: 220-221）。さらにファーレル准将は9月12日にも記者会見⁽⁹⁾を開き、広島での調査結果として、残留放射能はやはりどこにもなかったと報告した。そして放射線を受けたと思われる患者を現地で、医療者と共に検診したWarrant大佐の見解として、症状は爆発時に放出されたガンマ線への一回限りの暴露の影響であり、地面に堆積した危険な量の残留放射線の影響ではないと述べた。広島原爆はより高いところで爆発したため、多くの放射性物質が地上に堆積することなく、なおかつ爆発の威力が高められたことも付け加えられた。また、彼らが到着する以前の情報として、広島の放射線量は人体に有害なレベルではなかったとする8月15日付の日本側の報告書にも言及している。

　ファーレル准将のこれらの記者会見の後、プレスコードが発令され、その見解を批判することも反論することも困難になった。そして合同調査団の調査結果報告では、このファーレル准将の示した公式見解と齟齬をきたすことなく、9月初旬から12月までの急性死は除外され、さらに、健康に害を及ぼす残留放射線は存在しないのだから、爆発時の放射線（初期放射線）が到達しない2kmより遠い場所で、急性障害は起こらないとされた。もちろんこれは事実とはかけ離れた被害の矮小化であり、実際、調査団は原爆投下から1ヵ月以上経過した長崎において爆心地から51kmの地点で通常の2倍の放射線量を測定し、その事実はトップシークレットとなった（NHK 2021）。残留放射線の影響を否定しなければ、原爆投下を国際法違反とする日本政府の訴えやそれを裏付ける報道を認めることとなり、長期にわたり世代を越えて影響を及ぼす兵器への国内世論の反発も予想され、自国兵を残留放射線の脅威に晒すとする非難は免れ得ない（高橋 2008: 59-60）。さらには核兵器の製造、使用が制限される可能性もある。事実がいかにあろうとも、残留放射線の存在は隠蔽される必要があったと考えられる。

　放射線の晩発性影響を調べる寿命調査においても、身体に有害なレベルの「残留放射線は存在しなかった」という調査結果が踏襲されたとすると、初期放射線の届かないところにいた被爆者を「非被爆者」とする研究デザインも不思議ではない。この前提がいかに専門家の間で常識となっていたか、広島の放射線医療研究の中心的存在であった鎌田七男広島大学名誉教授の言葉が示している。彼はインタビューのなかで、2005年まで「私はあくまでも放射線影響があるのは2km以内での被爆の人だけ、と思っていた」と述べ、1986年の線量推定方式（DS86）は「完全に正しい」と思っており、他の研究者も同様だったと答えている（浅井 2011: 138）。

　残留放射線の影響を排除することは、放射線被爆の人体影響の矮小化に帰結した。つまりは、米国政府と日本政府が望んだ「実際的で経済的な放射能安全基準」をもたらすことになった。これが、政府の「科学的な線量推計」が「黒い雨」の健康影響を認められない理由である。「黒い雨」という残留放射能が健康影響をもたらさないことは1945年9月に既に政治的に決定されており、それを前提に「科学」が構築されていた。したがって、寿命調査の主たる対象は爆心地から2km以内にいた初期放射線を浴びた被爆者であり、初期放射線の届かない場所にいた者は、そもそも有害な残留放射線がないのだから、放射線の影響を受けようもないため対照群に設定された。そして「100mSv」以下は不明という「科学的」結果をもたらすことになった。

　放射線影響研究所 の 2014年の『要覧』には、寿命調査における「残留放射線」の扱いが以下のように説明されている。

　　放影研での原爆放射線によるがん罹患・死亡などの リスク評価は、1-4Gyという高線量に被曝した方々のリスク推定値が、被曝線量に対して明確な量反応関係を示していることに立脚している。10-100mGy 程度と見積もられる「残留放射線」に被曝した人たちの リスク推定値は誤差の範囲に入ってしまい、科学的評価は困難である。このように、「残留放射線」は「初期放射線」と比べてかなり小さな

　　値であり、かつ推定誤差が大きいので、この情報を加えたとしても、
　　推定リスクに大きな変化は想定されず、リスクの推定精度を上げる効
　　果も期待できない。（放射線影響研究所 2014: 13）

　2013年に放射線影響研究所の大久保理事長（当時）は、残留放射線と
内部被曝についての放影研の立場を説明するように求められ、「残念なが
ら残留放射線を入れてこなかった」放影研のリスクデータだが、「世界の
学会はそういう条件を考慮したうえで」「使っていただいている」と述べ、
したがって内部被曝の問題は「放影研の研究とは直接関係のない話」とし
た（日本ジャーナリスト会議広島支部 2013: 31）。しかし日本政府も日本
政府を擁護する放射線の「専門家」も、大久保理事長の言うように、「残
留放射線を除外し」「内部被曝とは関係ない」放影研のデータを、その条
件を考慮した上で使ってはいない。「黒い雨」や福島原発事故による放射
性降下物への内部被曝の影響を矮小化するために利用しているのである。
　前述の福島事故後の「低線量被曝ワーキング・グループ」のメンバーで
もある、佐々木康人氏は、黒い雨裁判において、専門家としての意見書を
提出している。そこには「……広島の……原爆は、上空で爆発したもので
あり、未分裂の核物質や核分裂生成物の大半は、……上昇し、成層圏にま
で達した後、上層の気流によって広範囲に広がったため、広島……市内に
降り注いだ放射性降下物は極めて少なかったと考えられている。」さらに、
黒い雨の放射性降下物は、己斐・高須地区以外では「極めて微量なもので
あったため、これが人体に付着したとしても、有意な被爆線源となること
は考えられない」と述べている（佐々木他 2019: 13）。佐々木氏は、科学
技術庁放射線科学総合研究所所長・理事長、国連科学委員会（UNSCEAR）
議長、国際放射線防護委員会（ICRP）委員など歴任し、現在進行中の政
府の「黒い雨」検討会の座長を務めている。佐々木氏の見解は、1945年
のファーレル宣言、ABCC／放影研の寿命調査の前提を今日まで見事に
踏襲している。さらに「内部被曝は関係ない」寿命調査の結果を使うため
に、わざわざ「人体に付着したとしても、有意な被爆線源となることは考

えられない」と外部被爆に限定して、その影響を否定している。そもそも、大久保理事長の見解に従うならば、「科学的な線量推計」を用いて、放影研がその調査から除外した「放射性降下物」の「関係ない」内部被曝を論じることに無理があり、菅首相の談話の「科学的な線量推計」と裁判結果が相入れないのは当然であった。問題は、残留放射線の健康影響を無視した「科学的な線量推計」が、被爆者援護制度の根幹に組み込まれていることによる。「科学的な線量推計」を守るためには「黒い雨」の被害は否定されなければならない。

おわりに

　「黒い雨」連絡協の前身「『黒い雨・自宅看護』原爆被害者の会連絡協議会」が結成された1978年に、広島市は『新基本計画』に、今日までその平和行政の中核となる「被爆の実相」の共有と「被爆体験の継承」を具体的施策として初めて明記した。しかしその「実相」には、被爆者援護制度の被爆者定義とともに「科学的な線量推計」が埋め込まれ、「黒い雨」被爆者らの体験は、その「実相」から排除されることとなった。それから2年後、厚生省が設置した原爆被爆者対策基本問題懇談会（基本懇）の「科学的、合理的根拠」を強調する答申により、連絡協の運動は阻まれることとなった。その基本懇メンバーの中で唯一、被爆者援護制度を熟知し議論を牽引することになった御園生圭輔が、ファーレル宣言が参照したとされる、8月15日付の日本側の報告書を提出した4人の陸軍軍医からなる調査チームのひとりであり、放射線医学総合研究所（放医研）所長、原子力安全委員会委員長などを歴任した原子力行政の中核にいた人物であったことは偶然ではない（笹本 1995: 50）。連絡協は1989年に増田善信博士の新たな降雨図を根拠としてその「黒い雨」の実相を再度訴えるが、今度は厚生省ではなく、広島市と広島県が、広島の医学者と科学者を中心とする専門家委員会の検討結果に基づき、増田雨域に「科学的、合理的根拠」なしと結論づけた。この専門家委員会の座長は「科学的な線量推計」でチェルノブイリ原発事故の放射線被害はないと結論づけた放射線影響研究所の重

松逸造理事長であり、水俣病、イタイイタイ病、岡山の薬害スモンなどの公害事件においても被害原因を認めようとしない日本政府や企業側に立った「科学的」判断を行なってきた科学者だった（島薗 2013: 85,254）。その重松理事長は被爆地広島の被曝医療による国際貢献を謳い、1991年に広島市と広島県、被爆医療・研究機関により設立された放射線被曝者医療国際協力推進協議会（HICARE）の初代会長に就任した。

　「科学的な線量推計」は、国際世論を抑え、核開発を進める必要があった米国の政治的発言からはじまり、米国が冷戦を勝ち抜くための日本への重要な「教育」の一部であった。しかしそれが寿命調査とともに、国際「原子力社会」の公共財となる頃には、「核の平和利用」を「最重点国策」とする日本にとっても重要な国家資産となり、「科学的な線量推計」の維持管理は、国家威信に関わる「原子力社会」への「国際貢献」の一部にもなっていった。またそれは1950年代から今日に至るまで被爆者援護制度の根幹に埋め込まれ、その正当化の根拠として今日まで利用されており、それを否定することは同時に、半世紀以上にもわたり国費を投入した援護政策の正当性を否定することにもなる。そしてさらに「平和国家」の「安全保障政策」を正当化する蝶番を失うことにもなる[10]。

　今回の「黒い雨」裁判の原告全面勝訴は、東京電力福島第一原子力発電所の事故、核兵器禁止条約の発効という国際潮流の中で、残留放射線による健康被害が、今日まで「科学的な線量推計」により隠されてきたという事実を改めて示すこととなった。「核兵器廃絶」「世界恒久平和」と「核抑止」「日米安保条約」が共存し得ないという、あまりに当然な事実を日本政府に、広島市政に、そして広島市民につきつける判決といえよう。この事実が今後いかなる新たな政策や制度を導くかは現状において予測できない。しかし多くの困惑と混乱を伴いながらも、私たちひとりひとりがなんらかの判断を下すことを迫っているように思える。

【引用文献】
・青木克明 2008「原爆症認定抜本的改善を」『全日本民医連 HP』（2022年8月20日取得，https://www.min-iren.gr.jp/?p=4983）.

・青木克明 2019「被爆者とともに――広島を去るにあたって」『ヒバクシャ』第 36 号．
・浅井基文 2011『広島に聞く、広島を聞く』かもがわ出版．
・今中哲二 2011「"100 ミリシールト以下影響ない"は原子力村の新たな神話か？」『科学』81(11)：
1150-1155．
・宇吹暁 2018「ファーレル米軍准将広島調査結果声明（1945 年 9 月 12 日）」『ヒロシマ遺文』（
https：//hiroshima-ibun.com/2018/01/18/%E 3 %83%95%E 3 %82%A 1 %E 3 %83%BC%E 3
%83%AC%E 3 %83%AB%E 7 %B 1 %B 3 %E 8 %BB% 8 D%E 5 %87%86%E 5 %B 0 %86%E
5 %BA%83%E 5 %B 3 %B 6 %E 8 %AA%BF%E 6 % 9 F%BB%E 7 %B 5 %90%E 6 % 9 E% 9
C%E 5 %A 3 %B 0 %E 6 %98% 8 E1945%E 5 %B 9 %B49%E 6 % 9 C%8812%E 6 %97%A 5 /）．
・ＮＨＫ 『原爆初動調査－隠された真実』2021/12/29 BS 1 放送．
・神谷研二 2017「急性放射線障害の概要」（2019 年 4 月 20 日取得，https：//www.mhlw.go.
jp/shingi/2007/11/dl/s1112-7a.pdf）．
・神谷研二 2011「解明されつつある『がん発症』メカニズム」『ヘルシエスト』208 号（2023
年 3 月 1 日取得，http：//www.yakult.co.jp/healthist/208/img/pdf/p02_07.pdf）．
・岸俊光 2019『核武装と知識人』勁草書房．
・厚生労働省 2011「低線量被ばくのリスク管理に関するワーキンググループ報告書」（2022 年
8 月 20 日取得，https：//www.cas.go.jp/jp/genpatsujiko/info/twg/111222a.pdf）．
・佐々木康人 2019「「黒い雨」訴訟意見書」乙 92．
・笹本征男 1995『米国占領下の原爆調査――原爆加害者になった日本』新幹社．
・沢田昭二 2004「『黒い雨』『黒いすす』、放射性微粒子」『黒い雨――ヒロシマからの証言』広
島県「黒い雨」原爆被爆者の会連絡協議会．
・島薗進 2013『つくられた放射線「安全」論』河出書房新社．
・首相官邸 2021「『黒い雨』被爆者健康手帳交付請求等訴訟の判決に関しての内閣総理大臣談
話」（2022 年 8 月 20 日取得，https：//www.kantei.go.jp/jp/99_suga/discourse/20210727
danwa.html）．
・高橋博子 2008『封印されたヒロシマ・ナガサキ』凱風社．
・高橋博子 2018「UNSCEAR の源流：米ソ冷戦と米原子力委員会」『科学』88(9)：924-930．
・中川保雄 2011 [1991]『増補 放射線被曝の歴史――アメリカ原爆開発から福島原発事故まで』
明石書店．
・任都栗司 1960「原子爆弾被爆者の医療等に関する法律改正運動経過報告書」任都栗司資料
目録 1，広島市公文書館．
・日本ジャーナリスト会議広島支部 2013「放影研交え「黒い雨」シンポ」『広島ジャーナリス
ト』12 号．
・樋口敏広 2003「核実験問題と日米関係――「教育」課程の生成と崩壊を中心に」『国際政治』
No.134: 103-120．
・広島原爆障害対策協議会（原対協）1961『広島原爆医療史』原対協．
・放射線影響研究所 2014『要覧』（2022 年 8 月 20 日取得，https：//www.rerf.or.jp/uploads/
2017/07/briefdescript_j.pdf）．
・放射線被曝者医療国際協力推進協議会 1992『原爆放射線の人体影響 1992』文光堂．
・福島原告告訴団 2012「本日の告訴・告発について（資料）」（2022 年 8 月 20 日取得，http：
//kokuso-fukusimagenpatu.blogspot.com/2012/）．

・放射線影響研究所 2022「寿命調査（Life Span Study）」（2022年8月20日取得，https：//www.rerf.or.jp/programs/research_activities/outline/proglss/）
・山下俊一 2011「山下俊一氏講演（5月3日・二本松市）」（2019年4月20日取得，http：//www.ourplanet-tv.org/?q=node/1037）.
・吉岡斉 1999『原子力の社会史』朝日選書.
・Jablon, Seymour 1991「Darling所長時代──変化の15年間」（2022年8月20日取得，https://www.rerf.or.jp/about/history/psnacount/jablon/）.
・Lindee, Susan 1994 *Suffering Made Real: American Science and the Survivors at Hiroshima*, Chicago：The University Chicago Press.
・Schmitz-Feuerhake, Inge 1983 "Dose Revision for A-bomb Survivors and Question of Fallout Contribution", *Health Physics*, 44(6)：693-695.

【注】

（1）アメリカが核攻撃を受ければ被爆調査はアメリカで可能になり、わざわざ日本で研究する必要もなくなるとの意見もあった（Lindee 1994: 110-111）。

（2）ソ連やチェコスロバキアはフォールアウトの危険性から核実験の即時停止を求めたが、58年の UNSCEAR 報告書に盛り込まれることはなかった（中川 2011: 89）。

（3）放射線被曝者医療国際協力推進協議会（1992: 341）も「世界的に使われている放射線のリスクは、この原爆被曝者の調査結果にほとんど基づいている」としている。

（4）核実験を「自由世界」が受け入れることを促す継続的な情報活動を任務として1953年に設立された。

（5）他の参加者は中村敬三予研所長、中泉正徳 ABCC 準所長（1956-64年）、尾村偉久厚生省公衆衛生局長、George Darling 所長、槇弘 ABCC 準所長（1948-75年）とされている。

（6）2003年から全国で始まった原爆症認定集団訴訟により2008年に審査基準が改められ、認定率は多少改善する。

（7）DS86の中性子の推定値と実測値の系統的誤差から「DS86の計算自身に本質的エラーを含んでいるかもしれない恐れ」が「未解決な課題」として述べられている（放射線被曝者医療国際協力推進協議会 1992: 341-2）.

（8）ただし Robert Oughterson と Stafford Warren は Farrell の指揮のもと、調査団本体が現地入りする以前に、広島を9月8・9日、長崎を13・14日に訪問している（高橋 2008: 52）。

（9）この時の発表文は宇吹（2018）に掲載。

（10）本書の大瀧論文が論じるように、放射性微粒子による内部被曝を無視した既存の「科学的な線量推計」では、被爆者データの解析結果を十分に説明できず、矛盾点が指摘されている。また「100mSv」言説や日本政府による「科学的な線量推計」の粗雑な利用は、その信憑性を揺るがす。しかし寿命調査が「科学」の体裁を維持する限り、世界の放射線防護基準が「実際的で経済的」であり続けるためのデータとして、被害の反証事例として、国際「原子力社会」の公共財として政治的に機能しうるであろう。

❷「黒い雨」被爆者のたたかい　　　　向井　均

はじめに

　「黒い雨」被爆者のたたかいが組織的に始まるのは1976年9月に「健康診断特例区域」が広島市郊外の北西部に設定されて、不十分な援護が行われるようになってからである。

　占領軍当局のプレス・コードによって「原爆」という言葉の使用が認められていなかった時にも、被爆者の運動は行われていたが、そこに「黒い雨」はなかった。1954年3月のビキニ水爆実験被災事件のあと「死の灰」という言葉が流行語のように飛び交ったが、原爆の「黒い雨」とは結びつかなかった。「黒い雨」の放射能の研究は、広島市西部の己斐・高須地区以外は行われなかったし(1)、その北に広がる広い地域の住民の健康影響調査は一度も行われていない(2)。このことも「黒い雨」被爆者のたたかいが遅れて始まったことと無関係ではなかろう。被爆者運動の歴史を書いた本にも、原水禁運動の歴史にも、「黒い雨」についての記載はあるとしても、「黒い雨」被爆者の運動は扱われたことはない(3)。

　1965年、原爆医療法施行令改正の際、残留放射能濃厚地区という理由で被爆地域が広げられたときに初めて「黒い雨」降雨が問題とされるようになった。これは「黒い雨」被爆者の運動の結果ではなく、主として地元広島の行政と議会の陳情の結果であった。だが、これが1976年の健康診断特例区域の設定のきっかけとなった。そして、「黒い雨」被爆者のたたかいが始まった。本稿はその「黒い雨」被爆者のたたかいの歩みをたどる。

　本稿の叙述は、1960年に設けられた「特別被爆者」というカテゴリーの誕生の時期から始める。このカテゴリーの範囲が次第に拡張され、76年9月の「健康診断特例区域」の設定に至るからである。その過程を記述したのち、2021年に原告の全面完全勝利という結果で終わった運動の歴史を4期に分けて述べる。

1　特別被爆者

　原子爆弾被爆者の医療等に関する法律（原爆医療法）は、米国による原爆攻撃の12年後の1957年にようやく制定された原爆被爆者援護の法律であった。この法律の目的は、原子爆弾被爆者の「健康上の特別の状態にかんがみ、国が被爆者に対し健康診断及び医療を行うことにより、その健康の保持及び向上をはかること(4)」とされた。そして「被爆者」が定義された。この法律とその施行令によると、被爆者とは、1．原爆投下の際当時の広島、長崎の市内またはその隣接区域内にいた者、2．原爆投下のときから2週間以内に爆心地から約2キロメートル以内の区域に入った者、3．前2号に掲げる者のほか、原爆が投下された際又はその後において、身体に原子爆弾の放射能の影響を受けるような事情の下にあった者、4．前3号に掲げる者の胎児であった者、という4類型で、それぞれ1号被爆者（直接被爆者）、2号被爆者（入市被爆者）、3号被爆者、4号被爆者（胎内被爆者）などと呼ばれている。3号被爆者は、当初は、海上などしゃへい物のないところで放射能の直射を受けた者、応急の救護所で多数の被爆者の看護などをした者、死がいを片づけたりした者が具体例とされた(5)。

　原爆医療法の最初の改正（1960年8月）のときに「特別被爆者」が誕生した。これは、「原子爆弾の放射線を多量に浴びた被爆者で政令に定める者」（第14条の2）とされた。特別被爆者として次の3類型が定められた。すなわち、爆心地から2キロメートル以内にいた者とその胎児（第1号特別被爆者）、厚生大臣により医療の認定を受けた者(6)（第2号特別被爆者）、直接被爆者でかつ2週間以内に爆心地から2キロメートル以内に入った者のうち健康診断で厚生大臣が定める障害(7)があると認められた者（第3号特別被爆者）である（原爆医療法施行令第6条）。

　こうして新規に制定された特別被爆者と、それ以外の被爆者（一般被爆者と呼ばれた）という2種類の被爆者類型がその後14年間にわたって存在することとなった。一般被爆者と違って特別被爆者は、いわゆる原爆症でない疾病について医療費（一般疾病医療費）の支給を受けた(8)。

　広島市は市議会、医師会などと協議して広島市原爆障害者治療対策協議

会（原対協）⁽⁹⁾を結成し、国費による被爆者治療を求めて政府・国会に要請していた。特に、予算面での裏付けのある法案にするために議員提案ではなく政府提案によって、被爆者全員に対する医療手当を全額国庫負担で支給するという改正案を提出することを要望していたが、それへの厚生省からの「回答」が「特別被爆者」制度の導入であった。

　この新制度を歓迎した人もいたには違いないが、一般被爆者との間に設けられた区分によって、格差が生じたのも事実であった。「もっと病状が悪くならなければ特別手帳に切り替えられない」と医師から言われ、新聞に投書した一般被爆者がいた⁽¹⁰⁾。

　特別被爆者制度は1974年10月に廃止されたが、それまでに4回の政令改正があり、そのたびに類型は変化した。まず62年4月に、第1号特別被爆者の要件が爆心地から3キロメートル以内に改められ、また、第3号特別被爆者の要件の「直接被爆者でかつ2週間以内に爆心地から2キロメートル以内に入った者」の「かつ」が「又は」に改められた。2年後64年の改正では、特定の障害があれば3号被爆者も特別被爆者となることになった。さらに翌65年の改正で新たに次の2類型が付け加えられた。すなわち、3日以内に2キロメートル以内に入市した者とその胎児（第4号特別被爆者）と、「残留放射能濃厚地区」にあった者とその胎児（第5号特別被爆者）である。残留放射能濃厚地区とは、「黒い雨」降雨地域を理由としたものであった。これによって、それまでは一般被爆区域（一般被爆者と認められる区域）であった新庄町、己斐町、古田町など10地区にあった者が特別被爆者となった。原爆医療法制定運動のときから、政府・自民党への陳情や働きかけを強力に推進してきた任都栗司⁽¹¹⁾が委員長を務める広島原爆被害者援護強化対策協議会（強対協）⁽¹²⁾は、特別被爆者の範囲拡大を求める活動もしていたが、その運動は「黒い雨」降雨とは無関係だった。にもかかわらず厚生省が「黒い雨」を根拠とする新たなカテゴリーをつくったのである。これによって、旧安佐郡祇園町（現広島市安佐南区）の町内には特別被爆者と認められる特別被爆区域、一般被爆区域、被爆区域ですらない地域が混在することとなった。また、爆心地から西南

西約４キロメートルの広島市草津地区でも住民らによる調査の結果「黒い雨」に遭った人の半数以上に急性症状があったことが明らかになった[13]。

71年８月、強対協は陳情書で、旧佐伯郡の４村、旧安佐郡５村と祇園町の４地区、広島市草津４地区を「昭和40年度に濃厚雨汚染地区として当然指定されるべきであった」から追加指定するよう要望した。この陳情書の添付資料は「気象関係の広島原子爆弾被害調査報告[14]」であり、これこそ政府が76年９月の「健康診断特例区域」設定の根拠とした降雨図（「宇田降雨図」と呼ばれている）を含むものであった[15]。その結果、72年５月、草津４地区は一般被爆区域から特別被爆区域に変更された。それまで被爆地でさえなかった祇園町４地区はいきなり特別被爆区域になった。この時の被爆区域の拡大は65年に続いて再度「黒い雨」が根拠となったという意味で、また1957年の原爆医療法制定以来唯一の拡大だったという意味でも重要であった。

特別被爆者が全被爆者の約90％を占めるようになり[16]、74年に原爆医療法が改正されて、特別被爆者は廃止され、被爆者全員がそれまで特別被爆者が受けていた給付を受けることになった。

廃止される直前の原爆医療法施行令第６条による特別被爆者の区分は、次のようになっていた。

　　１号　３キロメートル以内の直接被爆者とその胎児
　　２号　厚生大臣の認可を受けた者
　　３号　原爆医療法にいう被爆者であって健康診断の結果厚生大臣の定める特別の障害が認められた者
　　４号　被爆３日以内の入市者とその胎児
　　５号　残留放射能濃厚地区（黒い雨地区）で直接被爆した者とその胎児

広島の健康診断特例区域の基とされた宇田降雨図は「黒い雨」被爆者の被害を矮小化するために政府によって利用されてきたが、当初はこれを地元行政が被爆地拡大の資料として取り上げ、その後も被爆地拡大運動のた

めに使われた。73年7月、広島市議会厚生委員会において、「黒い雨を浴びた地域として同じなのに、被爆地域指定がなされていないところがある」との質問があり、衛生局長は指定漏れの地域の実態調査を行って厚生省に運動したいと述べた。その年の11月から1ヵ月間、宇田降雨図の大雨地域だけでなく小雨地域をも含む広範な地域で住民の健康調査と降雨状況調査が行われた。その結果、病弱者および病気の者の割合が約40％あると判明し、県と市はそれを踏まえて宇田降雨図の全地域を被爆地にするよう国に要望した。政府はそれを拒否し、代わりに76年9月18日、原爆医療法施行令を一部改めて、宇田降雨図のうちの大雨地域のみを健康診断特例区域としたのであった[17]。この時から「黒い雨」被爆者のたたかいが始まる。

　ここまでは前史として、「黒い雨」被爆者がまだ表に出てこない被爆後31年間の状況を見てきた。特に「黒い雨」降雨地区にいた者が残留放射能濃厚との理由で特別被爆者とされたことが大きな転換点となったことを述べた。以下では、当事者らが実際にたたかいに立ち上がった時から、集団訴訟の提起と完全全面勝利へ至る運動の過程を、運動に大きな影響をもたらした出来事をもとに4つの時期に分けて記述したい。

2　運動第1期（1976年〜1985年）——政府の大雨地域指定への反発

　1974年10月、原爆医療法施行令の改正によって長崎市外の旧時津村、長与村が「健康診断特例区域」となった。原爆投下の時にこの区域にいた人とその胎児だった人は「みなし被爆者」として健康診断を年に2回受診できる。その結果、政府が指定する疾病[18]に罹患している場合には、原爆医療法第2条第3号に該当する被爆者となる。この切り替えは法律ではなく、同年7月22日発出の厚生省公衆衛生局長通達第402号によった。第3号を含む他のすべての被爆者類型は法律に規定されていたが、このみなし被爆者の場合は、通達で決められた。76年9月18日にこの制度が広

島にも適用され、上に述べたように、宇田降雨図のうち大雨地区だけが健康診断特例区域となった。

　この特例区域に入れられなかった地域の人びとによる最初の集会は、「昭和20年8月6日上安・相田在住組合員懇談会」という名称で76年10月5日に開かれた。旧安村の上安と相田地区は、安川を挟んで北と南に位置する。その西に接する高取と長楽寺地区は同じ安村であるが、大雨区域である。隔てる山も川もないのに、上安と相田は小雨地域だとされた[19]。

　広島医療生活協同組合主催のこの集会で出た主な意見は、①電のような大粒の黒い雨が降った、②放射能の急性症状とみられる下痢、嘔吐、発熱、脱毛が起こった、③市内から逃げてきて寺や学校で預かれなかった被爆者を自宅で看護した、という3点に集約された[20]。③の「自宅で看護した」とは、3号被爆者とみなされていた「救護被爆」に自らが該当するという主張である。しかし、それには広島県と広島市の基準[21]があり、収容施設等で10人以上の被爆者の輸送や救護をしなければ、自宅で被爆者を看護しただけでは被爆者健康手帳を取得できなかった。「黒い雨」に濡れた人びとの運動は、この時から「被爆者看護・介護[22]」にたずさわった人びとも含めて、単一の運動体で進められることになった[23]。「放射能の影響を受けるような事情の下にあった者」という原爆医療法の定めに該当することが共通の理由であった。

　2年後の1978年7月、上安・相田地区の集会から「『黒い雨』・『自宅看護』原爆被害者の会」という名前の組織に発展した。さらに9月には、宇田降雨図の北西端に位置する佐伯郡湯来町（現広島市佐伯区）でも動きがあった。9月11日、湯来町宇佐で最初の集会が開かれ、36人が集まった。厚生省交渉の様子を含めて「黒い雨」問題を村上経行（1918-2011）が説明した。ここで上安・相田地区と同じ名称の組織ができた。このあと湯来町の5地区、山県郡筒賀村、加計町、豊平町でも説明会が開かれた。さらに、10月、広島中央保健生協草津診療所が湯来町で住民の健康診断を行い、被爆者健康手帳所持者と非所持者とで健康管理手当対象疾病の罹患率に大差はないと分かった[24]。

　健康診断特例区域に入らなかった複数の自治体が国に陳情書や請願書を提出し[25]、また近隣各地で同じような住民の会が相次いで発足した。1978年11月12日、それまでにできていた地区の会の代表者が集まって「広島県『黒い雨・自宅看護』原爆被害者の会連絡協議会」（以下「連絡協」という）が結成された。以後、この組織が中心となって「黒い雨」被爆者の権利を要求するたたかいが続けられることになった。

　連絡協の最初に注目すべき行動は、79年7月はじめに開始した署名運動である。2ヵ月足らずで2万余りの署名を集め、それを携えて代表団が厚生省に陳情に行ったのが8月末である。広島の繁華街に立って署名を呼びかけたのではなく、200人程度の会員が集落内の家庭を訪問して集めたものである。山県郡加計町では88の部落のうち77部落の有権者の7割以上が署名に応じた[26]。

　運動の指導者の中に「黒い雨」被害者ではなかった人、原爆被爆者でさえなかった人がいたことに注目したい。連絡協の初代会長花本兵三（はなもとひょうそう）（1914-2007）は、1944年国民学校高等科を卒業したばかりの少年たちから成る満州開拓義勇団の引率者として渡満、終戦後ソ連に抑留されたのち46年に帰国したので原爆投下の時日本にいなかったが、組織的に運動が始まる前に湯来町の住民に「黒い雨」降雨の体験やその後の病気などを問うた「黒い雨」調査を個人で行った[27]。また、77年3月、湯来町の15町内会長の筆頭者として町議会議長あての請願書で水内川（みのち）南岸だけが特例区域に指定されたことに対する不満を表明している。彼の妻は彼の住民調査に「わけの分からない高熱が度々出た」と答えてその3年後に他界した。3人の娘たちのうち長女は対岸の大雨地域に行っていたため後年被爆者と認められたが、妻、次女、三女がいた場所は小雨地域であった。この線引きへの怒りも花本が運動にかかわる動機となったと思われる。また連絡協事務局長の大田英登も兵役にあったため、原爆を体験してはない。しかし彼の母と妻は「針で刺すような[28]」雨に遭い、市内から避難してきた被爆者の看病もした。妻はこの運動が始まろうとしていた時にがんで急逝した。

　運動の真っただ中にい続けた村上経行は特に忘れてはならない人物である。27歳の時被爆したが、「黒い雨」を受けてはいない。運動開始直前、健康診断特例区域の発表以前の1976年9月1日に厚生省局長に面会して「黒い雨」地域を被爆地に指定するよう要請した。その成果が18日実施の大雨地域だけの特例区域設定だとは言えないが、事務局長として、あるいは顧問として、連絡協の運動を支え続けた。1985年以降、増田降雨図発表とのかかわりにおいてとりわけ大きな働きをすることとなる。54年広島県知事選挙、67年広島市長選挙、62年から80年まで国政選挙に共産党から立候補し、それと同時に「黒い雨」運動に心血を注いだ。胎内被爆者となった長女はわずか18日しか生きなかった。「石のように冷たい小さな人形の様な娘を私は抱いて寝た。」(29)という経験も彼のたたかいを支えたものであろう。

　運動が高まりを見せ、連絡協が広報紙『黒い雨ニュース』の発行を始めた頃、孫振斗裁判の1978年3月の最高裁判決が原爆医療法を「実質的に国家補償的配慮が制度の根底にある」としたために、政府は「一般の戦争犠牲者にもこれが広がりはしないか」(30)と恐れ、「原爆被爆者対策基本問題懇談会」を設置した。同懇談会は「原爆被爆者対策の基本的在り方」を検討し、1980年12月に提出した報告書は、大要次のように述べている。すなわち、戦争の犠牲は「すべての国民がひとしく受忍しなければならない」が、「原爆放射線による健康障害は、一般の戦争損害とは一線を画すべき『特別の犠牲』であり、広い意味における国家補償の見地に立って、被害の実態に即応した対策を講ずべき」である、「被爆者といっても放射線被害の程度に差があ」るため、「その必要性を確かめ、障害の実態に即した対策を重点的に実施すべき」であり、「被爆地域の指定は、科学的・合理的な根拠のある場合に限定して行うべき」と。最後に挙げられた「科学的・合理的根拠」という言葉は、その後何度も繰り返して使用され、原爆被害者らの要望を拒むための根拠とされてきた。たとえば、2004年と2012年に広島県・市が要望した「黒い雨」降雨域拡大の要求は、いずれも同じ理由で拒否されている。連絡協発足以来、事務局の中枢にあり、2004年から

事務局長を務めた牧野一見もこう言う。「連絡協の要求交渉でも、議会の陳情でも、厚生省は回答の冒頭にこの方針を述べて、地域拡大の要求を突き放してきました。[(31)]」

　健康診断特例区域の拡大の要求は全くかなえられぬまま経過した。自宅看護に関しては、広島県がその条件を緩めるという変化はあった[(32)]が、この問題は連絡協内でも次第に重要性が低くなっていった。牧野は「80年頃までは役員会で協議していたが、系統的な調査や運動はしなくなった[(33)]」と言う。だが連絡協の正式名称には88年まで「自宅看護」が使われ、その後「自宅介護等」となり、「黒い雨」だけになったのは2004年4月からだった[(34)]。

3　運動第2期（1985年〜2007年）——運動の新たな高揚と停滞、増田降雨図と専門家会議

　第1期は成果なく時間が経過した。第2期の始まりを1985年8月原水爆禁止世界大会で気象学者の増田善信と連絡協顧問村上が出会うときとする。村上が増田に雨が卵型に降るものかと問い、増田は降雨域を調査すると約束した。そうして、まったく新しい降雨図がつくられることとなった。

　増田は「黒い雨」に遭ったという記述のある被爆証言集など30編の中から180人の記述と、宇田降雨図を作成した宇田道隆らの原資料のほか、花本や村上による調査結果を加えて作図し、暫定的な降雨図として87年5月に発表した[(35)]。これが報道されると、各地からここにも降ったという声が寄せられたため、増田は直ちに再調査を開始した。村上らの援助を得て広島県北部から北西部にかけての地域で現地調査と住民の証言を聞く会を開いた。10ヵ所で開いた聞き取りで111人の証言を得た。また1,300のアンケート用紙を配り1,188人の回答が回収された。新聞やテレビで報道された降雨体験や記録集などからも400人以上の記録が集まった。こうして得られた2,125点の資料に基づいて、気象学会誌『天気』89年2月号に正式に増田降雨図が発表された[(36)]。長円形の宇田降雨図と違って複雑な形をしている。増田自身が87年に発表した暫定降雨図の2倍、宇田降

雨図の４倍の地域で降雨があったという結果となった。それが報道で話題
となり、連絡協のニュースレターが次々発行され、会員数も大幅に増えた。
　増田降雨図への反響の大きさを重視した広島県・市は「黒い雨に関する
専門家会議」を設けて降雨範囲と放射性降下物の人体への影響などを検討
することになった。このように状況はたたかいにとって有利に進むかのよ
うに思えたが、そうではなかった。88年８月に検討を開始した専門家会
議は３年後に報告書を出したが、その結果は、大雨の範囲は宇田降雨図と
ほぼ同程度であり、原爆放射線による人体への影響は認められなかったと
いうことだった。連絡協は直ちに広島市長・知事に対して「あまりにも実
態とかけ離れた結論」だとの書面を送付し、また数度にわたって専門家会
議への質問書を送った。連絡協は屋根瓦や栗・柿の木に残る放射能調査に
協力したが、その期待は完全に裏切られた。
　2002年４月、長崎原爆で新制度が始まった（被爆者援護法施行令・同
法施行規則の改正）。それは、原爆投下時に爆心地から12キロメートル以
内の未指定地域にいた人（「被爆体験者」と呼ばれる）を被爆の精神的影
響について援護する「第２種健康診断特例区域」である。すでに決まって
いた広島の大雨地域および1974年に広島に先んじて長崎に設定されてい
た健康診断特例区域は「第１種健康診断特例区域」とされた。長崎の第２
種健康診断特例区域は、年１回の健康診断の結果、被爆体験による精神的
疾患については医療費の給付を受けることができるが、第１種特例区域の
場合と異なり11疾病にかかっていても被爆者健康手帳の交付には至らな
い。この新しい制度を利用しようとして広島市は2002年８月、原子爆弾
被爆実態調査研究会を設けて被爆体験の心理的影響の調査を１万人対象に
実施した。その結果を04年１月、「黒い雨の体験者は今も心身への影響を
受けている」として国に指定地域の拡大を要望した[37]。しかし、06年に
国から来た回答は「科学的・合理的とは言えない」であった。
　同じころ、健康診断特例区域の境界線に接する広島市のいくつかの地域
を中心に「黒い雨の会」が生まれた。02年９月佐伯区、12月上安・相田、
03年２月綾西（安佐北区可部町綾ケ谷）と続く。どの会も積極的に活動し、

健康診断特例区域拡大を求める署名を集めた。03年7月、湯来・加計・安佐・豊平・佐伯・上安相田の6地区の会が連名で藤田雄山知事に「「黒い雨」被害者支援の陳情書」を提出し、雨域拡大を国に働きかけるよう要請した。

2003年から全国で原爆症認定を求める集団訴訟が繰り広げられた。裁判では、原告側の証人として物理学者矢ヶ﨑克馬や増田善信ら学者や多数の医師が意見書を提出した。また05年9月に、初の3号被爆者裁判である救護被爆者訴訟が始まった(38)。これは2009年3月25日の広島地裁判決での原告全面勝訴で終わる。

こうして全国的な被爆者運動は進展したのだが、連絡協を中心とする増田降雨図による運動は盛り上がりと挫折を繰り返しながら、成果はなかった。新しい局面が見えるのは、また新たな降雨図が発表されてからである。

4　運動第3期（2008年〜2014年）——大瀧降雨図の登場と国の検討会

広島市は第2種健康診断特例区域の適用を望んだが、国から科学的・合理的ではないと拒否されたため、2008年6月、対象者数を増やして再調査を開始した。連絡協は同年7月、市に対して、この調査は被爆者認定の可能性がある第1種健康診断特例区域の拡大ではないので、同特例区域拡大のために調査を活用するよう求めた。また、調査が市域だけを対象にしていたため、調査に広島県も加わるよう求めた(39)。県と市の調査では、3万7,000人弱に調査票が送られ、2万7,000人の有効回答を得た。そしてデータの分析から、「未指定地域の黒い雨体験者は、心身健康面が被爆者に匹敵するほど不良」、「黒い雨は従来言われていた範囲よりも広く、現在の広島市域の東側、北東側を除くほぼ全域と周辺部で降った可能性」があると結論が出された。この調査結果は「原爆体験者等健康意識調査報告書」として2010年5月に発表された。こうして宇田降雨図の6倍の面積に及ぶ新しい降雨図が発表された。県と市は「大瀧雨図」と呼ばれる新たな降雨図を従来の大雨区域に変わるべきものとして国に要望した。その当

時の政権はかつての野党の民主党中心であり、運動する側には有利な条件になっていた。厚労省は「『原爆体験者等健康意識調査報告書』等に関する検討会」（以下「検討会」という）を設置した。同検討会は2010年12月に最初の会合をもち、12年7月まで全部で9回の会議を開いた。

　連絡協も県・市と歩調を合わせてこの新しい降雨図を認めるよう国に求めた。初めて街頭に出て広島平和記念公園入口の元安橋上で署名を集め、12名の代表者を厚労省との交渉のために派遣した。さらに毎回の検討会に傍聴団を送って審議の行方を注視した。2012年7月に検討会が出した結論は、降雨範囲については爆心地から20キロメートルを超える地域のデータが足りない上、60年以上前の記憶に頼っているので降雨域の決定は困難であること、健康面の問題は放射線への不安によるものだとするものであった。民主党所属の厚生労働大臣はこの結論を支持した。そういう結論が出る見込みが出た頃、連絡協は検討会宛に公開質問状を送った。広島市議会は12年7月3日、「原子爆弾被爆地域の拡大を求める意見書」を可決して降雨域の拡大を要望し、市長は大臣に「政治判断」によって検討会結論と違う判断をするようにと求めたりしたが効果はなかった。一方、検討会の結論を受けて、厚労省は広島県と市に「黒い雨」により「健康に不安をもつ人」のための相談事業を委託した。それにより、医師、保健師、臨床心理士による相談事業が13年度から始められた。

　福島原発事故で内部被曝がふたたび話題になっていたこの頃、連絡協は冊子第4集『黒い雨　内部被曝の告発』を発刊して会員の体験記と増田、矢ヶ﨑を含む学者らの解説文を掲載した。第3集までの冊子の体験談は、降雨状況のほか自身の病気と不安が主な内容だったが、第4集は、そのほかに福島原発事故と2012年の政府の決定を告発していることが特徴である。「自分は内部被曝をしているのは間違いない」、「国が内部被曝を隠蔽するのは許せない」、「黒い雨と福島は重なっている」、「国は私たちの話を聞いてほしい」など、被害者の声は不安の吐露から政府への怒りの表明に変わったと言える。

　この頃、野党になっていた自民党の衆議院議員（広島県第3選挙区選出

河井克行）が、それまでの野党議員と同じようなことを国会で政府に要望していたことはあまり知られていないのではないだろうか。国会議事録を読むと、口調だけでなく、その内容も、まるで攻守が逆転したかのようである[(40)]。

5　運動第4期（2015年〜）──訴訟提起と完全勝訴

　またしても望みを絶たれたため、連絡協は訴訟提起という選択をした。それまでは運動開始以来一貫して陳情を中心とした運動を続けていた。1991年に「黒い雨に関する専門家会議」の報告が「悪い結果の場合、法廷闘争へ[(41)]」と検討したことはあったが、その時は検討にとどまった。

　連絡協役員会は訴訟の検討に入り、2014年2月から弁護士や行政法の専門家との協議を始めた。10月の代表者会議で、「行政交渉だけでは地域拡大の見通しがなく、新たな運動の方針として集団提訴を提起する必要性がある。」として提訴が決まった。「黒い雨の放射能被害（内部被曝）を認めさせる運動は、福島原発被害者の運動や、核兵器のない日本と世界を目指す」運動にもつながる、とも語られた[(42)]。

　原告の代理人には、2009年3月に広島地裁で勝訴した救護被爆者裁判のときの原告側弁護士らが就いた。提訴についての協議の中でこれまでの連絡協の方針と大きく変わったのは、被爆者としての認定を求めるべきであるとして、第1次的には被爆者健康手帳の却下処分の取り消しを求めることになったことだった。健康診断受診者証の却下処分の取り消しは副次的な目的になった。

　被爆者援護法第1条3号は、被爆者の要件として「身体に原子爆弾の放射能の影響を受けるような事情の下にあった者」とする。この法律の前身の原爆医療法制定の際、3号被爆者というカテゴリーが置かれた理由は、1号（直接被爆者）と2号（入市被爆者）以外にも被爆者があり得るとして、その漏れを防ぐ意味で設けられたものであった[(43)]。「黒い雨」被爆者は、この3号被爆者に該当すると主張した。被告を広島県および広島市とした。厚生労働大臣が被告側に立って訴訟に参加した。

　国に対して県・市と連携してたたかってきただけに、県・市を相手に訴訟を起こすことについて連絡協にはややためらいもあった。しかし、国を相手にして裁判を起こしても裁判所は実質審議をしない可能性が大きいが、市長と知事を訴えると裁判所は手帳を交付しない判断基準が正しいか否かの結論を出すだろうとの弁護士らの助言に従った(44)。原告の数としては20名程度を考えていたが、64名が15年11月4日に提訴した。のちに原告数は第2陣、第3陣と追加されて合計88名になった(45)。

　裁判では、大瀧降雨図の作成者大瀧慈、原爆爆発と降雨の機序を解明した矢ヶ﨑克馬が「意見書」を提出し、証言した。増田降雨図を作成した増田善信は証人とはならなかったが、原告弁護団は増田に面談し、原爆症認定訴訟での増田の調書などを証拠として提出した。

　2002年に発足していた「上安・相田地区黒い雨の会」は訴訟に加わらずに、会員が減って病人も多くなったため活動ができないとの理由で15年4月の総会で解散を決めた。

　一審判決は2020年7月29日、被告である広島市・県に対し、原告84人全員に被爆者健康手帳の交付等を言い渡した。「黒い雨」には放射性微粒子が含まれており、それを飲み、また「黒い雨」が付着した食物を食べたことによって内部被曝した可能性があったこと、「大雨地域」以外でも広範囲に降った事実が確認できるとした。

　国は、過去の類似の最高裁判決と異なると言って広島県・市を説得して控訴させた。広島高等裁判所は2021年7月14日に判決を言い渡し、控訴を棄却して地裁判決を維持した。二審判決は、原告らが11疾病に罹患していることを考慮した地裁判決と違って、その要がないとした。1号・2号被爆者には疾病が必要条件ではないし、同じ3号被爆者であっても、救護被爆などの場合にもそういう条件はないのに、第1種健康診断特例区域にあった者は11疾病のどれかにかからないと被爆者健康手帳を交付しない（被爆者と認めない）という制度の問題が指摘された。

　政府は、上告を断念した。2021年7月27日に内閣総理大臣談話を発表し、「黒い雨」訴訟の原告と同じような状況にあった人びとをも救済する、

しかし、高裁判決が内部被曝の健康影響を線量推計によらず広く認めた点については容認できないとした。

被爆76年、原告は、8月6日までに全員が「被爆者」となった。

おわりに

政府は原告と同様の状況にあった被害者を救済すると言ったが、広島高裁判決から5ヵ月も経過した2021年12月に発表された、被爆者と認定するための基準は、「黒い雨」に遭ったことが確認できること、その場所、時間、降雨状況、生活状況等が原告と同じような事情にあったと確認できることのほかに、11疾病のどれかにかかっていることが必要だというものだった（白内障手術歴も含まれた）。上述のように11疾病は、すでに「被爆者」である人が受ける健康管理手当の受給要件である。政府のこの基準は、降雨域は宇田降雨図の大雨区域より広くてもよいが、疾病要件を加えることによって、1976年以来の第1種健康診断特例区域の制度を維持するということである。

連絡協の活動は、提訴のときに並行して結成された「原爆『黒い雨』訴訟を支援する会」に重点が移っていた。裁判終結後、訴訟を支援する会は「原爆『黒い雨』被害者を支援する会」になった。訴訟に加わらなかった人びとを掘り起こして説明会を開き、手帳申請の手続きを手伝っている。広島県の推計によれば、「黒い雨」被害を受けた可能性のある人は1万3,000人に及ぶという。

この裁判は、原爆の「黒い雨」被害者を被爆者援護法に定める「被爆者」として認定した初めてのものであった。ここに至るまで、連絡協と各地域の「黒い雨」の会、そしてそれらに参加した人びとの45年に及ぶ根気強いたたかいがあった。それを指導した人の中に、「黒い雨」被爆者でない人が何人もいたことも記憶しておきたい。さらに、このたたかいによって、「黒い雨」はただ井伏鱒二の作品とその映画のタイトルではなく、また過去の事件でもなく、現在の問題だということが明らかになった。つまり、放射能被曝の評価、とりわけ内部被曝の危険についてである。高裁判決は、

原告らが内部被曝を原因とする健康への影響を受けた可能性を前提としているのに対して、国は判決が科学的な線量推計によっていないとして批判している。しかし、原爆による内部被曝の線量はそもそも計測不可能なのである。

　従って、「黒い雨」被爆者のたたかいは、自らの権利のためだけでなく、結局は低線量内部被曝の危険を裁判において証明するという、大きな意義をもつものであった。

【参考文献（筆者名のアルファベット順）】
原水爆禁止広島県協議会，2004，『原水爆禁止運動50年の歩み』．
原水爆禁止日本協議会，2005，『写真ドキュメント　核兵器のない世界へ　被爆60年と原水爆禁止運動1945 ～ 2005』．
広島原爆障害対策協議会（原対協）広島原爆医療史編集委員会編，1961，『広島原爆医療史』．
広島県被爆者団体協議会編，1986，『平和を求めつづけて　広島県被団協30年の歩み』汐文社．
広島県被団協史編集委員会編・河野道宏著，2001，『核兵器のない明日を願って　広島県被団協の歩み』広島県原爆被害者団体協議会．
広島県，1972，『広島県史　原爆資料編』．
広島県，1976，『原爆三十年——広島県の戦後史』．
広島県「黒い雨・自宅看護」原爆被害者の会連絡協議会，1982，『黒い雨』．
広島県「黒い雨・自宅介護等」原爆被害者の会連絡協議会，1989，『黒い雨　続』．
広島県「黒い雨」原爆被害者の会連絡協議会，2004，『黒い雨　ヒロシマからの証言』．
———，2012，『黒い雨　内部被曝の告発』．
———，1979-2015，『黒い雨ニュース』．
広島市，1983，『広島新史　行政編』広島市．
———，1986，『広島新史　年表編』広島市．
広島市衛生局原爆被害対策部編，1996，『広島市原爆被害援護行政史』．
広島市議会，1990，『広島市議会史——昭和（戦後）編』．
広島市健康福祉局原爆被害対策部，2019，『令和元年（2019年）版原爆被爆者対策事業概要』．
今堀誠二，1960a，『原水爆時代（上）』三一書房．
———，1960b，『原水爆時代（下）』三一書房．
———，1974，『原水爆禁止運動』潮出版社．
今中哲二，2012，『低線量放射線被曝——チェルノブイリから福島へ』岩波書店．
救護（3号）被爆者訴訟原告団・弁護団，2009，『救護（3号）被爆者訴訟の記録　内部被曝の事実は消せない』．
牧野一見，2022，「『黒い雨』問題の運動と訴訟」『賃金と社会保障』Nos.1793-94:20-6, 2022年1月合併号，旬報社．
増田善信，1987，「"黒い雨"四二年ぶりの再調査」『季刊科学と思想』No.66:260-76, 新日本出版社．

―――, 1989,「広島原爆後の "黒い雨" はどこまで降ったか」, 日本気象学会『天気』36：13-23.

―――, 2020, ブログ 2020 年 8 月 2 日「七五年前の夏と "核の冬" から "黒い雨" へ」http://ameblo.jp/yshmasuda/entry-12615215356.html.

三村正弘, 2021,「私が歩んできた道（福島生協病院時代）」『ありがとう福島病院・福島生協病院』「ありがとう福島病院・福島生協病院」編集委員会編, 37-43.

―――, 2022,「私が歩んできた道」被爆者の自分史編集委員会『生きる　被爆者の自分史』第六集, 143-182, 原爆被害者相談員の会.

向井均・湯浅正恵, 2021,「『黒い雨』未認定被爆者カテゴリーの構築　原爆医療法制定とその改正過程を中心に」広島市立大学国際学部多文化共生プログラム・編『周縁に目を凝らす　マイノリティの言語・記憶・生の実践』339-84 頁, 彩流社.

直野章子, 2011,『被ばくと補償 － 広島、長崎、そして福島』平凡社.

日本原水爆被害者団体協議会, 2009a,『ふたたび被爆者をつくるな――日本被団協 50 年史本巻』あけび書房.

―――, 2009b,『ふたたび被爆者をつくるな ― 日本被団協 50 年史　別巻』あけび書房.

任都栗司, 1960,「原子爆弾被爆者の医療等に関する法律改正運動経過報告書」任都栗司資料目録 1, 広島市公文書館.

竹森雅泰, 2022,「『黒い雨』訴訟・広島高裁判決の意義と今後の課題」『賃金と社会保障』Nos.1793-94:6-19,2022 年 1 月合併号, 旬報社.

田村和之, 2011,「『黒い雨被爆者』と被爆者健康手帳」『ヒバクシャ』No.28:1-4.

―――, 2021,「被爆者健康手帳裁判」『ヒバクシャ』No.38:1-14.

―――, 2022,「原爆『被爆者』の概念について考える――『三号被爆者』の可能性」『賃金と社会保障』Nos.1793-1794,2022 年 1 月合併号, 旬報社.

矢ヶ﨑克馬, 2010,『隠された被曝』新日本出版社.

―――, 2021,『放射線被曝の隠蔽と科学』緑風出版.

矢ヶ﨑克馬・守田敏也, 2012,『内部被曝』岩波書店.

第 87 回国会参議院社会労働委員会 1979 年 5 月 22 日会議録
https://kokkai.ndl.go.jp/simple/detail?minId=108714410X00819790522&spkNum=207（2019 年 12 月 19 日取得）

厚生労働省ウェブサイト
https://www.mhlw.go.jp/stf/seisakunitsuite/bunya/kenkou_iryou/kenkou/genbaku/genbaku09/01.html（2019 年 12 月 31 日取得）

【注】
（1）今中哲二（2012）を参照。
（2）1978 年 10 月、広島中央保健生協が湯来町で行った健康診断については後述する。
（3）例えば広島県被爆者団体協議会（1986）、広島県被団協史編集委員会（2001）、日本原水爆被害者団体協議会（2009a）、同（2009b）は、降雨に触れてはいるが運動については記述がない。原水爆禁止広島県協議会（2004）と原水爆禁止日本協議会（2005）には「黒い雨」という語そのものがない。
（4）原子爆弾被爆者の医療等に関する法律第 1 条。

（５）　広島原爆障害対策協議会広島原爆医療史編集委員会 1961:665. 厚労省は３号被爆者の例として「被災者の救護、死体の処理などをされた方」としている。

（６）　厚生大臣の認定とは、法第８条の「当該負傷または疾病が原子爆弾の障害作用に起因する旨の厚生大臣の認定を受けなければならない」による。いわゆる原爆症の認定である。

（７）　原爆医療法施行令第６条は、造血機能障害、肝臓機能障害、悪性新生物、内分泌系の障害、中枢神経系の障害、循環器系障害、腎臓機能障害の７種を定めた。

（８）　ただし改正医療法により、疾病の中でも、遺伝性、先天性疾病、原爆以前にかかった精神病、第一度の虫歯などの場合や、自己の故意の犯罪行為による負傷や疾病の場合にも医療費の支給はなく、闘争、泥酔、著しい不行跡による負傷などの場合はそれに係る給付の全部または一部を受けられない。

（９）　原対協は 1953 年に結成され、広島市長が会長に就任。1954 年９月、県選出国会議員を顧問に委嘱、56 年財団法人化。現在も原爆障害者治療対策協議会として研究を続けている。

（10）　その投書は 1963 年 10 月 15 日、「特別被爆者制度『一般』との格差解消を」という見出しで中国新聞に掲載された。

（11）　任都栗は戦前から県議や市議を歴任した市議会議長経験者、被爆者。1988 年 91 歳で死去。

（12）　1960 年 11 月、原爆医療法の改正要求運動のため広島市と同市議会が「広島原爆被害者対策促進委員会として結成していたが、62 年から休止状態にあった。64 年４月に改組されてこの名称になった。

（13）　直野 2011:134-5。

（14）　1945 年９月下旬から同 12 月の初めにかけて、広島管区気象台の技師宇田道隆らが原爆爆発当時の気象状況や飛散降下物、破壊現象、焼夷現象を調査したもの。文部省学術研究会議原子爆弾被害調査委員会の１部門として行われたが、報告書はプレス・コードのため 53 年３月まで公表されなかった。

（15）　強対協 1971:3、市議会史 1990:290。

（16）　広島市の全被爆者中に占めた特別被爆者数は 1973 年度 91.8%、全国では 88.0% であった。

（17）　広島市議会 1990:290、広島市衛生局 1995:174-5、広島市健康福祉局 2019:190。

（18）　これは 1978 年に１疾病が増えて 11 となった。造血機能障害、肝臓機能障害、細胞増殖機能障害、内分泌線機能障害、脳血管障害、循環器機能障害、腎臓機能障害、水晶体混濁による視機能障害、呼吸器機能障害、運動器機能障害、潰瘍による消化器機能障害を伴う 11 疾病であり、「被爆者」が健康管理手当を受給する際に要件となる疾病である。

（19）　安佐郡安村は 1889（明治 22）年、上安、相田、高取、長楽寺、中須、大町の６村が合併して設置され、1955 年、古市町と合併して安古市町となった。現在は広島市安佐南区。

（20）　連絡協 1982:39。

（21）　広島県衛生部長が 1968 年９月 30 日に各保健所長にあてた通知によると、「１．10 名以上の被爆した者の輸送、２．10 名以上の被爆した者の救護、３．被爆した者の収容施

設等における 10 名以上の被爆した者の看護、4．10 名以上の被爆した者の死体の処理」に従事した者が被爆者として認定された。広島市は「臨時収容所等の公共施設で十人以上の被爆者の看護活動に参加した者、公的指示に基づくもの（たとえば町会長、常会長など）」が被爆者に当るとしていた（1979 年 5 月 22 日参議院社会労働委員会での渡辺武議員の質問と田中昭夫厚生省公衆衛生局長の答弁による）。

(22) 本稿で扱う運動団体は、当初は「自宅看護」に従事した者を含むとしていたが、「介護」の方が「看護」よりも作業の範囲が広く、被爆者の看護・運搬・遺体の焼却などに従事した者をも含むためとして、1988 年 3 月から「自宅介護等」として範囲を広げた。

(23) 政府や地元自治体への陳情には、降雨域拡大と自宅看護への被爆者手帳交付という両方の要望が含まれた。例えば連絡協による広島県への要望書（79 年 6 月 11 日）、初の国への陳情書（79 年 8 月 31 日）などで、両方の要望がなされている。『黒い雨ニュース』第 1 号、第 3 号ほか。

(24) 連絡協 1982：49, 三村 2021：12、2022：163-4。

(25) 10 月湯来町長ら上京して厚生省に陳情、12 月山県郡筒賀村議会請願採択、79 年 3 月豊平町議会請願採択など。

(26) 連絡協 1982：67。

(27) 花本は 78 年 8 月、調査を 2 種類行った。83 人の氏名、生年月日、住所、職業、被災状況、被爆者介護の有無、健康状態などを記載した調査と、9 世帯 54 人の住所、名前、生年月日、職業、被災状況、原爆手帳有無を記録した調査である。

(28) 連絡協 1982：42。

(29) 村上 1981「小さい人形のような娘をだいて」広島医療生協編『ピカに灼かれて』第 5 集。

(30) 1979 年 6 月 8 日、第 1 回基本問題懇談会での橋本龍太郎厚生大臣の発言。

(31) 牧野 2022：21. 牧野は 1973 年に湯来町議となり、運動開始のときから運動の中心にいる。

(32) 1979 年 9 月、広島県副知事が「常会長の指示は不要」と約束した。『黒い雨ニュース』第 3 号、79 年 11 月 12 日。

(33) 2022 年 4 月 26 日、筆者の問いに対する答え。

(34) 連絡協が「黒い雨」被爆者のほかに、「自宅看護」、「自宅介護」による被爆をも扱っていたことについては先に述べた。注 22 を参照。

(35) 増田 1987。

(36) 増田 1989, 2020。

(37) 連絡協も広島市の運動に連動するとしてこれに賛同していた。『黒い雨ニュース』第 30 号（2004 年 9 月）に国に陳情した際の報告がある。

(38) これは避難してきた被爆者を自宅などで看護した親に付き添っていたために被爆したと主張する 7 人の集団訴訟であった。注 21 を参照。

(39) 牧野 2022：22、『黒い雨ニュース』2008 年 9 月第 37 号。

(40) 河井は、2010 年から 12 年にかけて厚生労働、法務、文部科学、科学技術などの委員会で、「黒い雨の会」の会員の手紙を紹介して降雨域拡大を求め、国の検討会に失望したとか、「黒い雨」と原発事故はどちらも内部被曝だなど 7 回発言。彼の事務所発行の 2013 年 7 月の広報紙はその様子を紹介、与党復帰後の 14 年 6 月の広報紙は、地元の「黒い雨の会」会員 5 人を厚労相に引き合わせたと報じている。

（41）91年3月4日の4役会議の村上経行によるメモ。
（42）牧野一見の2014年10月3日の記録。
（43）2016年6月10日付け原告第3準備書面、　田村和之 2022：35。
（44）牧野一見の2014年10月3日の記録および竹森弁護士面談 2021年11月24日。
（45）裁判の途中で18名が死亡、うち14名の遺族は訴訟を引き継いだが、4名は訴訟を取り下げたので、最終的に原告数は84名となった。

II

「黒い雨」訴訟

❸「黒い雨」訴訟・審理経過と判決の内容及び意義について

竹森　雅泰

第1　はじめに

　2015年11月4日に黒い雨被爆者らが原告となって広島地方裁判所（以下「広島地裁」という。）に提訴した「黒い雨」被爆者健康手帳交付請求等事件（以下「『黒い雨』訴訟」という。）について、広島地裁民事第2部（高島義行裁判長）は、2020年7月29日、原告ら84名全員を原子爆弾被爆者に対する援護に関する法律（平成6年法律第117号、以下「被爆者援護法」という。）第1条第3号の被爆者に該当すると判示し、広島市長及び広島県知事に対し、原告ら全員に被爆者健康手帳の交付等を命じる判決(1)を言い渡した（以下「広島地裁判決」という。）。

　被告広島市及び広島県は、参加行政庁である厚生労働大臣(2)（以下、この3者を「被告ら」という。）の強い意向を受けて、広島地裁判決を不服として広島高等裁判所（以下「広島高裁」という。）に3者連名で控訴(3)したが、広島高裁第3部（西井和徒裁判長）は、2021年7月14日、被告らの控訴を棄却する判決(4)を言い渡した（以下「広島高裁判決」という。）。

　菅義偉内閣総理大臣（当時）は、同月26日に上告断念を表明し、翌27日には内閣総理大臣談話(5)を閣議決定し、原告らに「被爆者健康手帳を速やかに発行」し、原告らと「同じような事情にあった方々については、訴訟の参加・不参加にかかわらず、認定し救済できるよう、早急に対応を検討」するとした。同年8月2日以降、原告らには被爆者健康手帳が交付され、翌2022年4月以降、原告らと同じような事情にあった黒い雨被爆者を救済する新指針(6)に従い、原告ら以外の黒い雨被爆者も被爆者と認定され、被爆者健康手帳が交付されている。

　本稿では、「黒い雨」訴訟に至る経緯（第2）、第一審の審理経過と広島

地裁判決の内容（第3）・控訴審の審理経過と広島高裁判決の内容（第4）について詳論し、最後に「黒い雨」訴訟の意義（第5）について考察する。

第2　「黒い雨」訴訟に至る経緯

1　被爆者援護法の概要

　被爆者に対する援護は、被爆者援護法に規定されている。なお、被爆者援護法は、1957年に制定され原子爆弾被爆者の医療等に関する法律（昭和32年法律第41号、以下「原爆医療法」という。）と、1968年に制定された原子爆弾被爆者に対する特別措置法（昭和43年法律第53号、以下「原爆特別措置法」という。）を一本化して、1994年に制定された法律である。

（1）被爆者の定義と被爆者健康手帳の交付

　被爆者援護法1条（原爆医療法2条に同じ）は、「被爆者」とは、同条各号のいずれかに該当する者であって、被爆者健康手帳の交付を受けたものをいうと定義しており、その類型として、原子爆弾（以下「原爆」という。）が投下された際当時の広島市もしくは長崎市または政令で定める隣接区域内（被爆地域）にあった者（1号、直接被爆者）、原爆投下後2週間以内に爆心地から2km内に入市した者（2号、入市被爆者）、それ以外に原爆投下時またはその後において「身体に原子爆弾の放射能の影響を受けるような事情の下にあった者」（3号、3号被爆者）、当時これらの者の胎児であった者（4号、胎内被爆者）が列挙されている。

　被爆者健康手帳の交付を受けようとする者は、居住地の都道府県知事（広島市又は長崎市については当該市の長）に申請（2条1項）し、都道県知事等は、審査の結果、申請者が1条各号のいずれかに該当すると認めるときは、その者に被爆者健康手帳を交付する（2条3項）。

（2）被爆者に対する援護施策

　被爆者に対する援護施策には様々なものがあるが、主だったものとして

は、以下のとおりである。

すなわち、被爆者には、健康管理すなわち健康診断（7条）や、必要と認められるときの指導（9条）が実施される。また、医療保険の自己負担分が国費で補填される（18条）。さらに、原爆との関連が想定される11種類の障害を伴う疾病[7]にかかっていると認定された被爆者には、毎月約3万5,000円の健康管理手当が支給され（27条）、被爆者が亡くなった場合には、葬祭を行った者に約21万円の葬祭料が支給される（32条）。

更に、原爆の傷害作用に起因して負傷しまたは疾病にかかり、現に医療を要する状態にある被爆者に対して、全額国費での医療の給付が行われ（10条、11条）、月額約14万円の医療特別手当が支給される（24条）。ただし、この原爆症認定は、都道府県知事等ではなく厚生労働大臣が行うことになっている。

なお、これらの被爆者に対する援護施策のうち、原爆医療法制定時から規定されていたものは、被爆者に対する健康管理（健康診断と指導）と原爆症認定された被爆者に対する医療の給付のみであり、その余の援護施策は、その後の原爆医療法及び原爆特別措置法の制定・改正を経て拡充されたものであることに留意する必要がある。

2 「黒い雨」に関する経緯

この点についての詳細は本書の他の箇所に譲るが、ここでは、「黒い雨」訴訟における争点を理解する上で必要な限度で言及する。

（1）「黒い雨」とその健康被害

「黒い雨」訴訟でいうところの「黒い雨」とは、1945年8月6日に広島市に原爆が投下された後に発生した雨（以下、この雨を、色が黒くなかったものも含めて「黒い雨」といい、その降雨域を「黒い雨降雨域」という。）をいう[8]。

黒い雨は原爆由来の放射性物質を含む雨であり、放射性降下物（フォールアウト）の一種である。黒い雨は強い放射能を帯びていたため、黒い雨

降雨域の住民の中には、爆心地の被爆者に見られた頭髪の脱毛や、歯ぐきからの出血、血便などの急性症状と同様の症状が出現する者もいた。また、被爆から時間が経過した後には、疲れやすい、倦怠感があるといった原爆ぶらぶら病と呼ばれる症状や、白血病や発がんなどの晩発障害を来す者も多かった。

（2）宇田雨域と被爆地域との関係

　1945年8月から12月にかけて当時の広島管区気象台の気象技師宇田道隆氏ら6名が、広島市内外各所での聞取り等によって調査した結果をまとめた「気象関係の広島原子爆弾被害調査報告」で提唱された雨域（以下、同報告を「宇田論文」、雨域を「宇田雨域」という。）が、長らく、黒い雨降雨域の範囲とされてきた。宇田雨域は、爆心地から北西の方向に広がる卵形をしており、1時間以上雨が降った強雨域（長径19km、短径11km）と、それ以外の少しでも雨が降った小雨域（長径29km、短径15km）に分けられている。

　前述のとおり、原爆医療法では、当時の広島市内は全域が被爆地域に指定され、原爆投下時に被爆地域に在った者は、直接被爆者として「被爆者」とされた。そのため、宇田論文で「広島市西方の高須、己斐方面で高い放射能が示されるに至った」、「爆発後の高須、己斐方面の放射能の著大な分布は、降雨により、持続的に、原爆による高放射能物質を含む放射性物質が降下し、また、放射性物質を含む灰埃が降下したのが、高須、己斐方面で最も多かったことを原因とするものであろう」などと報告された、高須を含む広島市古田町、同市己斐町で黒い雨に遭った者は、原爆医療法制定当時から被爆者とされた。

　しかし、宇田雨域のうち、当時の広島市及び広島県安佐郡祇園町のうち長束、西原及び西山本以外の地域は、被爆地域に含まれず、援護施策の対象外とされてきたが、1972年4月から、同郡祇園町のうち東山本、北上安、南上安及び東原の各地域が、黒い雨による残留放射能濃厚地域という理由で、新たに被爆地域に指定された。

（3） 健康診断特例措置と 402 号通達による切替制度

国（厚生省）は、1974 年 6 月、原爆医療法を改正して附則 3 項として「原子爆弾が投下された際第 2 条第 1 号に規定する区域に隣接する政令で定める区域内にあった者又はその当時その者の胎児であった者は、当分の間、第 4 条の規定(9)の適用については、被爆者とみなす。」との規定を新設し、健康診断の特例措置（以下「健康診断特例措置」という。）を設けた。

これは、原爆医療法 2 条各号の被爆者とは認められない者であっても、政令で定める区域（以下「健康診断特例区域」という。）内に所在した者については、暫定的な措置として、原爆医療法の健康診断の規定の適用を認めるというものであり（そのため、「みなし被爆者」と呼ばれることがある。）、この対象者には健康診断受診者証が交付された。

さらに、国（厚生省）は、同年 7 月、厚生省公衆衛生局長通達（衛発第402 号、以下「402 号通達」という。）を発出し、健康診断特例区域内に所在し、健康診断受診者証を持つ「みなし被爆者」が、健康診断の結果、健康管理手当の対象となる疾病(10)を発症したと診断された場合、原爆医療法 2 条 3 号に該当する者として、被爆者健康手帳の交付を受けることができるとした。つまり、健康診断特例措置と 402 号通達による切替制度によって、「みなし被爆者」は 3 号「被爆者」とされた。

なお、健康診断特例区域には、長崎県西彼杵郡時津及び同郡長与町の一部が指定され、健康診断特例措置の制度開始当初、広島に関しては健康診断特例区域に指定された地域はなかった。

（4） 被爆地からの要望と強雨域のみの健康診断特例区域指定

宇田雨域に属する自治体では、1973 年 11 月から 12 月に、当該自治体の住民を対象に、黒い雨の降雨状況や健康状況等についてのアンケート調査を実施した。その結果、住民の約 4 割が、現在の健康状況について「弱い（余り健康でない）」又は「病気」と回答した（以下「昭和 48 年アンケート調査」という。）。

広島県知事及び広島市長は、1975 年 6 月、関係各署に対し、「原子爆弾

被爆地域の指定に関する陳情書」を提出し、「…長期にわたり降雨地域に、高度の残留放射能を留めることとなり、当時、嘔吐、眩暈、脱毛等放射能による急性症状を呈した者が多くなかには、これが原因で死没者も出ております。このことについては…昭和28年発刊した『原子爆弾災害調査報告集』（引用者注：宇田論文）…によっても明らかであります。また、最近の健康状況調査（引用者注：昭和48年アンケート調査）においても、この地域の関係住民の有病率は、他の地域のそれと比較して著しく高い結果を示しており、放射能の影響があったことは認められるところであります。」などとして、宇田雨域に含まれる地域の全域を被爆地域に加えるよう要望した。

　ところが、国（厚生省）は、1976年9月、原爆医療法施行令を改正し、宇田雨域のうち強雨域のみを健康診断特例地域に指定した。その結果、強雨域にいた者には健康診断受診者証が交付され「みなし被爆者」とされることになった。と同時に、402号通達により、強雨域にいた健康診断受診者証を持つ「みなし被爆者」が、健康管理手当の対象となる疾病を発症した場合には、402号通達による切替制度により、3号「被爆者」とされることになった。

　このように、被爆地からは宇田雨域の全域を被爆地域に指定して「被爆者」として扱うよう求めていたが、国は宇田雨域のうち強雨域のみを被爆地域ではなく健康診断特例区域に指定し健康診断特例措置の対象となる「みなし被爆者」とし、健康診断の結果、健康管理手当の対象となる疾病を発症した場合にのみ3号「被爆者」と扱うこととした。すなわち、「被爆者」認定に際し、黒い雨被爆者だけ疾病の発症という要件が加重され、さらに強雨域外の黒い雨被爆者は援護対象から完全に除外され、二重の意味で差別されることになった。

（5）住民運動と増田雨域及び大瀧雨域

　援護対象から除外された強雨域外の黒い雨被爆者は、1978年11月、「広島県『黒い雨・自宅看護』原爆被害者の会連絡協議会」（後に「広島県『黒

い雨』原爆被害者の会連絡協議会」に改称。以下「黒い雨連絡協」という。）
を結成し、自分たちも黒い雨に遭い、黒い雨による健康被害を受けている
のに、なぜ強雨域だけなのか、宇田雨域は不正確でありもっと広い範囲に
黒い雨は降ったなどとして、健康診断特例区域の拡大や実態調査を求めて、
国や自治体への要求運動を行った。

　黒い雨連絡協の運動は、元気象研究所予報研究室長増田善信博士の調査
となってまず実を結んだ。1989年2月、増田は「広島原爆後の"黒い雨"
はどこまで降ったか」と題する論文[11]（以下「増田論文」という。）を発
表し「増田雨域」を提唱した。増田は、宇田の調査の資料に加え、アンケー
ト調査や聞き取り調査を行った結果を踏まえ、宇田雨域の約4倍の増田雨
域を示した。

　また、広島市等も原爆被害の実態解明を進めるため、2008年度から約
3万7,000人を対象にした原爆体験者等健康意識調査というアンケート調
査を実施した。広島大学原爆放射線医科学研究所の大瀧慈教授は、このア
ンケート調査をもとに、統計解析を行なって、宇田雨域の6倍に及ぶ「大
瀧雨域」を提唱し、2010年5月、その結果を取りまとめた「原爆体験者
等健康意識調査報告書」[12]が発表された。

（6）国の頑な対応とその背景

　しかし、国は、黒い雨被爆者や広島市等自治体の健康診断特例区域の拡
大要求も、増田雨域や大瀧雨域といった新たな黒い雨降雨域に関する知見
も、頑に認めようとしなかった。

　国の強硬な態度の背景には、厚生大臣の私的諮問機関である原爆被爆者
対策基本問題懇談会[13]（以下「基本懇」という。）が1980年12月にまと
めた「原爆被爆者対策の基本理念及び基本的在り方について」と題する報
告書（以下「基本懇報告」という。）において、「被爆地域の指定は、科学
的・合理的な根拠のある場合に限定して行うべきである」とされたことに
加えて、基本懇設置と相前後して、厚生省が1976年度と1978年度の2度
にわたり実施した残留放射能調査の結果、被爆未指定地域に「原爆からの

核分裂生成物が残留しているとはいえない」とされたことから、健康診断特例区域を見直して拡大する「科学的・合理的な根拠」は認められないと対応を決めたことがあった。

　例えば、1989年に増田雨域が提唱された際には、広島県及び広島市によって「黒い雨に関する専門家会議」（以下「黒い雨専門家会議」という。）が設置され、土壌、屋根瓦や柿木などを試料とした広島原爆による残留放射能検出や気象シミュレーション計算法による降下放射線量の推定などの調査研究が行われた。1991年5月、「黒い雨に関する専門家会議報告書」が取りまとめられ、「黒い雨降雨地域における残留放射能の現時点における残存と放射線によると思われる人体影響の存在を認めることはできなかった。」とされた。この報告を受け、広島県及び広島市は、増田雨域を根拠として、被爆地域等の指定を国に求めないこととし、今後の研究を見守ることとなった。

　また、2010年に大瀧雨域が提唱された際には、厚生労働省健康局長のもとに「『原爆体験者等健康意識調査報告書』等に関する検討会」（以下「2012年検討会」という。）が設置され、2012年7月、「『原爆体験者等健康意識調査報告書』等に関する検討会報告書」が取りまとめられた。同報告書では、「現時点で、要望地域において広島原爆由来の放射性降下物が存在したとする明確な根拠が見いだせず、先行研究からも放射線の影響による不安が生じるとは考えられない。これらにより、『原爆体験者等健康意識調査報告書』等の報告は、要望地域における広島原爆由来放射線による健康影響としての合理的根拠とはならない」と結論付けられた。

3　訴訟に向けての準備
（1）はじめに
　以上の経緯を経て、黒い雨連絡協は、行政が自ら過ちを是正しない、できないのなら、司法によって是正するしかないと考え、2014年に訴訟に向けた準備を開始した。

　当職を含む8名の「黒い雨」訴訟弁護団[14]（以下「当弁護団」という。）

及び支援者らは、黒い雨連絡協からの要請を受け、打ち合わせを重ねた。
ここでは、黒い雨連絡協と当弁護団、支援者らが立てた訴訟の方針につい
て紹介する。

（2）何を請求するか？

　まず、「黒い雨」訴訟によって何を請求するかが一番に問題となる。
　この点、前述した黒い雨に関する経緯からすれば、黒い雨連絡協や広島
市等の自治体が主として求めてきたように、健康診断特例区域を増田雨域
や大瀧雨域まで拡大するための請求をすることが考えられる。すなわち、
健康診断特例措置を規定する被爆者援護法附則17条[15]は健康診断特例区
域の指定を政令に委任しているところ、被爆者援護法施行令別表第3は健
康診断特例区域を宇田雨域の強雨域に限定しており狭きに失し、黒い雨被
爆者間で著しい不平等を招来しており、同法附則17条の委任の趣旨を逸
脱・濫用した違法・無効なものであるとして、健康診断受診者証交付申請
却下処分の取消し等を求めることが考えられる。
　しかし、当弁護団は、健康診断特例区域に係る政令の指定の範囲を問題
とする健康診断受診者証交付申請に係る請求ではなく、黒い雨被爆者は被
爆者援護法1条3号「原子爆弾が投下された際又はその後において、身体
に原子爆弾の放射能の影響を受けるような事情の下にあった者」に当たる
として、被爆者健康手帳交付申請に係る請求をメインとすべきと考えた。
　当弁護団がこのように考えたのは、当弁護団員8名のうち5名が弁護団
員として参加していた3号（救護・看護）被爆者訴訟（以下「3号被爆者
訴訟」という。）における経験があったからである。

（3）3号被爆者訴訟判決

　3号被爆者訴訟とは、被爆者の救護・看護活動に従事した原告ら7名
が、被爆者援護法1条3号に該当するとして、被爆者健康手帳交付申請を
行ったところ、広島市長が、同市の3号被爆者該当性を判断する審査基準
である「被爆者の定義」に「1日当たり10人以上の救護・看護をしたこと」

と規定されていることを根拠として、原告らは、救護・看護活動をしていない、あるいは、1日当たり10人以上救護・看護活動をしたことを証言する者がいないとの理由で却下処分をしたので、その処分の取消しを求めるとともに、違法な却下処分により精神的苦痛を被ったとして、国家賠償法に基づく損害賠償等を求めて2005年9月に広島地裁に提訴された訴訟である。

　同訴訟では被爆者援護法1条3号の解釈が主たる争点となり、裁判所からの求釈明を受けて、弁護団では、原爆医療法の制定経緯にさかのぼって、直接被爆者及び入市被爆者に加え、3号被爆者の規定が設けられた趣旨を論証した。すなわち、原爆投下から12年間も被爆者援護に関する法律ができなかったのは、プレスコードにより原爆被害が報道されず、国から放置され続けたからであること、ところが1954年3月、第五福竜丸事件を契機に被爆者援護を求める世論が高まり、この世論を背景に被爆地広島・長崎の自治体や被爆者団体が熱心な陳情活動を行ったこと、その結果として原爆医療法が制定され、現在の被爆者援護法に引き継がれたことを、被爆者援護行政に関する書物を援用しながら丹念に論証した。さらに、厚生省内の原爆医療法制定時の内部資料を国立国会図書館のデジタルアーカイブスからダウンロードして入手し、原爆医療法の被爆者の定義に関する文言の変遷を追いながら、原爆医療法がどのような人々を救済しようと考えていたかを論証した。

　このような作業を経て、結局、3号被爆者の規定は、直接被爆者でも入市被爆者でもないが、これらと同様に放射線の影響を受けた可能性がある者について、被爆者として認定し、健康診断を行いその健康状態を把握し、被爆者の健康に対する不安を和らげるために作られたものであると結論づけた。そして、放射線の人体に及ぼす影響については未解明の部分も多いため、原爆医療法制定当時の科学的知見では放射線の影響なしとされる者でも、内部被曝等の現在の科学的知見を前提にすれば放射線の影響を受けた可能性がある者については、3号被爆者に該当すると認めるべきであり、この解釈は原爆医療法制定時から現在まで同様であるとした。

　2009年3月25日、広島地裁民事第1部（野々上友之裁判長）は、被爆者援護法1条3号に該当するか否かは、最新の科学的知見を考慮した上で、個々の申請者について、身体に放射線の影響を受けたことを否定できない事情が存するか否かという観点から判断するべきとした。そして、現在の内部被曝に関する科学的知見を踏まえると、救護所等、負傷した被爆者が多数集合していた環境の中に相応の時間とどまった者は、実際に負傷者に対する救護・看護活動をしたか否か、あるいは負傷者に対する救護・看護活動をした者に背負われたり、そのような者と一体となって行動したか否かに関わりなく、救護所等に立ち入らなかった者に比して、有意に、原爆投下を契機として生じた放射性物質を体内に取り込む危険性が大きかったものといえ、そのような放射性物質を少量であっても体内に取り込めば、内部被曝特有の集中的かつ持続的な電離作用が働くことにより、発がん等遺伝子の突然変異に起因する身体影響が生じるおそれが高くなることは否定しがたいといえることから、原爆投下から間もない時期に、負傷した被爆者が多数集合していた環境の中に、相応の時間とどまったという事実が肯定できる者については、身体に放射能の影響を受けたことを否定できない事情が存するというべきと判示して、原告7名全員につき、被爆者援護法1条3号該当性を認めた[16]。

（4）　3号被爆者訴訟判決を踏まえた黒い雨被爆者の位置付け

　以上の3号被爆者訴訟判決の解釈に従えば、被爆者を救護・看護した場合以外でも、「最新の科学的知見を考慮した上で、個々の申請者について、身体に放射線の影響を受けたことを否定できない事情が存する」といえれば、3号被爆者に該当することになる。

　黒い雨には放射性微粒子が含まれており、黒い雨降雨域には放射性微粒子が降り注ぎ、健康影響の可能性があることは、宇田雨域の一部が被爆地域や健康診断特例区域に指定され、被爆者援護の対象となっていることから裏付けられる。そして、黒い雨降雨域に関する調査研究の成果によれば、強雨域外であっても、宇田雨域の少雨域はもちろん、増田雨域及び大瀧雨

域にまで黒い雨が降ったこと裏付けられているのであり、原爆投下時にこのような黒い雨降雨域に在って、黒い雨を浴び、あるいは黒い雨によってもたらされた放射性微粒子に汚染された畑の作物を食べたり、井戸水や川水を飲んだり、あるいは汚染された空気を呼吸によって吸引することによって、放射性微粒子を体内に取り込めば、内部被曝によって身体に放射線の影響を受けことを否定できない事情にあったといえる。

　したがって、当弁護団は、黒い雨被爆者は、端的に被爆者援護法1条3号の「身体に原子爆弾の放射能の影響を受けるような事情の下にあった者」に該当する「被爆者」と認定されるべきであると法律構成して、訴訟提起の準備をすべきと方針決定をした。

　もっとも、黒い雨連絡協は、健康診断特例区域を拡大すべくこれまで運動してきたのであるから、これまでの運動との連続性あるいは健康診断特例区域の指定の不合理性を正面から取り上げる趣旨から、被爆者健康手帳と健康診断受診者証の両方に関する請求を立てて、訴訟提起することにした。

（5）集団申請と原告団の結成

　2014年10月、黒い雨連絡協は、集団申請及び集団訴訟を行う方針を決定し、当初の方針では20名の原告団を組織する目標で、被爆者健康手帳及び健康診断受診者証の各申請の準備が行われた。

　このようにして、翌2015年3月以降、黒い雨被爆者らによる各申請が行われた。最終的には当初の目標を大幅に上回る71名が各申請を行い、審査で入市被爆が認められ被爆者健康手帳の交付がされた2名を除く69名が各申請について却下処分を受けた。

　同年10月24日、原爆「黒い雨」訴訟を支援する会（以下「支援する会」という。）の結成総会を開催し、黒い雨連絡協会長の高野正明が原告団長、最年長被爆者の松本正行が原告団副団長となり、総勢64名が、同年11月4日、広島地裁に集団訴訟を提起することになった。

第3　第一審の審理経過と広島地裁判決の内容

1　訴訟提起と審理経過

（1）訴状の内容・目的

　このようにして、2015年11月4日、64名の黒い雨被爆者が原告となって、広島地裁に対し、広島県知事及び広島市長がした被爆者健康手帳と健康診断受診者証の交付申請却下処分を取消し、これらの交付を求める「黒い雨」訴訟が提起された。

　訴状では、「黒い雨」訴訟の目的について、以下の2点を指摘した。

　1点目は、「国の非科学的・不合理な態度を改めさせ、被爆区域あるいは健康診断特例区域を実質的に拡大させること」である。これは、宇田雨域の強雨域外の黒い雨被爆者を、被爆者援護の対象から一切除外している現状を、訴訟によって改め、原告のみならず、原告以外の全ての黒い雨被爆者の救済を目的とすることを宣言するものである。

　2点目は、「非人道的な核兵器の究極的廃絶と、世界の恒久平和の確立を全世界に訴えること」である。原爆は、「幾多の尊い生命を一瞬にして奪ったのみならず、たとい一命をとりとめた被爆者にも、生涯いやすことのできない傷跡と後遺症を残し、不安の中での生活をもたらした」（被爆者援護法前文）。黒い雨被爆者もまた、黒い雨による放射線によって身体に放射能の影響を受けたことを、内部被曝等の最新の科学的知見に基づいて明らかにするとともに、このような人体への悪影響をもたらす非人道的な「核兵器の究極的廃絶と世界の恒久平和の確立を全世界に訴え」（同上）ることも、本訴訟の目的である。

（2）審理経過

　2015年12月9日に第1回口頭弁論期日が開かれた[17]のを皮切りに、合計22回の口頭弁論期日（以下、単に「期日」という。）が開かれた（なお、実質的なやりとりは、期日の前の進行協議で行われていた。）。

　第1回から2018年1月10日に開かれた第11回期日までは末永雅之裁

判長が審理を担当したが、同年4月25日に開かれた第12回期日以降は、高島義行裁判長が審理を担当した。

　後述する争点整理を経て、集中証拠調べが行われた。2019年10月16日の第19回期日では、いずれも原告側申請の大瀧慈・広島大学名誉教授と矢ヶ﨑克馬・琉球大学名誉教授の証人尋問が行われた。さらに、同月21日の第20回期日、同月30日の第21回期日では、合計11名の原告の本人尋問が行われた[18]。

　2020年1月20日に開かれた第22回期日で、原告らは第35準備書面を、被告らは第18準備書面を最終準備書面として陳述し、結審となった。

　なお、結審までの4年超の期間の中で、2017年6月9日に11名、2018年9月4日に13名が追加提訴し、第1次提訴の64名と併せて、合計88名が原告となった。他方、判決言い渡しまでの間に16名が死亡し[19]、うち4名については遺族が訴訟の継続を希望せず訴えを取り下げたため、判決を迎える黒い雨被爆者数は84名となった。最高齢は、1924年3月生まれ、被爆時21歳、広島地裁判決時96歳、最年少は、1945年3月生まれ、被爆時4ヵ月、判決時75歳であった。

2　主要な争点に関する当事者の主張及び広島地裁判決の内容
（1）主要な争点

　「黒い雨」訴訟の第一審における主要な争点は、①被爆者援護法1条3号の「身体に原子爆弾の放射能の影響を受けるような事情の下にあった者」の意義、②黒い雨被爆者の被爆者援護法1条3号該当性（総論）、③原告らの被爆者援護法1条3号該当性（各論）であり、付随的な争点として、健康診断特例区域指定の適法性、承継人らによる訴訟承継が認められるか否かである。

　以下、順に主要な争点に関する当事者の主張及び広島地裁判決の内容を述べる。

（2）被爆者援護法１条３号の意義

ア　原告らの主張

　原告らは、前述した３号被爆者訴訟判決を踏まえて、被爆者援護法等の立法の背景となった事実関係から窺える法の趣旨からすれば、被爆者援護法１条３号に該当するか否かは、最新の科学的知見を考慮した上で、個々の申請者について、身体に放射線の影響を受けたことを否定できない事情が存するか否かという観点から判断されるべきであると主張した。

イ　被告らの主張

　これに対して、被告らは、被爆者援護法１条３号に該当するためには、特定の被爆態様によって現実に健康被害が発生した（「身体に原子爆弾の放射能の影響を受け」た）という科学的知見の存在を前提に、個々人の被爆態様を個別具体的に見て、実質的に前記科学的知見の基礎となった事実と同様の被爆状況にあった（「ような事情の下にあった」）と認められる場合を想定していると解すべきであると主張した。

　被告らは、被爆者援護法等の立法趣旨をより端的に表したものが、基本懇報告における被爆者対策の基本理念であるとして、被爆者援護法１条３号の解釈は基本懇報告に基づくべきであるとした。すなわち、被爆者対策が国民の租税負担によって賄われていることや、全ての国民が何らかの戦争被害を受けていること等の事情に鑑み、同条３号の「身体に放射能の影響を受けるような事情」が肯定されるためには、国民的合意を得ることが可能な程度の科学的・合理的根拠に基づくことが必要であると解すべきであり、それゆえ、「特定の被爆態様によって現実に健康被害が発生したという科学的知見」についても、国民的合意を得ることが可能な程度に合理性を有するものに限られるというべきであるという。そして、その科学的知見には、放射線被曝によって、健康被害が発症し得るか否かも定かでないようなものは含まれないというべきであり、例えば、現在の科学的知見においては、100mSvを超える放射線に被曝をすることで、癌を発症する可能性があることについて、科学者の間でコンセンサスが得られているが、

　他方で、100mSvを下回るような放射線に被爆した場合については、それによって健康被害が発症し得るか否かも定かでなく、そもそも人体に何ら健康影響を与えない可能性も十分にあり得ると考えられている[20]から、原爆に被爆したという理由だけで、100mSvを下回るような線量の放射線被曝の場合にまで、被爆者保護法の定める手厚い援護措置を適用することは、およそ公正妥当な範囲にとどまるものとは言い難く、国民的合意を得ることは困難であるなどと主張した。

ウ　原告らの反論

　このような被告らの主張に対し、原告らは以下のとおり反論した。
　まず、基本懇報告に基づいて解釈すべきという被告らの主張についてである。被爆者援護法等の法令の法解釈については、司法が有権的解釈を行うこととされている（憲法76条1項）のであるから、行政機関である厚生大臣の私的諮問機関にすぎない基本懇報告ではなく、最高裁判所がどのような解釈を示しているのかを確認する必要がある（憲法81条参照）。原爆医療法の法的性質については、最高裁1978年3月30日判決[21]が「原子爆弾の被爆による健康上の障害がかつて例をみない特異かつ深刻なものであることと並んで、かかる障害が遡れば戦争という国の行為によってもたらされたものであり、しかも、被爆者の多くが今なお生活上一般の戦争被害者よりも不安定な状態に置かれている」ことから、「このような特殊の戦争被害について戦争遂行主体であつた国が自らの責任によりその救済をはかるという一面をも有するものであり、その点では実質的に国家補償的配慮が制度の根底にあることは、これを否定することができない」として、原爆医療法は、国の「責任」に基づく「実質的に国家補償的配慮」を有する法律であるとした。そして、被爆者援護法についても、長崎被爆体験者訴訟における最高裁2017年12月18日判決[22]が、原爆医療法と同様に、被爆者援護法も国の責任で被爆者の特殊な健康被害を救済するための法律であり、制度の根底には実質的に国家補償的配慮があるものであると明示している。このように、原爆医療法及び被爆者援護法は、原爆被爆者が受

けた放射線による被害の特殊性に鑑みて、戦争被害受任論が妥当とされる一般的な戦災とは異なり、被爆者の特殊な健康被害を国の責任で救済する国家補償的配慮に基づく法律であることが確認されなければならない。

　次いで、被爆者援護法1条3号の意義について、同号に該当するためには「特定の被爆態様によって現実に健康被害が発生した」ことが必要という被告らの解釈によると、結局、放射線被曝と健康被害との間に具体的かつ明確な関連性（リスク）が存在することが科学的に証明されるに至っていない場合には、健康被害が発症しうるか否か明らかでないとして、被爆者として扱わないという結論になる。そもそも、被爆者援護法は、放射線の身体に対する影響が完全には解明されていないことを前提として、被爆者に対する健康管理を十分に行い、被爆者の不安を一掃し、また、被爆者の障害を予防ないし軽減することを一つの目的とした法律であるところ、「被爆者」と認定されて被爆者健康手帳の交付を受けることによって初めて健康管理等の援護施策を受けることができるようになるのであるから、原爆による放射線の影響を否定できない場合には広く「被爆者」と認定されるべきであり、このような解釈が被爆者援護法の上記趣旨・目的にも適うというべきである。にもかかわらず、被告らの主張のように、放射線の影響が科学的に証明されなければ「被爆者」と扱わないというのは、本末転倒であるといわざるを得ず、被告らの主張は、被爆者援護法の趣旨・目的に反するものであり、ひいては被爆者援護法が国の責任において被爆者に生じた特殊な健康被害を救済する国家補償的配慮に基づく法律であるという前記最高裁判決の法解釈にも反するものである。

　さらに、被告ら100mSv云々の主張は、いわゆる「100mSv閾値論」といわれるものであるところ、これは寿命調査の前提条件を理解しない誤用であり、むしろ最近の研究成果によって放射性微粒子被曝による健康影響の可能性が示唆されていること、被爆者援護法が「100mSv閾値論」に立脚していないことは被爆者の定義からも明らかであること、そもそも内部被曝は実効線量によってその人体影響の有無を評価することはできないのであるから、その意味でも「100mSv閾値論」は不当であると反論した[23]。

エ　広島地裁判決の内容

　広島地裁判決は、以下のとおり判示して、原告らの主張をほぼ認めた。すなわち、「被爆者援護法は、原爆投下の結果として生じた放射能に起因する健康被害が、他の戦争被害とは異なる特殊の被害であること（被爆による健康上の障害の特異性と重大性）に着目して、国家補償的配慮等に基づき被爆者援護のための諸制度を規定しているのであって、直接被爆者・入市被爆者のみならず、同法１条３号の『身体に原子爆弾の放射能の影響を受けるような事情の下にあった者』に対しても、被爆者健康手帳を交付して援護を受けられるようにしたのは、そのような者について原爆の放射線により他の戦争被害とは異なる特殊の被害である健康被害を生ずる可能性があることを考慮したものと思料される。また、被爆者援護法が、原爆放射線の身体に対する影響が未だ解明されていない状況下において、被爆者の不安を一掃し被爆者の健康障害を予防・軽減するべく、原爆の被爆者が置かれている健康上の特別の状態に鑑みて、国が被爆者に対して健康診断等を行なうことを規定しているのも、健康被害を生ずるおそれがあるために不安を抱く被爆者に対して広く健康診断等を実施することが、被爆者援護法の趣旨ないし理念に適合するからであるということができる。以上によれば、被爆者援護法１条３号にいう『身体に原子爆弾の放射能の影響を受けるような事情の下にあった』とは、原爆の放射線により健康被害を生ずる可能性がある事情の下にあったことをいうと解すべきである。」と判示したのである。

　なお、広島地裁判決の「当裁判所の判断」の中では、上記当事者の主張について、言及がない。そのため、３号被爆者訴訟判決に基づく原告らの主張と広島地裁判決の異同は不明である。また、基本懇報告や「100mSv閾値論」に基づく被告らの主張を、広島地裁判決が容れなかった理由についても不明である。このこともあり、後述のように広島高裁では被爆者援護法１条３号の解釈論について、当事者双方から主張がなされ、広島高裁も求釈明を行う等して審理がなされ、判断がされることになった。

（3）黒い雨被爆者の被爆者援護法1条3号該当性（総論）

ア　原告らの主張

　原告らは、黒い雨被爆者が被爆者援護法1条3号に該当するといえる根拠として、（ａ）黒い雨に放射性微粒子が含まれていること、（ｂ）放射性微粒子を体内に取り込めば内部被曝により人体影響の可能性があること、（ｃ）原告らが原爆投下時に居住していた地域は黒い雨降雨域の範囲内であり、原告らは黒い雨に遭ったことをそれぞれ主張・立証した。

　具体的には、（ａ）黒い雨と放射性微粒子の関係について、原爆投下により、原子雲と火災による積乱雲が発達し、これらから降る黒い雨により、放射性微粒子が降下することとなったこと、ここでいう放射性微粒子を含んだ黒い雨には、原爆が炸裂した際にできた核分裂生成物や未分裂の原爆材料等の放射性降下物や、爆心地の地上付近で家屋に含まれる ^{55}Mn や ^{27}Al 等を中性子放射化して生成された放射性核種 ^{56}Mn や ^{28}Al 等が、雨滴だけでなく、塵芥及び微粒子という形で地上に落下したものも含まれることを、原爆投下以後の調査研究の結果や、矢ヶ﨑や大瀧らの科学的知見に基づき主張・立証した。

　（ｂ）黒い雨被爆の人体影響について、放射性微粒子が降り注いだ黒い雨降雨域にいた人々は、黒い雨によってもたらされた放射性微粒子を浴び、又は放射性微粒子に汚染された畑の作物を食べたり、井戸や川水を飲んだり、汚染された空気を呼吸によって吸引したりすることで、放射性微粒子を体内に取り込み内部被曝したことを、同じく原爆投下以後の調査研究の結果や、矢ヶ﨑や大瀧らの科学的知見に基づき主張・立証した。

　最後に、（ｃ）黒い雨降雨域の範囲について、まず、宇田論文に加え、宇田の残した聴取りメモ[24]、宇田の調査の過程を再現したノンフィクション作品[25]、宇田と一緒に調査をした北勲の講演録[26]を基に、宇田雨域は資料の不十分さからくる限界を内包したものであり、その後の調査によりその範囲の見直し・拡大が期待されていたことを主張・立証した。次いで、増田論文やその基となった増田のノートや原爆症認定訴訟における増田証人調書をもとに、大掛かりで綿密な聞き取りやアンケート調査等、精度の

高い資料収集と、当該資料を基にした丁寧な分析ととりまとめをした増田雨域によって、黒い雨降雨域の拡大がされたことを主張・立証した。さらに、原爆体験者等健康意識調査報告書に掲載された大瀧雨域によって、増田雨域とほぼ同一の、しかも増田が雨域の拡大の可能性を指摘していた爆心地の東側や南側の周辺地域でも黒い雨が降ったことが合理的に推定されたことを主張・立証した。加えて、大瀧雨域及び増田雨域が、物理学者である矢ヶ﨑の理論的考察とも合致することを矢ヶ﨑意見書によって主張・立証した。

　以上を踏まえ、原告らは、放射性微粒子を含む黒い雨が降り注いだ範囲は大瀧雨域あるいは増田雨域によるべきであり、原爆投下時またはその後に大瀧雨域あるいは増田雨域に居り、黒い雨に遭った黒い雨被爆者は、被爆者援護法1条3号にいう「身体に原子爆弾の放射能の影響を受けるような事情の下にあった者」に該当すると主張した。

　　イ　被告らの主張
　他方、被告らは、（ a ）黒い雨と放射性微粒子の関係、（ b ）黒い雨被爆の人体影響についてについて、黒い雨の本体は原爆により発生した二次火災による「煤」であり、雨が黒いか否かと放射性微粒子が含まれているか否かとは全く関係がないから、仮に黒い雨が降っていたとしても、直ちに、原告らが遭ったという雨に放射性微粒子が含まれていたとは認められないし、たとえ黒い雨に放射性微粒子が含まれていたとしても、その量や濃度は全く明らかになっておらず、身体に影響を与えるほどの放射性微粒子が含まれていることについては何ら証明がされていないし、現に、広島原爆の黒い雨については、これまで1976年度・1978年度残留放射能調査、黒い雨専門家会議及び2012年検討会が行われているが、そのいずれの調査及び検討においても、いわゆる黒い雨が降ったとされる地域に高濃度の放射性物質（核分裂生成物）が降下したとの事実は認められていないなどと主張した。
　また、（ c ）黒い雨降雨域の範囲について、まず、宇田雨域については、

具体的に、いつ頃、どの時点で、どのような方法によって調査がなされたのか等が記載されておらず、現時点でこれを検証することは著しく困難であり、その内容に疑義がないとはいうことができないし、全域において同様の現象が生じたとまでは認められないと主張した。また、増田雨域については、原爆投下後、約30年が経過した後で行われている点で、回答者の記憶の正確性には疑問が生じざるを得ない、黒い雨の会の協力を得て行われているという増田雨域の作成経緯に照らせば、意識的にせよ無意識的にせよ、拡大する方向に偏った回答がされた可能性を否定することはできないと主張した。さらに、大瀧雨域については、原爆投下後、60年以上も経過した後に行われている点で、増田雨域作成時の調査にも増して、回答者が正確な記憶に基づいて回答したかどうか疑わしいし、2012年検討会におけるワーキンググループにおいて、調査データから黒い雨の降雨域を確定することは困難であるとされているなどと主張し、いずれの雨域についてもその正確性には合理的な疑いが残ると主張した。

その上で、仮に、原爆投下当時原告らの主張する地域にいたとしても、黒い雨を浴びたり、黒い雨を浴びた食物等を飲食した事実の存在は認められないし、仮に黒い雨が降ったとしても、増田雨域及び大瀧雨域に係る調査研究においても、黒い雨に身体に影響を与えるほどの高濃度の放射線微粒子が含まれていたことについて何ら明らかにされていないから、被爆者援護法1条3号該当性は認められないなどと主張した。

ウ　原告らの反論

このような被告らの主張のうち、（a）黒い雨と放射性微粒子の関係について、原告らは以下のとおり反論した。

1976年度・1978年度残留放射能調査、黒い雨専門家会議及び2012年検討会のいずれについても残留放射能調査の結果、黒い雨が降ったとされる地域に高濃度の放射性物質（核分裂生成物）が降下したとの事実は認められていないとされているが、そもそも、原爆投下から何十年も経過した後に事後的に採取した土壌試料を測定したとしても、放射性微粒子は埃であ

り風雨で散逸するので原爆投下直後の放射能環境を維持することはできない（特に広島は1945年9月に枕崎台風、同年10月に阿久根台風という2つの台風に襲われ、橋が流失し、被爆地一面が床上1mの濁流に洗われ、原爆投下後3ヵ月間で900mmに達する雨に見舞われているから尚更である。）し、また、空中やその他の形で存在した放射性物質の測定はそもそもしていないしできないから、事後的に採取した土壌試料から定量的意味で放射能環境の強さを測ることはできない。また、原爆投下後に数多く繰り返されてきた大気圏内核実験と原爆による放射性物質との区別ができないことから、残留放射能調査の結果によって、原爆由来の放射性物質の拡散を推定すること自体が不可能であるから、被告らの主張は失当であると主張・立証した。

　また、黒い雨専門家会議で行われた気象シミュレーションについて、シミュレーションの前提となる原子雲頭部の高度が半分で計算されているという誤謬[27]に加え、原子雲頭部の幅のみを問題とし、肝心の原子雲中心軸やそれが圏界面で広がった水平原子雲については一切考慮の対象としていないという誤謬、さらには、米軍が砂漠で行った核実験における放射性微粒子の拡散に関するモデルである「砂漠モデル」に基づいてシミュレーションを行っているが、広島原爆では大量の水分を空気中に含む多湿度の状態中に原爆が投下されたため、核分裂によって発生した放射性微粒子に水滴が凝結して原子雲を形成し、放射性微粒子を核として水分子が凝結した水滴は、微粒子単独状態に比べて巨大な重い塊りを形成し、空気からは弾性抵抗と呼ばれる粘性抵抗とは全く異なる抵抗を受け、「ストークスの法則」とは全く別の機序で放射性微粒子が降下・拡散することになるのであるから、前記シミュレーションには根本的な誤りがあるなどと主張・立証した[28]。

エ　裁判所の積極的な訴訟指揮

　前記イ記載の被告らの主張を前提とすると、黒い雨に放射性微粒子が含まれており、それによって健康影響の可能性があることを前提とする現行

の被爆地域あるいは健康診断特例区域の指定の合理性、あるいは健康診断
特例措置と 402 号通達による切替制度の合理性について、被告ら（特に被
爆者援護施策を所管する厚生労働省）はどのように整理しているのか、疑
問が沸く。つまり、被告らの主張を前提とすると、そもそも現行の黒い雨
被爆者に関する援護制度は不合理という結論になるのではないかという疑
問である。

　このような現行の被爆者援護制度と被告らの主張の矛盾点について、原
告らは求釈明を申し立てる等して指摘したが、「黒い雨」訴訟の前半の審
理を担当してきた末永裁判長は消極的だった。ところが、2018 年 4 月以
降審理を担当することになった高島裁判長は、以下のとおり、積極的な訴
訟指揮を行い、審理の終結を見据えた主張・立証の整理を行った。

　まず、裁判所は、2018 年 10 月 10 日に行われた第 14 回期日前の進行協
議において、被告らに対し、以下の 2 点について釈明を求めた。すなわち、
①健康診断受診者証に係る請求に関し、本件原告らと異なる取扱いを正当
化する、現在の科学的知見を前提とした、健康診断特例区域の指定の合理
性について、具体的な主張立証の補充を検討されたい、②被爆者健康手帳
に係る請求に関し、いわゆる 402 号通達によって健康診断受診者証を有す
る者が 11 種類の障害を有するに至った場合には、被爆者援護法 1 条 3 号
の被爆者と認定される扱いとなっているところ、これらの者が、現在の科
学的知見を前提として、「身体に原子爆弾の放射能の影響を受けるような
事情の下にあった」と認めるに足りる十分な科学的・合理的根拠があると
する具体的な根拠を明示されたい、というものである。

　これらの点について、被告らは、第 12 準備書面において、以下のとお
り主張した。

　まず、①健康診断特例区域の指定の合理性について、広島における健康
診断特定区域の指定は、「原爆放射線の広がり及び原爆放射線の人体影響
に関する科学的知見は必ずしも十分蓄積されていなかったものの、黒い雨
地域内の一部で高濃度の放射能が検出された例の報告があったこと、広島
市及び周辺町村が昭和 48 年に行った住民に対するアンケート調査で有病

者数等が４割であったことを踏まえ、被爆者援護の観点から、当該地域（引用者注：宇田雨域の強雨域）を…健康診断特例区域に指定したものであるが、これは、現在の科学的知見を前提としても妥当する。すなわち、…『黒い雨』降雨地域に係る残留放射能についての各種調査の結果によれば、残留放射能の残存も放射線によると思われる人体影響の存在も認められず、『黒い雨』強雨地域も含め、『黒い雨』降雨地域に滞在していたことのみをもって原爆放射線による健康被害が生じたと考えることは困難といわざるを得ない。そのため、『黒い雨』強雨地域も含めて、これらの地域を被爆地域として指定することはできないものの、前記アンケート調査等を踏まえ、被爆者援護の観点から、『黒い雨』強雨地域に限って、…健康診断特例区域に指定したものと理解することができ…現在の科学的知見を前提としても、不合理とはいえない」などと主張した。

　次いで、②健康診断特例措置と402号通達による切替制度の合理性について、この取扱いは、「被爆者援護の観点から、行政実務上、原爆投下当時、同区域（引用者注：健康診断特例区域）内に在った者で、かつ、現実に特定の疾病に罹患した者については、『身体に原子爆弾の放射能の影響を受けるような事情の下にあった』ものとして、３号被爆者として取り扱うこととしたものである」。そして、「上記特定の疾病とは造血機能障害等の11障害を伴う疾病をいうものであるところ、これらの障害は、被爆者援護法上の被爆者に健康管理手当…が支給されることとなる11障害…と同じであり、これら障害は被爆者援護法27条１項において『厚生労働省令で定める障害を伴う病気（原子爆弾の放射能の影響によるものでないことが明らかであるものを除く）にかかっているものに対し、健康管理手当を支給する』と規定されていることからも明らかなように、現在の科学的知見において、いずれも原爆の放射能の影響によるものである可能性を直ちには否定できない障害を伴う疾病といえ」、「健康診断特例区域内に在った者で、かつ、現実に特定の疾病に罹患した者については、飽くまでも被爆者援護の観点から、『被爆者』として取り扱うことにより、健康管理手当…等の支給が認められるよう、行政実務上の特例措置を設けたものであ

る」などと主張した。

　被告らの釈明を受けて、裁判所は、2019年1月16日の第15回期日前の進行協議において、健康診断特例区域の指定の根拠について、「高濃度の放射能が検出された例の報告」と「昭和48年に行った住民に対するアンケート調査」の2つだけでよいか改めて確認した上で、前者の「例の報告」とは、1976年度残留放射能調査と思われるが、同調査で高濃度の放射能が検出された2地点は、いずれも強雨域ではなく小雨域である（日浦村と安野村の2地点）のに、なぜ強雨域に限定して指定したのかと疑問を呈した。また、後者のアンケートでは強雨域と小雨域とで有病率に差はない結果となっているにもかかわらず、なぜ、強雨域に限定して指定したのかと疑問を呈した。被告らは、黒い雨には放射性物質が含まれていない場合もあり、黒い雨が降ったからといって、放射線の影響を裏付けられないなどと述べたが、裁判所から「では、なぜ雨の強弱で区別しているのか？」と詰められると、被告らは答えに窮し、裁判所は、最後に「裁判所としては雨の強弱で区別する合理性がないのではないかと考えている」と明言し、被告らに主張を補充するよう求めた。

　第15回期日前の進行協議のやり取りを踏まえて、被告らから第14準備書面が提出された。被告らは、「裁判所から指摘のあった高濃度の残留放射能が検出された…2地点は、いずれも宇田強雨地域外、すなわち『黒い雨』強雨地域外にある。しかしながら、同報告書では、『核実験からの放射性降下物の混入や土壌中での放射能の流動のため、爆発後31年を経過した今日、1945年の原子爆弾からの残留放射能を推定することは非常に難しい』…『これらの有意に高いと思われる地表面放射能密度が、確かに…原子爆弾による残留放射能によるものと結論することはできない』とされているところであり、…上記2地点が『黒い雨』強雨地域外にあることは、広島における…健康診断特例区域の指定範囲が不合理とはいえないという結論に影響を与えるものではない」などと強弁した。

　2019年3月13日の第16回期日前の進行協議で、裁判所は、被告ら第14準備書面を踏まえても、「なぜ雨の強弱を基準に健康診断特例区域の指

定範囲を分けたのか分からない」と指摘し、区域指定の合理性を裏付ける根拠について補充を検討するように促した。加えて、裁判所は、原告らに対し、「仮に健康診断受診者証の請求を認める場合、健康管理手当の対象となる11障害を有していれば、402号通達によって被爆者援護法1条3号により被爆者健康手帳の交付が認められることになる。各原告が11障害を有すると主張する点について、医師の診断書等による立証の補充を検討されたい。」として、原告らの疾病にかかる診断書の提出を求めた。

　裁判所からの診断書の提出要請を受けて、当弁護団ではこれに応ずることとし⑵⁹、原告らに健康管理手当用の診断書の様式を送り、掛りつけ医に診断書を作成してもらうよう依頼した。当弁護団からの依頼を受け、原告らは診断書を取得し、応答のなかった1名⑶⁰を除く83名について、11種類の障害を伴う疾病の発症を裏付ける診断書を裁判所に証拠として提出した。併せて、前述の②健康診断特例措置と402号通達による切替制度の合理性に関する被告らの主張を踏まえて、原告らは、第34準備書面において「本来、…健康診断特例区域に指定されるべきであった『黒い雨』降雨地域（大瀧雨域）ないし増田雨域に在った原告ら全員が現在の科学的知見において、原爆の放射能の影響によるものである可能性を直ちには否定できない11障害を伴う疾病を発症しているのであるから、402号通達による…健康診断受診者証から被爆者健康手帳への切替え制度により、原告らが被爆者援護法1条3号『身体に原子爆弾の放射能の影響を受けるような事情の下にあった』者とみなされることになる。よって、原告らには被爆者援護法1条3号該当性が認められる」と主張を整理した。

　他方、被告らは、第16準備書面において、「健康診断特例区域の指定……当時、黒い雨には放射能を含んだ灰が入っており、これが人体に影響を及ぼすのではないかと危惧されていたことを踏まえ、飽くまでも被爆者援護という政策的判断から、暫定的措置として、『黒い雨』降雨区域の中でも、より人体に影響を及ぼすのではないかと危惧された『黒い雨』強雨域に限り、これを…健康診断特例区域に指定した」と強弁した。

　ところが、被告らは、2019年5月29日の第17回期日前の進行協議で、

これまで1976年度残留放射能調査を健康診断特例区域の指定の根拠の一つとし、それを前提として主張していたのに、「実は残留放射能調査は健康診断特例区域の指定後になされたものでした。被告らの主張を整理し直します。」と述べ、これまでの前提を覆した。厚生労働省は、自ら健康診断特例区域の指定をしておきながら、その根拠すら整理しきれていないことを自白するに至ったのである。そして、第17回期日後に届出された被告ら第17準備書面では、「高濃度の放射能が検出された例の報告」について、原告らから提出していた宇田論文や藤原ら報告以外にも、大阪帝国大学、京都帝国大学及び理化学研究所の各グループによる報告があるとして、これらの報告書を証拠提出するに至った。

それを受けて、原告らは第34準備書面において「これらの報告は、いずれも大気圏内核実験の影響を受けていない原爆投下直後（1945年（昭和20年）8月〜9月上旬）に行われた計測結果を元に、科学的知見を踏まえて検討した結果を示したもので…、いずれも原爆投下直後に降った『黒い雨』が原爆由来の放射能を含んでいると結論付けているのであるから、『黒い雨』が原爆由来の放射能を含んでいたことは十分な科学的・合理的な根拠をもって証明されている」ところ、「昭和48年住民アンケート調査…によれば、降った雨が大雨か中雨か小雨かの違いはあるものの、いずれの地域でも現在の健康状態が『弱い』ないし『病気』と回答した者が4割にのぼり、現在の健康状態に関する回答結果は、『黒い雨』強雨地域とそれ以外とで殆ど差はないのである」から、「健康診断特例区域の指定の根拠となった各種資料からは、少なくとも宇田雨域全域が…健康診断特例区域に指定される…との結論が導かれるべきであり、昭和51年当時の知見に照らしても『黒い雨』強雨地域に限定した…健康診断特例区域の指定が不合理であることは明白である」などと主張した。

以上のとおり、裁判所の積極的な訴訟指揮もあって、強雨域外の黒い雨被爆者を被爆者援護施策の対象外としてきた被爆者援護行政の不合理性が浮き彫りとなった[31]。

オ　広島地裁判決の内容

　広島地裁判決は、まず、（ａ）黒い雨と放射性微粒子の関係について、原爆投下後まもない時期に採取した試料を測定した大阪帝国大学、京都帝国大学及び理化学研究所の各グループによる報告等や、その後の調査報告等による残留放射能調査等の結果、宇田論文や昭和48年アンケート調査等の黒い雨による被害報告等に加え、黒い雨に放射性微粒子が含まれる蓋然性があることを当然の前提とした被爆者援護法等の制定等に関する経緯を踏まえ、「『黒い雨』には放射性微粒子が含まれていたと認められるところ、『黒い雨』降雨域の全域で放射性微粒子が降下したとはいえないことから、被爆の際又はその後において『黒い雨』降雨域に所在したというのみで、『身体に原子爆弾の放射能の影響を受けるような事情の下にあった』、すなわち、原爆の放射線により健康被害を生ずる可能性がある事情の下にあったとはいえないが、『黒い雨』降雨域に降った『黒い雨』には原爆に由来する放射性微粒子が含まれており、そうした『黒い雨』によって健康被害を生ずる可能性があることは十分首肯され、原爆医療法や被爆者援護法も、そのような考えを前提に、『黒い雨』に遭ったことを3号被爆者の認定根拠の一つとしてきたものということができる。」と判示し、黒い雨と放射性微粒子の関係を一定程度肯定した。

　加えて、（ｂ）黒い雨被爆の人体影響についてについて、「内部被曝とは、体内に取り込まれた線源による被曝をいうところ、内部被曝には、外部被曝と異なり、次の点で危険性が高いとする知見がある」として、「内部被曝では、外部被曝ではほとんど起こらないアルファ波やベータ波による被曝が生じるところ、アルファ波やベータ波は、飛程が短く、電離等に全てのエネルギーを費やし、放射線到達範囲内の被曝線量が非常に大きくなること、放射性微粒子が、呼吸や飲食を通じて体内に取り込まれ、血液やリンパ液にも入り込み、親和性のある組織に沈着することが想定されること、内部被曝のリスクについて、放射性微粒子の周囲にホットスポットと呼ばれる集中被曝が生じる不均一な被曝は均一な被曝の場合よりも危険が大きいと指摘する意見や、放射線を照射された細胞の隣の細胞も損傷されると

いうバイスタンダー効果、低線量でも細胞に徴期間（引用者注：長期間の誤記と思われる。）放射線を当てると大きな障害が起こり得るというペトカウ効果、低線量・長時間被曝の方が、一度に大量に被曝したときよりもリスクが高いという逆線量率効果などの知見が存在することが認められる」と判示した上で、「『黒い雨』が人に健康被害をもたらす過程として、放射性微粒子を含む『黒い雨』を直接浴びたことや、そのような『黒い雨』が付着した物に接すること等による外部被曝に加え、放射性微粒子を含む『黒い雨』が混入した井戸水等を飲用等すること、そのような『黒い雨』が付着するなどした食物を摂取すること等による内部被曝を想定できることから、『黒い雨』に遭った者について、これに含まれる放射性微粒子から受けるおそれのある健康被害の程度を評価するに当たっては、降雨の状況等、その者の降雨前後の行動及び活動内容並びに降雨後に生じた症状等を踏まえ、放射性微粒子を体内に取り込んだことによる内部被曝の可能性がないかという観点を加味して検討する必要があり、そのような検討に際しては、内部被曝による身体への影響には外部被曝と異なる特徴があり得るという前記知見が存することを念頭に置く必要があるというべきである。」として、黒い雨被爆によって主として内部被曝による人体影響の可能性があることを認めた。

　さらに、（ c ）黒い雨降雨域の範囲について、まず宇田雨域については、「宇田論文の作成の際に実施された聞き取り調査について、それが被爆直後の混乱期に限られた人手によって個別に住民から聞き取り等を行うという手法に拠ったものである以上、調査範囲や収集し得るデータの量等には自ずから限界があったといえ、特に宇田雨域の外縁部については非常に乏しい資料しか入手できていない。宇田雨域は、そうした限られた調査結果を基に、『黒い雨』降雨域を視覚的に明らかにするべく一応の目安を示す趣旨から概括的な線引きをしたものであって、他の資料と整合しない箇所も複数指摘できることから、宇田雨域を主要な根拠として、宇田雨域以外の区域では『黒い雨』が降らなかったとか、宇田雨域以外の区域に『黒い雨』が降ったというためには新規の調査結果による相当の科学的知見に基

づく必要があるなどということはできない。したがって、宇田雨域については、少なくとも同雨域内では『黒い雨』が降ったであろうとの推論の根拠とする限度で斟酌すべきものと解される。」と判示した。

　次いで、増田雨域については、「増田雨域は、他の同種の調査結果に比べて相対的に豊富な資料に基づいており、関係資料との整合性も首肯できる上、…増田雨域の信用性を大きく損なうべき事情も認め難い。したがって、増田雨域は、『黒い雨』降雨域を推知する際の有力な資料の一つとして位置付けられるべきものと解される。」と判示した。被告らの指摘については、「増田は自分自身で79人の住民に対する聞き取り調査や1188通ものアンケート調査を行っており、しかも、…111人の供述には『黒い雨の会』と無関係なものが含まれているのであって…これら多数の住民が、揃って、『黒い雨』が降らなかったのに降った旨の内容虚偽の回答をしたとは考え難く、また、そのような可能性を窺うべき特段の証拠も存しない。少なくとも『黒い雨』が降ったか否かという核心部分に関する限り、…前記聞き取り調査及びアンケート調査が根本的な信用性に欠けると断じることはできないというべきである。増田は、聴取対象者の記憶の希薄化や、健康診断特例区域の拡大運動による影響に配慮した上で、前記聞き取り調査及びアンケート調査に加え、宇田論文の基礎資料や昭和48年アンケート調査の回答その他の資料を十分斟酌し、増田雨域を作成したのであって…、その結果には相応の信を措くべきものと解される。」として、排斥した。

　さらに、大瀧雨域については、「調査時まで相当長期間が経過していることやデータ数の不十分さ等の諸事情を指摘でき、これを基に解析した結果である大瀧雨域についても、その信用性には自ずから限界があるといえる」ものの、「大瀧は、記憶の明確さを考慮して調査時の年齢が71歳以上の者に限定し、地区別回答者数が10人以上の区域のみを解析の対象とするなど統計としての解析結果の精度を高めるための工夫を行っており、被爆後相当年数が経過した後に『黒い雨』の降雨域を推知するというやむを得ない制約の中で、可能な限りの配慮をして統計解析を行ったものであって、その結果としての大瀧雨域について、その基となった調査に前記のよ

うな限界があることを踏まえつつ、『黒い雨』降雨域の検討に際してこれを相応に斟酌することが許されないということはできない」などと判示した。

広島地裁判決は、各雨域に関する以上の評価を前提として、「『黒い雨』降雨域は宇田雨域にとどまるものでなく、より広範囲に『黒い雨』が降った事実を確実に認めることができる。そして、『黒い雨』降雨域を推定する研究結果としては、これまで宇田雨域、増田雨域及び大瀧雨域が公表されているところ、いずれも、基本的には、『黒い雨』体験者から得た降雨体験に関する供述等を基に、これを地図上に落とし込んでおおよその降雨域を推定するという手法に拠っているが、そうした手法の限界として、外縁部について、偶々その付近で降雨体験に関する供述等が得られたか否かによって（聞き取り調査等の対象から偶々こぼれ落ちた場合もあったであろうし、被爆後相当年数が経った後に調査が実施されたため、その間に外縁部付近にいた『黒い雨』体験者が死亡した場合もあったと考えられる。また、『黒い雨』体験を語ることで、社会生活上のいわれのない差別を受けるのではないかという恐れ等から、あえて聞き取り調査等に応じなかった者が一定数いたであろうとも推測できる。）、線引きの在り方が大きく異なるという不確実さが伴っていることを指摘できるのであって、これらの研究結果から、直ちに『黒い雨』降雨域の全体像を明らかにすることは困難といわざるを得ない。

本訴において原告らが『黒い雨』に遭ったかを認定するに当たっては、宇田雨域、増田雨域及び大瀧雨域のいずれかに単純に依拠することなく、原告らが被爆当時又はその後に所在した場所を確定し、当該場所と宇田雨域、増田雨域及び大瀧雨域の位置関係を手がかりに、原告らがその当時所在した場所に『黒い雨』が降った蓋然性について検討の上、そうした蓋然性の有無及び程度を踏まえつつ、原告らの『黒い雨』に遭ったという供述等の内容が合理的であるかを吟味し、他に供述等の信用性を阻害すべき具体的事情がないかを検討した上で、個々の原告らが『黒い雨』に遭ったかを判断するのが相当である。そして、宇田雨域、増田雨域及び大瀧雨域の

位置関係を手がかりに、『黒い雨』に遭ったと供述する者が所在した場所に『黒い雨』が降った蓋然性を検討するに際しては、①宇田雨域については、少なくとも同雨域内で『黒い雨』が降ったであろうとの推論の限りにとどめるべきであり、宇田雨域以外の区域で『黒い雨』が降らなかったとの前提を立てるべきでないこと、②増田雨域については、他の同種の調査結果に比べて相対的に豊富な資料に基づいており、関係資料との整合性も首肯できることから、有力な資料として位置付けることができ、増田雨域に『黒い雨』が降ったことにつき相当程度の蓋然性を首肯できること、③大瀧雨域についても、その基となった調査に限界があるものの、これを相応に斟酌すべきであること、④以上の各雨域に含まれない地域についても、その故に、直ちに『黒い雨』が降った事実を否定すべきではなく、各雨域の外周線から若干外れた地域に所在した者についても、そうした事情を斟酌しつつ、当該供述等の信用性を慎重に吟味すべきことに留意すべきである。」と判示した。

その上で、広島地裁判決は、「被爆者援護法における『黒い雨』の位置付け」について検討している。

まず、前記第2・2項（2）で述べた被爆者の範囲の経過について検討し、「宇田強雨域に含まれる地域が、一部は被爆地域…に指定されつつ、その余は…健康診断特例区域に指定されるにとどまったのも、原爆投下後間もない時期に公表された大阪帝国大学グループ、京都帝国大学グループ、山﨑ら、藤原らの各調査報告…から、『黒い雨』に含まれた放射性微粒子の分布は一様でないと理解された」からであるとし、「被爆者援護法等は、『黒い雨』に含まれる放射性微粒子の分布が一様でないという理解を前提としつつも、『黒い雨』が降ったことを考慮要素の一つとして、宇田強雨域のうち比較的爆心地に近い地域に所在した者について、原爆の放射線により健康被害を生ずる可能性がある事情、すなわち、被爆者援護法1条3号の『身体に原子爆弾の放射能の影響を受けるような事情の下にあった者』と類型的に認定すべきであるとの立場に立ったものと解するのが相当である」とした。

91

　そして、前記第2・2項（3）（4）で述べた宇田雨域の強雨域を健康診断特例地域に指定し、402号通達による切替制度により11種類の障害を伴う疾病を発症したら3号「被爆者」と認定することにした趣旨は、「健康診断特例区域に指定された地域に所在したというだけでは原爆の放射線により健康被害を生ずる可能性があったと認められない（3号被爆者として認定するには足りない。）ものの、これに加えて、造血機能障害、肝臓機能障害等の原爆の影響との関連が想定される障害を伴う疾病に罹患したという結果の発生を併せ考慮することによって、類型的にみて、原爆の放射線により健康被害を生ずる可能性がある、すなわち被爆者援護法1条3号（原爆医療法2条3号）の『身体に原子爆弾の放射能の影響を受けるような事情の下にあった者』に該当すると認めるべきとの立場を示したものということができる」と判示した。

　その上で、402号通達による切替制度は「被爆者援護の観点から、行政実務上…3号被爆者として取り扱うこととした」ものという被告らの主張について、「法律上の根拠に基づくことなく、単なる行政における事実上の対応として、ある者を被爆者援護法（原爆医療法）所定の被爆者と認定し、被爆者健康手帳を交付して被爆者に認められる各種手当等の支給等を行うことが、法律による行政の原理の下で許されるはずはない。402号通達に基づく特例措置は、混乱期に生じた一時的な対応等でなく、同通達が発出された後においても、健康診断特例区域の拡大や平成6年の被爆者援護法の制定を経て、平成14年の被爆者援護法施行令の改正により、第一種健康診断特例区域と第二種健康診断特例区域との区分が創設され、402号通達の適用範囲を第一種健康診断特例区域に所在した者に限る旨の手当てがされるなど、確固たる制度として長年にわたり整備、拡充が続けられてきたものであって、その間、法令上の根拠等に係る疑義が指摘されるなどしたことはなく…、以上は、402号通達に基づく特例措置が、…被爆者援護法1条3号（原爆医療法2条3号）の認定の在り方に整合し、その合理性を肯定できるからであったというべきである。」として、402号通達による切替制度は被爆者援護法上の確固たる制度であると認定した。

　そして、「まとめ」として、「『黒い雨』降雨域に降った『黒い雨』には
原爆に由来する放射性微粒子が含まれており、そうした『黒い雨』によっ
て健康被害を生ずる可能性があること、…説示した枠組みによる３号被爆
者の認定に関する限り、『黒い雨』の降雨継続時間の長短によって取扱い
を異にすべき十分な合理性があるとはいえないことからすれば、…健康診
断特例区域に所在した者で、健康管理手当の支給対象となる11種類の障
害を伴う疾病に罹患していると診断されたものが、被爆者援護法１条３号
に該当する者として被爆者健康手帳の交付を受けることができ、被爆者と
されるのと同様に、…健康診断特例区域外であっても、原爆が投下された
際及びその後において『黒い雨』に曝露した者は、前記11種類の障害を
伴う疾病に罹患したことを要件として、被爆者援護法１条３号に該当する
と解するのが相当である。そして、内部被曝に関する前記説示に照らし、
原爆が投下された際及びその後において、『黒い雨』を直接浴びるなどし
たり、『黒い雨』降雨域で生活したりしていた場合には、『黒い雨』に曝露
したものとして、前記枠組みにより被爆者援護法１条３号の被爆者と認定
され得るものというべきである。」と判示し、宇田雨域の強雨域外であっ
ても、黒い雨に遭った者は、11種類の障害を伴う疾病に罹患したことを
要件として、被爆者援護法１条３号に該当することを認めた。

（4）③原告らの被爆者援護法１条３号該当性（各論）

ア　当事者の主張

　原告らは、原告ら黒い雨被爆者の個別の被爆状況やその後の生活状況等
を具体的に記載した陳述書や診断書を証拠として提出し[32]、これらに基
づく主張書面として、原爆投下当時の旧行政区画毎に分けて、第14（砂
谷村）、第15（水内村（宇佐・久日市を除く）・上水内村）、第17（亀山村）、
第19（殿賀村）、第20（安野村、水内村宇佐・久日市）、第21（筒賀村）、
第22（吉坂村）、第23（緑井村）、第24（小河内村）、第25（河内村）、第
26（八幡村）、第27（観音村）、第29（加計町）の各準備書面を提出し、
原告らはいずれも原爆投下当時、大瀧雨域又は増田雨域に含まれる地域に

居住していた者であり、これらの地域には、放射性微粒子を含む黒い雨が降り注いだため、原告らは、川水、井戸水に混入したり、野菜に付着したりした放射性微粒子を摂取し、また、呼吸を通じて空気中に滞留している放射性微粒子を体内に吸引することにより、内部被曝をしたのであり、現に健康管理手当の対象となる11種類の障害を伴う疾病に罹患している又はしていたから、身体に放射能の影響を受けたことを否定できない事情が存する、すなわち、被爆者援護法1条3号の「身体に原子爆弾の放射能の影響を受けるような事情の下にあった者」に該当すると主張した。

　なお、原告らは、裁判官に視覚的に位置関係を理解してもらうために、第28準備書面の別紙地図を提出した。これは、国土地理院発行の5万分の1の地図に原爆投下当時の旧行政区画を書き込み、原告ら全員の被爆地点を図示したものである。これらに加え、この地図に宇田雨域の強雨域・小雨域の境界と健康診断特例区域を図示することにより、原告らの被爆場所と宇田雨域あるいは健康診断特例区域との位置関係が一目瞭然となり、線引きの不合理性を浮き彫りにするものになった。

　これに対し、被告らは、原告らが主張する被爆状況等については、これを裏付ける客観的資料がないので不知、また、原告らが放射線に被曝したとする主張については否認するとして被爆者援護法1条3号該当性を争った。

　イ　広島地裁判決の内容
　広島地裁判決は、原告らの主張に沿って原爆投下当時の旧行政区画毎に分けて、これらの地域が、宇田雨域、増田雨域及び大瀧雨域においてどのように扱われているかを、1971年11月6日に広島市が刊行した『広島原爆戦災史第四巻』の地域毎の被爆状況の記載とも併せて検討した上で、各地域において黒い雨が降ったという原告らの供述が、被告ら代理人の反対尋問を経ても、その核心部分を信用できないという事情は窺われず、法廷で供述していない原告らについても、同旨の陳述書等の内容に不自然不合理な点はないとして、原告らいずれも「黒い雨」に曝露したと認められる

とした。

　そして、原告らが提出した診断書やその他の関係証拠及び弁論の全趣旨から、原告らは、いずれも造血機能障害、肝臓機能障害等の健康管理手当の支給の対象となる障害、すなわち原爆の影響との関連が想定される障害を伴う疾病に罹患したことが認められるから、原告らは、いずれも被爆者援護法 1 条 3 号の「身体に原子爆弾の放射能の影響を受けるような事情の下にあった者」に該当すると判示し、原告ら 84 名全員について、被爆者健康手帳の交付等を命じる判決を言い渡したのである。

3　広島地裁判決後の経緯

　広島地裁判決の翌日の 2020 年 7 月 30 日、原告団・弁護団・支援する会は、広島市及び広島県を訪れ、控訴断念等を求める申入れを行なった。広島市及び広島県は、申入れを踏まえて、控訴断念の方針を固め、厚生労働省に対し、控訴断念を容認する政治決断を行なうよう強く申し入れた。しかし、厚生労働省は控訴の意思を改めず、控訴期限の 8 月 12 日、控訴となった。

　加藤勝信厚生労働大臣（当時）は、控訴に際し、記者会見を行い、広島地裁判決には、長崎被爆体験者訴訟における最高裁判例と異なる見解が含まれていること、十分な科学的知見に基づいているとはいえない点があることを理由として、控訴審の判断を仰ぐことにしたと説明した。他方で、黒い雨地域拡大も視野に入れつつ、これまで蓄積されてきたデータの最大限の活用など最新の科学的技術を用いて検証を実施すると表明した。

　原告団・弁護団・支援する会も、記者会見を行い、国の控訴は不当な「政治決断」であり、被爆 75 年をむかえ高齢化が進む「黒い雨」被爆者の苦難に満ちた人生と、援護対象区域の拡大を切望しつつ無念のうちに亡くなった多くの「黒い雨」被爆者の思いを踏みにじるものであるとして、控訴に抗議する旨の声明を発出した。

第4 控訴審の審理経過と広島高裁判決の内容

1 はじめに

　広島高裁第3部に係属した「黒い雨」訴訟は、2020年11月18日の第1回期日[33]等を経て、翌2021年2月17日の第2回期日で結審し、同年7月14日の判決言渡期日が指定された。社会的耳目を集める集団訴訟の控訴審の審理としては、異例のスピードといえる。

　ここでは、まず、控訴審における当事者の主張と広島高裁の訴訟指揮等を含めた控訴審の審理経過に言及し、最後に広島高裁判決の内容を紹介する。

2 第1回期日までの当事者の主張
（1）争点

　被告らは、本文のみで150頁に及ぶ控訴理由書を2020年9月30日に提出した。

　控訴審における争点は、第一審と基本的には同じであり、①被爆者援護法1条3号「身体に原子爆弾の放射能の影響を受けるような事情の下にあった者」の意義、②「黒い雨」被爆類型の被爆者援護法1条3号該当性（総論）、③原告らの被爆者援護法1条3号該当性（各論）が主要な争点であり、付随的な争点として、④承継人らによる訴訟承継の成否が問題となった。

　これに対し、原告らは同年11月11日に第1準備書面を提出し、控訴棄却と第1回期日における結審を求めた。

　以下では、主要な争点①及び②について、当事者の主張を概観する。

（2）争点①被爆者援護法1条3号の意義

　前述のとおり、広島地裁判決は、被爆者援護法1条3号「身体に原子爆弾の放射能の影響を受けるような事情の下にあった」とは、原爆の放射線により健康被害を生ずる可能性がある事情の下にあったことをいうものを解すべきであるとした。なお、この解釈は、長崎被爆体験者訴訟において

示された福岡高裁判決[34]等と同じである。

　これに対し、被告らは、広島地裁判決の同条号の意義の解釈について言及することなく、同条号に該当するというためには、「被爆者援護法の建前のとおり、科学的な裏付けが必要であり、その事実の存否については、高度の蓋然性の証明（最高裁平成12年7月18日第三小法廷判決・裁判集民事198号529頁参照）が求められることになるはずであり、このことは…本件と同種の長崎被爆体験者訴訟においても、当然の前提とされてきた」などと主張した。

　この点、被告らが指摘する平成12年最高裁判決は、原爆症認定の要件の一つである放射線起因性（現に医療を要する負傷又は疾病が原子爆弾の放射線に起因するものであるか、又は右負傷又は疾病が放射線以外の原子爆弾の傷害作用に起因するものであって、その者の治癒能力が原子爆弾の放射線の影響を受けているため右状態にあること）に関するものであって、本件で問題となっている被爆者認定とは場面が異なる。そこで、原告らは、被爆者援護法1条3号の要証事実は「原爆の放射線により健康被害を生ずる可能性がある事情の下にあった」か否かであり、原爆症認定とは要証事実が異なるのであるから、高度の蓋然性の証明は不要であり、要求される「科学的な裏付け」の程度も異なるなどと反論した。

　また、長崎被爆体験者訴訟に関する主張について、原告らは、個別具体的な被爆状況等を事実認定して被爆者援護法1条3号該当性を判断した本件と、長崎被爆体験者訴訟とは、争点設定が異なる[35]と反論した。

（3）争点②「黒い雨」被爆類型の被爆者援護法1条3号該当性（総論）

　前述のとおり、広島地裁判決は、「健康診断特例区域外であっても、原爆が投下された際及びその後において『黒い雨』に曝露した者は、…11種類の障害を伴う疾病に罹患したことを要件として、被爆者援護法1条3号に該当する」と判示して、黒い雨による被爆類型の被爆者援護法1条3号該当性を肯定した。

　これに対し、被告らは、まず、広島地裁判決の依拠する黒い雨及び放射

線の人体影響に関する科学的知見の判断について、（a）黒い雨と放射性降下物は同視し得ない、（b）原告らが所在していた地点において、健康被害を生じる可能性がある放射性降下物が降下したとはいえず、放射性降下物によって、健康被害を生ずる可能性がある事情の下にあったとはいえない、（c）誘導放射線による被曝という観点でも同様である、（d）黒い雨の曝露による内部被曝による健康影響を考慮する必要はないなどと主張した。さらに、広島地裁判決が、上記のとおり、健康診断特例措置と402号通達による切替制度を被爆者援護法1条3号の解釈規範として用いた点について、（e）402号通達は特別の行政措置を行うための通達であり、法1条3号の解釈規範として機能し得ない、（f）11障害の罹患を法1条3号該当性の判断枠組みとして用いることは疑義があるなどと主張した(36)。

　原告らは、上記（a）ないし（d）については、原爆投下直後から行われてきた調査結果報告等から黒い雨に放射性微粒子が含まれていることは明らかであり、現行法もそのような前提に立って黒い雨降雨域の一部を残留放射能濃厚地域として被爆地域に指定したり、健康診断特例地域に指定したりしていると反論した。特に（d）については、被告らが、控訴理由書とともに放射線の人体影響に関する書証を大量に提出するのみならず、補充立証として文献立証や専門家意見書を順次提出していく予定としていることについて、原告らは、時機に後れた攻撃防御方法の提出であることから却下されるべきであると主張した。

　また、原告らは、上記（e）については、「法律による行政の原理」（法治主義）から、行政活動が法律に基づき、法律に従って行われなくてはならず、被爆者援護のスタートラインである被爆者認定という被爆者援護制度の根幹にかかわる事項について、法律に基づかない行政の事実上の対応として、被爆者認定することがあってはならないのは当然であり、切替制度を法律上の根拠に基づくことのない単なる行政における事実上の対応とは到底いえないと反論した。そして、上記（f）については、健康被害の有無及び程度についても、放射線による健康被害を受けた可能性がある事情の下にあったか否かを判断する重要な間接事実として考慮されることは

問題なく、11障害と原爆の放射能の影響との関連が想定されることから、同障害の発症が認められれば原爆の放射能の影響によるものである可能性は肯定される、などと反論した。

3　第1回期日等の審理内容

（1）はじめに

2020年11月18日、第1回期日が開催され、さらに、その後、進行協議期日が開催された。以下では、両期日の審理内容を述べる。

（2）第1回期日

被告らの控訴状、控訴理由書、原告らの答弁書、第1準備書面等の陳述、証拠の取調べの後、原告団及び弁護団1名ずつによる意見陳述が行われ、原告らは改めて即日結審を求めた。

その後、西井裁判長から、「双方は、本件が、被爆者援護法1条3号の『身体に原子爆弾の放射能の影響を受ける「ような」事情の下にあった者』という曖昧な要件の該当性が問題となっている事案であること、すなわち『事実の有無』ではなく『可能性の有無』が問題となっている事案であることに留意されたい。当裁判所は、このような観点から、本日、控訴理由に関して求釈明をするので、控訴人ら及び参加行政庁は、令和2年12月24日までに、釈明されたい。また、被控訴人らも、求釈明に関して補足して主張することがあれば、同日までに、主張されたい。また、次回結審することも選択肢の一つと考えているので、令和2年12月24日期限の回答等について更に反論があるようであれば、双方とも、令和3年1月29日までに、準備書面を提出されたい。」[37]と述べ、第2回期日が、前述のとおり、指定された。

さらに、「進行協議を受命裁判官に行わせる」として、第1回期日の直後、受命裁判官による進行協議期日が開催された。

（3）進行協議期日

　進行協議期日では、受命裁判官から、双方に対し、求釈明と題する書面が配付され、被告らに対する９つの求釈明事項とその補足説明がなされた。求釈明事項の内訳は、上記争点①被爆者援護法１条３号の意義に関するものが５つ、上記争点②「黒い雨」被爆類型の被爆者援護法１条３号該当性（総論）に関するものが１つ、上記争点④承継人らによる訴訟承継の成否に関するものが１つ、その他証拠の内容に関するものが２つであった。以下では、上記争点①及び②に関する求釈明事項について、若干のやりとりも併せて紹介する。

　上記争点①について、広島高裁は、被告らに対し、控訴理由書における被告らの主張を踏まえて、「控訴人らは、被爆者援護法１条３号…は『原爆の放射線により健康被害を生ずる可能性がある事情の下にあったこと』とする原判決の判断自体を争っておらず、そのことについて、『最新の科学的知見による裏付け』を伴う『高度の蓋然性の立証』が必要と主張していると理解してよいか。」、「『高度の蓋然性の立証』の対象が『事実』ではなく『可能性があったこと』である点に、本件の特殊性があるが、控訴人らは、この点についてどう考えるのかを明らかにされたい。」と求釈明した。また、これらに加えて、原爆医療法制定時及び被爆者援護法制定時の被爆者援護法１条３号に関する立法過程に関する求釈明が３つされた。これら求釈明事項の内容から、本件の最重要争点である被爆者援護法１条３号の意義について、広島高裁が極めて高い関心を示しており、広島地裁判決の内容を前提に、更に踏み込んで解釈する可能性が窺われた。

　上記争点②について、「基本的な争点は、①被控訴人らがいたのが『黒い雨』（もっとも色の問題ではない）降雨域であった…か、②『黒い雨』に放射性降下物が含まれていた可能性があったか、③含まれているとして健康被害を及ぼす可能性があったかであって、控訴人らは、①～③について科学的知見に基づく高度の蓋然性の立証がないと主張しているということでよいか。」と求釈明した。この求釈明事項の内容から、「黒い雨」被爆類型の被爆者援護法１条３号該当性の判断に際して、広島高裁は黒い雨に曝露し

たことのみで足り、広島地裁判決が要件の一つとした11種類の障害を伴う疾病の発症は要件ではないと考えていることが窺われた。

　以上の求釈明事項に加え、受命裁判官から、原告らに対し、時機に後れた攻撃防御方法の提出に関する主張をしているが、どの部分が時機に後れた攻撃防御方法の提出になると考えているか、特定して主張するように求釈明があった。同時に、被告らに対し、控訴審になって大量に証拠を提出する等、被告らの攻撃防御方法の提出の仕方には裁判所も違和感をもっている等の発言がなされた。これによって、被告らの控訴審における大量証拠提出等が時機に後れた攻撃防御方法の提出に該当するかが争点⑤としてクローズアップされることになった(38)。

4　第2回期日までの当事者の主張

（1）はじめに

　第1回期日等の結果を踏まえ、2020年12月24日、原告らは時機に後れた攻撃防御方法の提出に関する第2準備書面を、被告らは求釈明の回答等に関する第1準備書面を提出した。

　そして、翌2021年1月29日、原告らは被告らの第1準備書面に対する反論と時機に後れた攻撃防御方法の提出に関する主張を追加した第3準備書面を、被告らは被告らの主張の補充と原告らの第2準備書面に対する反論を記載した第2準備書面を提出した。

　さらに、原告らは、同年2月12日、被告らの第2準備書面に対する反論を記載した第4準備書面を提出し、被告らは、同月16日、原告らの第4準備書面に対する反論を記載した第3準備書面を提出し、同月17日の第2回期日を迎えることになった。

　以下では、上記争点①、②及び⑤に関する双方の主張を概観する。

（2）争点①被爆者援護法1条3号の意義

　被告らは、広島高裁の求釈明を受けて、被告らの被爆者援護法1条3号に関する主張を整理し、広島地裁判決は、健康被害を招来する可能性の程

度は低くてもよいという価値判断にたっており不当であり、同条号は放射
線の曝露態様が原子爆弾の放射能による健康被害を晩発的に招来すると考
えられる程度に有意な放射線曝露をした者をいい、原告らはこれを科学的
経験則に基づいて高度の蓋然性をもって立証することが必要であると主張
した。すなわち、被告らは、広島地裁判決や長崎被爆体験者訴訟における
各判決が採用した被爆者援護法１条３号の解釈を採らないことを明言する
に至った。

　原告らは、放射線の身体に対する影響が未解明な中、健康と思われる被
爆者の中から突然発病する者が生ずるなど、被爆者が健康上の特別の状態
に置かれており、その中には絶えず発病の不安に怯える者もみられたこと
から、被爆者に対して健康診断を行うことにより、その不安を一掃すると
ともに、障害を有する者については速やかに治療を行い、その健康回復に
努めるという被爆者援護法の制定趣旨からすれば、健康診断を含む被爆者
援護のスタートラインである被爆者認定に際しては、この概念を広く考え
ることにより被爆者の救済に遺漏なきを期すことが当然の前提とされてお
り、だからこそ、「身体に放射能の影響を受けるような事情の下にあった者」
という精確とはいい難い要件を規定したのであって、被告らの主張は法の
制定経過・趣旨に反するなどと反論した。

（3）争点②「黒い雨」被爆類型の被爆者援護法１条３号該当性（総論）

　被告らは、第１準備書面で広島地裁判決と広島高裁の整理が異なること
を指摘しつつ、同書面に「原判決が依拠した放射線被曝による健康影響に
関する考え方の誤り」と題する別添書面を添付し、黒い雨降雨域に降った
黒い雨には放射性微粒子が含まれており、そうした黒い雨によって健康被
害を生ずる可能性があるとする考え方や、内部被曝が外部被曝よりも健康
被害の危険性が高いとする考え方は、現在の科学的知見に照らしても取り
得ないと主張した。

　原告らは、第３準備書面において、原爆投下当時、黒い雨降雨域内におり、
放射性微粒子を含んだ黒い雨を浴び、あるいは黒い雨に汚染された畑の作

物を食べたり、汚染された井戸水や川水を飲んだりして、身体に放射線の影響を受けたことを否定できない事情に置かれていたから、被爆者援護法1条3号に該当すると主張していたのであり、11種類の障害を伴う疾病の発症は、同条号該当性を判断するための間接事実ではあっても、これが認められないと同条号該当性が認められないという意味での要件、つまり準主要事実の一つではないと、原告らの主張を整理した。そして、被爆者援護法の趣旨ないし理念との整合性、他の被爆類型との不均衡、被爆者援護法1条3号の文言との整合性から、健康管理手当の対象となる11種類の障害を伴う疾病の発症という結果発生を、黒い雨被爆という被爆類型の被爆者援護法1条3号該当性の要件、つまり準主要事実の一つと位置付けることについては不適切であるとして、原告らの被爆者援護法1条3号の解釈としては、黒い雨に遭ったことをもって、原爆の放射線により健康被害を生ずる可能性がある事情の下にあった、すなわち身体に放射線の影響を受けたことを否定できない事情が存するといえると解釈すべきとした。

（4）争点⑤被告らの控訴審における大量証拠提出等が時機に後れた攻撃防御方法の提出に該当するか

　被告らは、前述のとおり、黒い雨には放射性微粒子が含まれており、黒い雨によって健康被害を生ずる可能性があるとする考え方や、内部被曝が外部被曝よりも健康被害の危険性が高いとする考え方は、現在の科学的知見に照らしても取り得ないと繰り返し主張し、これらの点について、控訴審に係属後、大量に証拠を提出し（乙第79号証ないし乙第143号証、乙第160号証ないし乙第181号証）、それに基づく主張を展開した。

　原告らは、被告らが大量提出した証拠及びこれに基づく主張は、そもそも争点の判断に不必要であるが、仮に争点の判断に必要なのだとすれば、第一審の審理経過において、原告らが、被告らに対し、再三再四放射線の人体影響に関連する論点について反論等を求めただけでなく、広島地裁も、被告らに対し、本件の総論的争点について、進行協議期日において積極的に釈明権を行使して複数回にわたり主張・立証を求める等して、争点整理

が行われ、その結果を踏まえ、集中証拠調べが行われたにもかかわらず、被告らは、集中証拠調べまでの間に、専門家証人の人証申請をすることはおろか、今般大量に提出してきたような書証を追加して提出することすら怠ったのだから、控訴審における大量証拠提出等は、時機に後れた攻撃防御方法の提出に該当し、それについて故意又は少なくとも重過失があることは明らかであり、かつ、仮に上記証拠内容の如何が争点の判断に必要となるのであれば、反対当事者である原告らに、書証の提出や専門家証人の尋問等によって反駁する機会は当然に認められなければならず、そうすると、第2回期日で結審することはできず、訴訟の完結を遅延させることになるとして、民事訴訟法157条1項に基づく却下を主張した。

5　第2回期日

　2021年2月17日、第2回期日が開催され、双方提出書面の陳述、証拠の取調べの後、原告団及び弁護団1名ずつによる意見陳述が行われた。

　その後、裁判長が予定どおり結審することについて、双方の意見を求めたところ、被告ら指定代理人は抵抗を示したが、弁論終結、結審し、判決言渡期日が同年7月14日と指定された。

6　広島高裁判決の内容

　以下では、広島高裁判決の内容及び意義について、上記争点 ①被爆者援護法1条3号の意義、争点②「黒い雨」被爆類型の被爆者援護法1条3号該当性（総論）、争点③原告らの被爆者援護法1条3号該当性（各論）、争点⑤被告らの控訴審における大量証拠提出等が時機に後れた攻撃防御方法の提出に該当するかについて述べる。

（1）争点①被爆者援護法1条3号の意義
ア　広島高裁判決の内容及び意義
　広島高裁判決は、「被爆者援護法1条3号の『身体に原子爆弾の放射能の影響を受けるような事情の下にあった者』の意義は、『原爆の放射能に

より健康被害が生ずる可能性がある事情の下に置かれていた者』と解するのが相当であり、ここでいう『可能性がある』という趣旨をより明確にして換言すれば、『原爆の放射能により健康被害が生ずることを否定することができない事情の下に置かれていた者』と解され、これに該当すると認められるためには、その者が特定の放射線の曝露態様の下にあったこと、そして当該曝露態様が『原爆の放射能により健康被害が生ずることを否定することができないものであったこと』を立証することが必要になると解される」と判示した。

　これは、原告らが、3号被爆者訴訟判決に基づいて、第一審から一貫して主張してきた被爆者援護法1条3号の意義と同義である。被爆者援護法が、原爆投下の結果生じた放射能に起因する健康被害が特殊であり、特殊な健康被害について戦争遂行主体である国の責任によって救済を図るという国家補償的配慮に基づくこと、被爆者に対する健康管理と治療に遺憾なきようにするために制定されたこと等を踏まえたものであり、被爆者援護法の法的性質や理念を踏まえた的確な解釈と評価できる。

　イ　被告らの主張について

　被告らの主張について、広島高裁判決は、「身体に原子爆弾の放射能の影響を受けるような事情の下にあった者」との規定ぶりからは、「放射線の曝露態様が原爆の放射能により晩発的な健康被害を招来すると考えられる程度に有意な放射線曝露をした者」であること等を読み取ることは文理上無理があること、被爆者援護法1条3号は、原爆医療法2条3号と同一の規定ぶりであり、同号の意義をそのまま引き継いだものであり、この点は、被告らも認めているところ、一件記録を精査しても、原爆医療法の制定当時、「放射線の曝露態様が原爆の放射能により晩発的な健康被害を招来すると考えられる程度に有意な放射線曝露をした者」等であることまでが必要であることについて、政府内で検討されたり、国会で審議されたりした形跡はなく、むしろ、当時の科学的知見において原爆の放射能の身体への影響が詳らかになっていないことが、当然の前提になっていたことか

らすると、「放射線の曝露態様が晩発的な健康被害を招来すると考えられる程度に有意」であるか否かを的確に判断することはそもそも困難であったといえるなどと判示して、排斥した。

　また、被告ら引用の平成12年最高裁判決について、広島高裁判決は、「被爆者援護法1条3号と同義である原爆医療法2条3号の被爆者該当性に係るものではなく、被爆者援護法11条1項と同義である原爆医療法8条1項のいわゆる放射線起因性に係るものであり、本件に適切でない。むしろ、平成12年最高裁判決が、『実体法が要証事実自体を因果関係の厳格な存在を必要としないものと定めていることがある。』と説示した上で、原爆特別措置法5条1項が、健康管理手当の支給の要件として、被爆者のかかっている造血機能障害等が『原子爆弾の放射能の影響によるものでないことが明らかであるものを除く。』と規定していることについて、『この規定は、放射線と造血機能障害等との間に因果関係があることを要件とするのではなく、右因果関係が明らかにないとはいえないことを要件として定めたものと解される。』と説示していることこそを、被爆者援護法1条3号の『身体に原子爆弾の放射能の影響を受けるような事情の下にあった者』の意義の解釈等に当たって参考にすべきである。」と判示し、被告らの主張を排斥した。

　さらに、被告らの引用する長崎被爆体験者訴訟の「平成29年最高裁判決の中には、『原審は、…仮定的な本案の判断をし、原審口頭弁論終結時における科学的知見によれば、長崎原爆が投下された際爆心地から約5kmまでの範囲内の地域に存在しなかった者は、その際に一定の場所に存在したことにより直ちに原爆の放射線により健康被害を生ずる可能性がある事情の下にあったということはできない上、本件申請者らに長崎原爆の投下後、原爆の放射線による急性症状があったと推認することはできず、本件申請者らの被爆者援護法1条3号該当性に関する上告人らの主張には理由があるとは認められない旨の判断をしているところ、本件記録に現れた証拠関係等に照らせば、原審の上記判断は是認することができ』旨の説示をする部分がある。しかし、上記部分が、法律審である最高裁判所が

示すべき、いわゆる判例に該当するものでないことはもとより、飽くまで、『一定の場所（爆心地から7.5km以上12km以下の範囲内の地域）に存在したこと』をもって、直ちに原爆の放射線により健康被害を生ずる可能性がある事情の下にあったということはできないなどとした原判決の説示を是認したにとどまるものであり、『広島原爆の投下後の黒い雨に遭った』ことをもって、原爆の放射能により健康被害が生ずる可能性がある事情の下にあったということができるかについては、何らの判断をしているものではない。控訴人らの主張が平成29年最高裁判決において正当として是認されているなどとするのは、失当である。」と判示し、被告らの主張を排斥した。

このように、広島高裁判決は、被爆者認定について、原爆症認定と同様の科学的証明（高度の蓋然性）を要求する被告らの主張を排斥し、疾病の発症の不安におびえる被爆者に対し適切な健康診断を行うことによりその不安を一掃するという法の理念を踏まえ、被爆者の認定にあたっては、「疑わしきは申請者の利益に」という方針で臨むべきことを明示したものと評価できる。

　ウ　基本懇報告について

加えて、国（厚生省・厚生労働省）が、被爆地からの被爆地域拡大の要求を拒否する根拠として用い、「黒い雨」訴訟においても、第一審から一貫して被告らがその主張の根拠としてきた基本懇報告について、広島高裁判決は、以下のとおり、言及した。

すなわち、「懇談会報告書は原爆医療法制定から23年後に取りまとめられたものであるから、原爆医療法2条3号の意義を解釈するに当たって懇談会報告書中の上記記載部分等を重視することは、適切ではない。むしろ、懇談会報告書が、それまで明確な基本方針のないまま政治的に進められてきた被爆地域の指定の拡大について、…科学的な根拠に基づくべきであるとの基本方針を示すことで、歯止めをかけることを強く意図して、政策的な見地から作成されたものであることが明らかであ」り、「厚生省は、懇

談会報告書が公表される前から、同一の見解を政府答弁として対応してきたものであり、政府は自己の立場を正当化する根拠として、基本問題懇談会に懇談会報告書を公表させたといっても過言でないと考えられる」から、被爆者援護法1条3号の「意義の解釈に当たって懇談会報告書…を参照することは、解釈を誤らせるおそれが大きいというべきである」と判示し、同条号の解釈に当たって、懇談会報告書を参照すべきでないと明言した[(39)]。

エ　健康診断特例措置について

さらに、広島高裁判決は、被告らの「昭和49年に、原爆医療法2条各号の被爆者に該当しない者であっても、健康診断特例区域内に所在した者について、暫定的な特例措置として、原爆医療法の健康診断の規定（4条）の適用を認める健康診断特例措置が設けられたこと…をもって、健康診断特例区域内に所在した者については、原爆医療法2条3号の被爆者に該当しないことが当然の前提となっていたかのような主張」に答える形で、以下のとおり、健康診断特例措置の合理性を否定した。

すなわち、「論理的には、本来、原爆医療法2条3号の被爆者に該当するものとして被爆者健康手帳を交付すべき者について、誤って、その交付をしないで健康診断特例措置の対象者としたとも考え得るところであり、同号の意義の解釈に当たって、原爆医療法制定から17年後に健康診断特例措置が設けられたことを重視することは、適切でない。むしろ、三井企画課長が、基本問題懇談会において、委員に対し、健康診断特例措置の対象者について、「…その当時の状況を考えてみると、多くの被爆者が援護活動が行われたことから、当時の住民のほとんどが身体に放射能の影響を受けるような事情が過去にあったというようなことでございます。それにもかかわらず、直ちにその地域で被爆者として手帳を直接に交付するということまでいかなった…」と説明していること（…『身体に放射能の影響を受けるような事情』という同号の表現ぶりを意識した説明をしていることに注目すべきである。）に照らすと、本来、同号の被爆者に該当するものとして被爆者健康手帳を交付すべき者であったにもかかわらず、敢えて、

その交付をしないで健康診断特例措置の対象者とした疑いが強いといわざるを得ず、そうであれば、同号の意義の解釈に当たって健康診断特例措置が設けられたことを参照することは、解釈を誤らせるおそれが大きいというべきであ…」り、「不安の一掃を図ることを目的として幅広く実施することとされたのが正に原爆医療法により行う健康診断であ…」り、広島地裁判決が「判断の根拠として402号通達を用いるなどした点で失当である」と判示したのである。

（2）争点②「黒い雨」被爆類型の被爆者援護法1条3号該当性（総論）、争点⑤被告らの控訴審における大量証拠提出等が時機に後れた攻撃防御方法の提出に該当するか

ア　争点②に関する広島高裁判決の内容及び意義

広島高裁判決は、原爆投下直後から行われてきた調査結果報告等「…に鑑みれば、放射性降下物の降下機序等につき、被控訴人らが依拠する矢ヶ崎意見…及び大瀧の意見…を斟酌するまでもなく、優に、『広島原爆の投下後の黒い雨に遭った』という曝露態様は、黒い雨に放射性降下物が含まれていた可能性があったことから、たとえ黒い雨に打たれていなくても、空気中に滞留する放射性微粒子を吸引したり、地上に到達した放射性微粒子が混入した飲料水・井戸水を飲んだり、地上に到達した放射性微粒子が付着した野菜を摂取したりして、放射性微粒子を体内に取り込むことで、内部被曝による健康被害を受ける可能性があるものであったこと（ただし、被曝線量を推定することは非常に困難である。）、すなわち『原爆の放射能により健康被害が生ずることを否定することができないものであったこと』が認められるというべきである。そうすると、広島原爆の投下後の黒い雨に遭った者は、被爆者援護法1条3号の『原子爆弾が投下された際又はその後において、身体に原子爆弾の放射能の影響を受けるような事情の下にあった者』に該当するということができる。」と判示した。

これは、被爆者援護法1条3号の類型の一つとして、広島原爆の投下後の黒い雨に遭ったという曝露態様を認めたものと評価できる。と同時に、

広島地裁判決が、被爆者援護法1条3号による被爆者認定には、黒い雨の曝露だけでなく、疾病の発症が必要であると判示していたのに対し、広島高裁判決は、疾病の発症を要件から除外したことを意味する。すなわち健康診断特例措置と402号通達による切替制度を前提とすると、被爆者認定に際し、黒い雨被爆者だけ他の被爆類型とは異なり疾病の発症という要件が加重され、さらに宇田強雨域外の黒い雨被爆者は援護対象から完全に除外されるという意味で、二重に差別されてきたところ、広島高裁判決は、疾病の発症という要件を取り払い、さらに後述のとおり、宇田強雨域外の黒い雨降雨域についても黒い雨が降った蓋然性が認められるとして、黒い雨被爆者を他の被爆類型と同様の被爆者と認めたものであり、画期的と評価できる。

イ　争点⑤に関する広島高裁判決の内容及び意義

　広島高裁判決は、「控訴人らは、当審において、科学的知見に係る書証を大量に提出した〔その中には、既提出のものと重複するものや外国語文献であるのにその訳文が付されていないものもある。〕が、被控訴人ら指摘のとおり、原審において提出する機会が十分あったことは明らかであり、極めて不適切な訴訟追行といわざるを得ない。もっとも、当審は、事案に鑑み、また、結論に影響を及ぼすものでないことに照らし、これらを時機に後れた攻撃防御方法として却下することまではしない。」と判示した。

　これは、原告らが主張し、広島高裁判決も採用した被爆者援護法1条3号の解釈を前提とすれば、優に、「広島原爆の投下後の黒い雨に遭った」という曝露態様は、黒い雨に放射性降下物が含まれていた可能性があったことから、放射性微粒子を体内に取り込むことで、内部被曝による健康被害を受ける可能性があるといえ、「原爆の放射能により健康被害が生ずることを否定することができないものであった」として被爆者援護法1条3号該当性が認められることから、被告らが控訴審で大量に提出した科学的知見に係る書証を取り調べたとしても、結論に影響を及ぼさず、民事訴訟法157条1項の「訴訟の完結を遅延させることとなると認め」られるとは

いえないが、その余の要件、すなわち、「故意又は重大な過失により時機に後れて提出した攻撃又は防御の方法」に該当する「極めて不適切な訴訟追行」として、被告らの姿勢を厳しく批判したものと評価できる。

　ウ　被告らの主張について

　被告らの、黒い雨降雨域に降った黒い雨には放射性微粒子が含まれており、そうした黒い雨によって健康被害を生ずる可能性があるとする考え方や、内部被曝が外部被曝よりも健康被害の危険性が高いとする考え方は、現在の科学的知見に照らしても取り得ないとの主張について、広島高裁判決は、前記イのとおり、被告らが控訴審で大量に提出した科学的知見に係る書証を時機に後れた攻撃防御方法として却下することまではせず、これらを全て取り調べた上で、被告「…らが根拠として指摘する文献等の記載部分が、いずれも、黒い雨に放射性降下物が含まれていなかったと断ずるものではなく、むしろ、黒い雨に放射性降下物が含まれていたこと、又はその可能性があったことを前提に、線量的に少ないものであったことを指摘するものである」ところ、「放射線による影響には確率的影響も存在していることを併せ考慮すると、控訴人らが根拠として指摘する文献等の記載部分が、原爆の放射能により晩発的な健康被害を招来すると考えられる程度に有意なものであったとまでは認め難いという趣旨をいうにとどまり、原爆の放射能により健康被害が生ずることを否定することができるという趣旨までをいうものでないことは明らかである」などとして、被爆者援護法1条3号の解釈との関係で、被告らの主張は意味をなさないとして、被告らの主張を排斥した。

　また、国（厚生省）が、1976年度及び1978年度の2度にわたり実施された残留放射能調査の結果について、広島高裁判決は、「たとえ広島原爆の投下当時、有意な残留放射能が存在したとしても、その後の核実験による放射性降下物が存在していることなどから、調査を実施する時点では、もはや有意な残留放射能を測定することができなくなっていることを科学的に推測した上で、被爆地域の拡大を阻止する根拠として用いたいとの厚

生省の政策的な思惑の下で…作成されたものであり、そのような思惑の現れにほかならない上記各報告書中の記載部分をもって、黒い雨に放射性降下物が含まれていたことを否定することは到底できない」とし、さらに、これら「調査を実施した時点で、もはや有意な残留放射能を測定することができなくなっていた以上…、広島においては、遅くとも昭和51年度以降、残留放射能の調査は、黒い雨に放射性降下物が含まれていたか否かやその程度を判断する有意な手段ではなくなったというべきである」と判示し、国（厚生省・厚生労働省）が依拠してきた残留放射能調査の意義を明確に否定した。

（3）争点③原告らの被爆者援護法1条3号該当性（各論）

ア　黒い雨降雨域の範囲について

　前述のとおり、被告らは、黒い雨降雨域の範囲について、控訴審では主張を追加していなかったため、この点について控訴審で新たな主張・立証の追加はなかった。しかし、広島高裁判決は、以下のとおり、黒い雨降雨域の範囲やそれに関連する事項についても、広島地裁判決よりも踏み込んだ判示をし、最終的には「黒い雨降雨域としては、宇田雨域（宇田強雨域及び宇田小雨域の双方）、増田雨域及び大瀧雨域のいずれもが含まれるというべきである」と、3つの雨域のいずれも黒い雨降雨域の範囲に含まれるとした。

　まず、（a）宇田雨域については、「宇田雨域は、文部省が、昭和20年9月14日、学術研究会議に、原子爆弾災害調査研究特別委員会を設置し、学術分野ごとに9分科会を設け、翌年3月まで現地調査を実施するに当たり、広島の陸軍船舶司令部で将兵の気象教育に当たっていた神戸海洋気象台長であった宇田が、広島管区気象台の客員気象技師として、広島原爆による気象関係の一般被害状況の調査を行い、報告をするように命じられたことに基づき、宇田らが調査・報告を行ったものである」と認定した上で、「宇田らが、広島原爆投下後間もない同年8月ないし12月に、広島市内外各所（西は佐伯郡石内村から伴村にかけて、北は可部町や広島の中心部か

ら30km以上も山奥の山県郡安野村や殿賀村まで）で聞取書と実地踏査に
よる資料を収集し、疑問の点は再査して確認するようにして正確を期した
ものである…から、信用性が高いということができる」としつつ、「宇田
らの調査は、限られた人数で、限られた期間に、広い範囲にわたって行わ
れたものであり、資料が薄かったり、ばらついたりした地域も少なくなかっ
たため、相応の資料が存在した地域に限って、宇田らの意見が一致した限
度で、黒い雨降雨域としたものである…から、実際の黒い雨降雨域は、宇
田雨域よりも広範であったと推認するのが相当である」として、「宇田雨
域については、広島原爆の投下後に黒い雨が降った蓋然性が高いというこ
とができるが、宇田雨域の範囲外であるからといって、広島原爆の投下後
に黒い雨が降らなかったとするのは相当ではない」とした。

　なお、被告らの「具体的に、いつ頃、どの地点で、どのような方法によっ
て調査がされたのか等が明らかにされておらず、現時点でこれを検証する
ことは著しく困難であり、正確性に疑義がある」との指摘について、広島
高裁判決は、「宇田らの調査は、上記…の期間、地域、方法で、甲69、70[(40)]
のとおり聞き取り等が行われたものであり、調査に至る経緯等に照らし、
当時最善のものであったことは明らか」として排斥した。

　次いで、（ｂ）増田雨域については、「元気象研究所予報研究室長の増田
が、平成元年2月頃、宇田の調査・報告の基礎資料、昭和48年アンケー
ト調査の際の回答書のうち残された個人別回答123人分、同アンケートの
回答を湯来町役場が部落ごとに集計した結果、増田自身による聞き取り
調査79人分を含む111人からの聞き取り調査結果、アンケート調査結果
1188枚、手記集・記録集から358点の資料などを整理、分析したものであ
る」と認定した上で、「分析に当たっては、調査対象者の記憶の希薄化や
健康診断特例区域の拡大運動の影響にも配慮し、信頼性が確保されたデー
タを入手すること、また、各資料を併用して総合的に判断することに努め、
例えば、雨の降り方を3種類に分ける、聞き取り調査に参加した人にも更
にアンケートを提出してもらうなどの工夫をし、集められたデータを信頼
度の違いに配慮しながら検討したものである…から、相応の信用性がある」

として、「増田雨域については、広島原爆の投下後に黒い雨が降った蓋然性があると…」しつつ、「増田自身、実際の黒い雨降雨域について、増田雨域よりも広範であった可能性があることを示唆しているのであるから、増田雨域の範囲外であるからといって、広島原爆の投下後に黒い雨が降らなかったとするのは相当ではない」とした。

　なお、被告らの「約40年が経過した後に、健康診断特例区域の拡大運動に当たっていた黒い雨の会の協力の下で行われた聞き取り調査及びアンケート調査に基づくものであることから、正確性に疑義がある」との指摘について、広島高裁判決は、増田は、前述のような工夫や配慮をしながら検討をしたのだから、「より信頼性が確保されたデータを入手して、より精度の高い総合的な判断方法を執ること…により、別の結論が導かれたというのであればともかく、そのような試みさえされていないのに」、前述のような「一般論をもって直ちに、増田雨域の正確性に疑義があるとするのは相当でない」と排斥した。

　これは、広島高裁判決が、当該箇所において、「宇田らの『気象関係の広島原子爆弾被害調査報告』が昭和28年5月5日に公表されて以降、国家的な取組みとして、更なる調査が行われなかったことは、誠に惜しまれるところである」と指摘しているように、黒い雨降雨域の全体像が明らかにされなかったのは、国が然るべき時期に然るべき調査をしなかったことに起因するのであるから、国がそのような調査を行っていないことによって黒い雨降雨域の全体像が明らかになっていないことによる不利益を、黒い雨被爆者に負わせることは、被爆者援護法の理念・立法趣旨に悖るという評価に加え、そもそも広島高裁判決が、黒い雨被爆者の黒い雨の体験に関する供述について、「広島原爆の投下、そして大量の飛散降下物や黒い雨の発生という極めて特異な出来事が続いた昭和20年8月6日の記憶については、約40年を経過したとしても、鮮烈に脳裏に焼き付けられていると考えるのが自然かつ合理的である」という評価をしていることを前提としている。被爆から77年を超えた現在において、極めて重要な指摘であり、被爆の実相を考える際の指針とすべき考え方といえる。

　さらに、（c）大瀧雨域については、「広島大学原爆放射線医科学研究所教授の大瀧が、平成22年5月、広島市報告書の中で、控訴人広島市が実施した原爆体験者等健康意識調査のアンケートデータの集計、統計解析を行い…、黒い雨降雨域の推定を行ったものである」と認定した上で、「①解析対象者を、黒い雨を体験したと回答した者のうち、その黒い雨を体験した場所（場所情報）を回答している者で、記憶の明確さを考慮して、調査時の年齢が71歳以上の者に限定し、また、解析精度を保持させるため、地区別回答者数が10人以上の場所のみを解析の対象（解析対象者は、降雨時間につき903人、時刻ごとの降雨の状況につき1413人、雨の強さにつき1378人）としたものであること…、②個人単位のデータの曖昧さの問題を織り込んだ統計処理をして、確率の概念を使って表示した解析結果であること…に照らすと、解析対象のデータが約1000人ないし約1500人分であり、滑らかさを前提に統計処理をしていることから、詳細な降雨状況の再現まではできていない…としても、黒い雨降雨域に係る大瀧の推定については、なお相応の信用性があるというべきである」として、「大瀧雨域については、広島原爆の投下後に黒い雨が降った蓋然性がある」としつつ、「上記のとおり留保されているのであるから、大瀧雨域の範囲外であるからといって、広島原爆の投下後に黒い雨が降らなかったとするのは相当ではない」とした。

　なお、被告らの「平成24年検討会報告書が、同じ地域において黒い雨の体験率が50％を超える地域は未指定地域…においては一部に限られること、特に爆心地から20km以遠においてデータが少ないこと、60年以上前の記憶によっており、正確性を十分に明らかにできなかったことから、黒い雨降雨域を決定することは困難であると判断したこと…を引用するなどして、正確性に疑義がある」との指摘について、広島高裁判決は、大瀧は、前記①及び②のような工夫や配慮をしながら検討をしたのだから、「より多くのより正確な記憶に基づくデータの収集をして、より精度の高い解析方法を執ることにより、別の結論が導かれたというのであればともかく、そのような試みさえされていないのに」、前述のような「一般論をもって

直ちに、大瀧雨域の正確性に疑義があるとするのは相当ではない」として、増田雨域に関する被告らの指摘と同様の理由で排斥した。

　なお、「同じ地域において黒い雨の体験率が50％を超える地域は未指定地域においては一部に限られる」という被告らの指摘について、広島高裁判決は、前記①「…のとおり、解析対象者が全員黒い雨を体験したと回答した者であり、時刻を特定しなければ、全地域の黒い雨の体験率が100％になってしまうことから、現実に存在する限られたデータに基づき、黒い雨の降雨域の地理分布の時間的な変化を求めるために、時刻を特定したときの体験率を求めたところ、そのような結果になったというだけであり、時刻ごとの黒い雨の体験率が50％を超える地域が未指定地域において一部に限られていることを殊更重視して、大瀧雨域の正確性に疑義があるとするのも相当ではない」として、排斥した。

　加えて、（ d ）原告らが依拠する、「黒い雨は、毎時約10ないし11kmの速度で北北西に移動する半径約18kmの水平原子雲によって、広島原爆の投下後1ないし2時間後に盛んに降ったものであるから、黒い雨降雨域は、爆心地北北西10kmほどの地点を中心とする半径約18kmの円の範囲内になると理解することができるところ、これは大瀧雨域と一致するとしている」旨の矢ヶ﨑意見について、被告らが「一般的な機序を述べたものにすぎず、具体的なシミュレーションや計算ソフトを用いて雲の広がりを計算したものではなく、原子雲と元々あった雲との識別方法も判然としないことから、科学的根拠が薄弱であり、単なる仮説にとどまる」と指摘していることについて、広島高裁判決は、「一般的な機序として不合理な点があることを何ら具体的に指摘することなく、また、改めて、具体的なシミュレーションや計算ソフトを用いて雲の広がりを計算することで、別の結論が導かれたというのであればともかく、そういうわけでもない…のに、科学的根拠が薄弱であり、単なる仮説にとどまるなどと軽々に断ずるのは相当ではない。…かえって、控訴人らが、…、上記の矢ヶ﨑意見について的確な反証をしていないところ、一件記録を精査しても、上記の矢ヶ﨑意見を排斥するに足りる的確な証拠が存在しないことに照らすと、上記

の矢ヶ崎意見は、一般的な機序として不合理な点のないものであり、少なくとも、検討の対象とすべき、相応の科学的根拠に基づく有力な仮説の一つと認めるのが相当である」と判示し、矢ヶ崎意見の信用性を肯定した。

他方で、（ｅ）被告らが設置した「黒い雨専門家会議報告書」について、広島高裁判決は、放影研の「原爆線量再評価　広島および長崎における原子爆弾放射線の日米共同再評価上」の記載を引用して、「広島原爆とネバダ砂漠で実施された核実験とでは、湿度の点で、気象条件に大きな差異があるから、広島原爆の気象シミュレーションを行うに当たっては、上記差異を適切に考慮する必要があると考えられるのに、黒い雨専門家医会議報告書の気象シミュレーションにおいては、『ネバダ核実験値』が用いられ…、砂漠地帯で原爆が爆発した場合の気象シミュレーションで用いられる『ストークスの式』が用いられており（…この点は…証人矢ヶ崎も指摘する。）、上記差異が適切に考慮されていない疑いがあるというべきである」こと、前述のとおり「検討の対象とすべき、相応の科学的根拠に基づく有力な仮説の一つ」である矢ヶ崎意見で言及されている「水平原子雲について何らの検討がされていないし、検討対象から除外することについての説明もない」ことを指摘し、「黒い雨専門家会議報告書の指摘する黒い雨降雨域の範囲については、気象シミュレーションの方法や検討内容において具体的な疑問が残るものといわざるを得ず、したがって、黒い雨降雨域が宇田雨域とほぼ同程度であるとする黒い雨専門家会議報告書は、にわかに信用することができない」と判示した。

イ　原告らの被爆者援護法１条３号該当性について

以上の黒い雨降雨域の検討を踏まえ、広島高裁判決は、原告らが「個別具体的に、広島原爆投下当日、どこに所在し、どのように黒い雨に遭ったか」について、基本的には、広島地裁判決の事実認定のとおり引用しつつ認定し、他方で、広島地裁判決が原告ら84名全員について11種類の障害を伴う疾病に罹患していると認定した部分を全て削除した上で、「いずれも、少なくとも、昭和20年８月６日午前8月15分の広島原爆投下後、黒い雨

降雨域（宇田雨域、増田雨域又は大瀧雨域のいずれかに属する地域）の各地に雨が降り始めてから降り止むまでのいずれかの時点で、黒い雨降雨域に所在していたと認められるから、黒い雨に遭った者ということができ、被爆者援護法1条3号の『原子爆弾が投下された際又はその後において、身体に原子爆弾の放射能の影響を受けるような事情の下にあった者』に該当する」と判示した。

第5 「黒い雨」訴訟の意義

1 はじめに

　これまで、「黒い雨」訴訟に至る経緯、第一審の審理経過と広島地裁判決の内容、控訴審の審理経過と広島高裁判決の内容をそれぞれ検討してきた。

　最後に、「黒い雨」訴訟を経て、これまで被爆者援護対象から除外されてきた多くの黒い雨被爆者が、被爆者認定をされるようになった今、このような結果をもたらした「黒い雨」訴訟をどのように捉えるべきか、その意義について、広島地裁判決と広島高裁判決に分けて、それぞれ考察したい。

2 広島地裁判決の意義

（1）　広島地裁判決は、原爆医療法から被爆者援護法に至る制定過程やその背景にある科学的知見を詳細に認定・検討した上で、被爆者援護法が、原爆放射線に起因する健康被害の特殊性に鑑み、国家補償的配慮等に基づき国の責任で被爆者援護の諸制度を規定していること、そして被爆者援護法が被爆者に対して健康診断等を行うと規定しているのも、健康被害を生ずるおそれがあるために不安を抱く被爆者に対して、広く健康診断等を実施することが、被爆者援護法の趣旨ないし理念に適合するからであるとして、直接被爆者・入市被爆者のみならず、原爆放射線により健康被害を生ずる可能性がある者は、3号被爆者とし

て被爆者認定されるべきという解釈を示した。そして、このような解釈を前提に、従前から3号被爆者とされてきた救護・看護被爆の場合だけでなく、黒い雨による被爆の場合にも、11種類の障害の発症を要件として、3号被爆者と認定されるべきとした。

　この判断の背景には、宇田雨域の強雨域の比較的爆心に近い地域を残留放射能濃厚地区として（特別）被爆地域に指定して、当該地域内に在った者を（特別）被爆者としただけでなく、健康診断特例措置と402号通達による切替制度に基づき、上記以外の強雨域に在り、11種類の障害を伴う疾病に罹患した者についても3号被爆者と認定される措置が講じられてきた事実と、これらの制度が前提とする、黒い雨に放射性微粒子が含まれており、黒い雨によって健康被害の可能性が認められるという科学的知見の存在があった。

　つまり、広島地裁判決は、健康管理手当の対象となる11種類の障害を伴う疾病を発症した黒い雨被爆者について、健康診断特例措置と402号通達による切替制度とパラレルに考えて、これらの制度を介さずに直接被爆者援護法1条3号を適用することで、3号被爆者として認定すべきという判断枠組みを示したといえる。

（2）　と同時に、広島地裁判決は、黒い雨降雨域に関する宇田雨域、増田雨域及び大瀧雨域といった研究結果を踏まえ、黒い雨降雨域は宇田雨域にとどまるものでなく、より広範囲に黒い雨が降った事実を確実に認めることができるとした。そして、黒い雨に放射性微粒子が含まれており、放射性微粒子を体内に取り込むことで健康被害の可能性が認められるというのであれば、宇田雨域の強雨域に限らず、小雨域や増田雨域及び大瀧雨域であっても、黒い雨に遭い、疾病に罹患した者は、類型的に原爆放射線により健康被害を生ずる可能性がある者として、3号被

爆者と認められるべきとしたのである。

（３）　このようにして、広島地裁判決は、宇田雨域の強雨域のみを
健康診断特例区域に指定し、それ以外の黒い雨被爆者を被爆者
援護施策の対象外としてきたこれまでの被爆者援護行政の線引
きの不合理性を浮き彫りにした。そして、健康診断特例措置
と402号通達による切替制度が前提する黒い雨に象徴される残
留放射線による内部被曝とそれによる健康被害の可能性に着目
し、それを宇田雨域の強雨域外にも押し及ぼすべきとしたもの
と評価することができる。

3　広島高裁判決の意義

（１）　広島高裁判決は、広島地裁判決の、黒い雨に象徴される残留
放射線による内部被曝とそれによる健康被害の可能性を、宇田
雨域の強雨域外にも押し及ぼし、援護対象を拡大するという方
向性を維持しただけでなく、広島地裁判決が検討し切れなかっ
た被爆者援護法１条３号の解釈をさらに精緻にし、健康診断特
例措置と402号通達との関係性を整理し、さらに、放射線等の
健康被害をもたらす有害物質による健康被害（公害）を検討す
る際に、どのような観点から科学的知見を用いるべきかという
視座を示したという意味で、歴史的な判決と評価できる。

（２）　まず、被爆者援護法１条３号の解釈について、広島高裁判決
は、積極的な釈明権の行使を通じて、当事者双方に主張・立証
を尽くさせることで、広島地裁判決以上に、原爆医療法から被
爆者援護法に至る制定過程やその背景にある科学的知見を詳細
に認定・検討した上で、被爆者援護法は、原爆放射線に起因す
る健康被害という特殊な戦争被害について、戦争遂行主体で
あった国の責任でその救済を図るという実質的に国家補償的配
慮が制度の根底にある法律であり、原爆放射線による健康影響
が完全には解明されていない中で、疾病の発症の不安におびえ

る被爆者の不安を一掃するという理念のもと制定されたものであることから、同法1条3号の「身体に原子爆弾の放射能の影響を受けるような事情の下にあった者」とは、「原爆の放射能により健康被害が生ずる可能性がある事情の下に置かれていた者」と解するのが相当であり、ここでいう「可能性がある」という趣旨をより明確にして換言すれば、「原爆の放射能により健康被害が生ずることを否定することができない事情の下に置かれていた者」であると解され、これに該当すると認められるためには、その者が特定の放射線の曝露態様の下にあったこと、そして当該曝露態様が「原爆の放射能により健康被害が生ずることを否定することができないものであったこと」を立証すれば足りるとした。つまり、被爆者援護法1条3号の要証事実は、特定の放射線の曝露態様の下にあったことと、当該曝露態様が原爆放射線による健康被害が生ずることを否定できないことであると明示したのである。

　そして、広島原爆の投下後の黒い雨に遭ったという曝露態様は、黒い雨に放射性降下物が含まれていた可能性があったことから、たとえ黒い雨に打たれていなくても、空気中に滞留する放射性微粒子を吸引したり、地上に到達した放射性微粒子が混入した飲料水・井戸水を飲んだり、地上に到達した放射性微粒子が付着した野菜を摂取したりして、放射性微粒子を体内に取り込むことで、内部被曝による健康被害を受ける可能性があるものであったから、「原爆の放射能により健康被害が生ずることを否定することができないものであったこと」が認められるとして、黒い雨に遭った者は、放射線による健康被害が生ずることが否定できないと認められるので、3号被爆者と認定すべきとして、黒い雨に遭ったことのみをもって、被爆者と認められるべきとした。

（3）　そうすると、健康診断特例措置と402号通達による切替制度

や、それとパラレルに考えて黒い雨に遭い疾病を発症した者を
3号被爆者と認定すべきとした広島地裁判決と、広島高裁判決
の関係が問題となる。

　これについて、広島高裁判決は、不安の一掃を図ることを目
的として幅広く実施することとされたのが正に原爆医療法や被
爆者援護法により行う健康診断であるから、黒い雨に遭った者
については、本来、3号被爆者に該当するものとして被爆者健
康手帳を交付すべき者であったにもかかわらず、敢えて、その
交付をしないで健康診断特例措置の対象者とした疑いが強く、
被爆者援護法1条3号の意義の解釈に当たって健康診断特例措
置が設けられたことを参照することは、解釈を誤らせるおそれ
が大きいとして、健康診断特例措置と402号通達を用いるなど
した、広島地裁判決は「失当である」と判示したのである。

（4）　　以上のとおり、広島高裁判決は、被爆者援護法1条3号につ
いて精緻な解釈を展開することで、被爆者援護法の援護対象と
なる被爆者は、原爆放射線による健康被害を生ずることが否定
できないものであるということを明示した。

　と同時に、黒い雨に放射性微粒子が含まれていた可能性が認
められるので、黒い雨が降った地域で生活し、黒い雨に遭った
者について、放射性微粒子を体内に取り込む内部被曝による健
康被害の可能性があることを認めるものである。つまり、黒い
雨と放射性微粒子との関連性と、黒い雨による内部被曝という
放射線被曝の態様を前提として、放射線によるDNAの突然変
異や、染色体変異により引き起こされる確率的影響を考慮し
て、黒い雨に遭ったという事実（曝露態様）から健康被害の可
能性を肯定するものである。

　これは、内部被曝という放射線被曝の態様を認めながら、確
率的影響を無視し、個々の被爆者の被曝線量に固執して、健康
被害の影響を否定しようとする国・行政の姿勢と対極に位置す

るものである。

　そして、放射性微粒子を体内に取り込むことで健康被害を生ずることが否定できない以上、希望する者には、健康診断等の措置を講じ、医療が必要になれば医療を施し、手当を支給することで生活を保障し、不安を解消するように努めるという被爆者援護法で規定された施策は、広島・長崎の原爆被害のみならず、福島第一原発事故による原発被害をも経験することになった我が国で、求められるべき視座であるといえる。

（5）　のみならず、広島高裁判決は、放射線等の健康被害をもたらす有害物質による健康被害（公害）を検討する際に、どのような観点から科学的知見を用いるかという視座を示している。

　この点、国・行政は、広島・長崎の原爆被害のみならず、福島第一原発事故などの原発被害や、広くは水俣病等の有害物質による公害被害など、科学的知見の妥当性や射程が問題となる事例において、科学的知見を、被害を矮小化し救済範囲を狭める方向で用いる傾向にあったといえる。

　しかし、広島高裁判決は、科学的知見を以下のように用いるべきと指摘する。すなわち、「科学的知見を踏まえることが重要であることは当裁判所ももとより否定するものではないが、被爆者援護法１条３号の『身体に原子爆弾の放射能の影響を受けるような事情の下にあった者』に該当するか否かの判断に当たっては、原爆の放射能により健康被害が生ずることを否定することができるか否かという観点から、科学的知見を用いるべきであり、例えば、それまで原爆の放射能により健康被害が生ずることを否定することができると考えられていたけれども、最新の科学的知見により、その結論に疑義が生じたというのであれば、被爆者援護法１条３号の『身体に原子爆弾の放射能の影響を受けるような事情の下にあった者』に該当するという結論を導く方向で用いるべきである。」というのである。

　　すなわち、最新の科学的知見により健康被害が生ずることを否定することができなくなった、つまり健康被害の可能性が生じたのであれば、被爆者認定して、健康診断・指導といった健康管理の対象とすることで、当該対象者の不安を一掃するような措置を講ずるべきであるというのである。

　　これこそが、広島・長崎の原爆被害のみならず、福島第一原発事故による原発被害も経験することになった我が国で、取り入れられるべき視座であり、さらには、放射線被害のみならず、広く有害物質による公害被害のあるべき被害者救済を検討する際にも取り入れられるべき視座であるといえる。

　　このように放射線等の健康被害をもたらす有害物質による健康被害（公害）とそれに対する被害救済を検討する際に、どのように科学的知見を用いるべきかという視座を示したという意味で、広島高裁判決は、歴史的な判決と評価できるのである。

【注】
（1）判例時報 2488・2489 号 16 頁、裁判所ウェブサイト
（2）被告は広島市及び広島県であるが、第一審の早期の段階で、行政庁の訴訟参加の規定（行政事件訴訟法 23 条 1 項）に基づき、厚生労働大臣が被告側に参加人として訴訟参加していた。
（3）参加人も控訴権限を有している（行政事件訴訟法 23 条 3 項・民事訴訟法 45 条 1 項）ところ、厚生労働大臣も控訴人に名を連ねた。
（4）判例時報 2521 号 5 頁、賃金と社会保障 1793・1794 号 38 頁、裁判所ウェブサイト
（5）首相官邸ホームページ
　　（https://www.kantei.go.jp/jp/99_suga/discourse/20210727danwa.html）
（6）厚生労働省健康局長は 2022 年 3 月 18 日付けで、通知「『黒い雨』被爆者健康手帳交付請求等訴訟の『原告』と同じような事情にあったと認められるものの取扱いについて」（健発 0318 第 8 号）を発し、地方自治法 245 条の 9 の規定に基づく処理基準とした。各行政庁はこの処理基準を踏まえて審査基準（行政手続法 5 条 1 項）を策定している。
（7）被爆者援護法施行令 51 条で規定される造血機能障害、肝臓機能障害、細胞増殖機能障害、内分泌腺機能障害、脳血管機能障害、循環器機能障害、腎臓機能障害、水晶体混濁による視機能障害、呼吸器機能障害、運動器機能障害、潰瘍による消化器機能障害の各障害を伴う疾病
（8）1945 年 8 月 9 日に長崎市に原爆が投下された後にも、広島と同様に「黒い雨」が発生

したが、本稿では便宜上、広島原爆投下後の雨を「黒い雨」と呼ぶこととする。なお、前掲注6の処理基準では、長崎原爆投下後の「黒い雨」に遭ったいわゆる「被爆体験者」は救済の対象外とされたため、長崎の切り捨てとして、問題となっている。

（9）原爆医療法4条は、被爆者に対する健康診断に関する規定である。

（10）当初は健康管理手当の対象疾病が10種類であったが、後に「潰瘍による消化器機能障害」が追加され、合計11種類となった。

（11）日本気象学会刊行『天気』No.36.2号所収
（https://www.metsoc.jp/tenki/pdf/1989/1989_02_0069.pdf）

（12）https://www.city.hiroshima.lg.jp/uploaded/attachment/50900.pdf

（13）橋本龍太郎厚生大臣が1979年6月に原爆被爆者対策の基本理念及び基本的在り方について、広く国民的合意の得られる結論を得るために設置したもの。委員は、大河内一男東京大学名誉教授（経済学・社会政策、社会保障制度審議会会長）、緒方彰NHK解説委員、茅誠司東京大学名誉教授（物理学）、久保田きぬ子東北学院大学教授（憲法学）、田中二郎元最高裁判所判事（行政法）、西村熊雄元フランス大使（条約局長、サンフランシスコ平和条約、日米安保条約締結の事務担当、原子力委員会委員、答申が提出された時には既に逝去）、御園生圭輔原子力安全委員会委員（原爆被爆者医療審議会長）という錚々たる顔ぶれであった。

（14）弁護団員は、廣島敦隆（団長、35期）、足立修一（43期）、池上忍（43期）、竹森雅泰（事務局長、60期）、端野真（60期）、橋本貴司（61期）、松岡幸輝（63期）、佐々井真吾（64期）の各弁護士である。なお、廣島敦隆団長は、2022年9月5日逝去された（享年77歳）。

（15）健康診断特例措置は原爆医療法附則3項に規定されていたが、被爆者援護法の制定に伴い、被爆者援護法附則17条にそのまま引き継がれた。なお、402号通達による切替制度についても、同様に被爆者援護法の制定後も引き継がれた。

（16）裁判所ウェブサイト。なお、秋葉忠利広島市長（当時）は、判決が下された当初から、「本判決は人道的な判決であり、広島市としては控訴はしたくない。その立場で、国・厚労省との話合いに臨みたい。」と記者会見で述べ、控訴期限の前日である2009年4月7日、原告らとの面会に臨み、控訴しないことを伝え、原告ら1人1人にその場で手帳を交付した。その後、広島市は審査基準の改定に着手し、判決に沿った審査基準に改定された。

（17）集団訴訟の第1回期日指定としては、異例の早さとなったのは、訴状において「戦後70年をむかえ、原告らは全員70歳以上と高齢となった。原告らに残された時間は僅かしかない。原告らは、これらの事情に鑑みて、速やかに公正・適正な審理・判決を求める」と記載したことを受けてのことと思われる。そのためか、広島県と広島市が訟務検事ら法務省の職員を指定代理人に選任する手続が間にあわず、答弁書は広島県と広島市が別々に提出した。

（18）なお、被告らは人証申請すら行わず、被告側の人証取調べは行われなかった。

（19）原告団副団長の松本正行は、2019年10月21日の本人尋問で陳述したが、結審後に体調を崩し、2020年3月8日、94歳で逝去された。

（20）ちなみに、被告らが「100mSv閾値論」の根拠として第一審において提出したのは、国立研究開発法人放射線医学総合研究所作成の「放射線被ばくの早見図」（https://www.nirs.qst.go.jp/data/pdf/hayamizu/j/20160401.pdf）だけであった。

(21)　民集 32 巻 2 号 435 頁、裁判所ウェブサイト

(22)　民集 71 巻 10 号 2364 頁、裁判所ウェブサイト

(23)　科学的知見については、矢ヶ﨑、大瀧の証人尋問等の他、湯浅正恵・広島市立大学教授作成の意見書「「黒い雨」による内部被曝」で立証した。

(24)　宇田らの残した手書きの原爆被害調査メモを、向井均氏（広島市立大学大学院国際学研究科（平和学）在籍）に解読・転記してもらい、証拠として提出した。

(25)　柳田邦男著『空白の天気図』（文春文庫）

(26)　講演録「気象台から見た原爆・黒い雨」（生協原爆被害者の会・広島医療生活協同組合編集・発行『被爆体験記　ピカに灼かれて　第 12 集』所収）

(27)　馬場雅志・広島市立大学大学院情報科学研究科講師らによる「広島原爆きのこ雲からの高さ推定」によって、広島原爆の原子雲の写真の解析の結果、原子雲の高さは約 16km と推定された。他方、気象シミュレーションでは原子雲の高さを 8 km としている。

(28)　以上の（ａ）黒い雨と放射性微粒子の関係については、矢ヶ﨑意見書等によって立証した。

(29)　既述のとおり、被爆者援護法 1 条 3 号について、原告らは、身体に放射線の影響を受けたことを否定できない事情が存するか否かで判断すべきと主張していたので、疾病の罹患を要件とは考えていなかった。もっとも、上記事情を裏付ける間接事実の一つとして、黒い雨被爆後の身体に現れた症状や疾病について主張していたが、陳述書等で供述するのみで、診断書の提出までは行っていなかった。

(30)　ただし、橋本病と言われ甲状腺の手術歴があり通院中である旨の主張はしていた。

(31)　2004 年の行政事件訴訟法の改正により、行政訴訟の審理の充実・促進という観点から、裁判所に対し釈明処分の特則（同法 23 条の 2 ）が法定されたが、広島地裁の訴訟指揮は、まさに上記改正の趣旨を踏まえたものと評価できる。

(32)　診断書を提出するに至った経緯については、前記（3）エ記載のとおりである。

(33)　民事訴訟法規則 182 条によれば、控訴理由書の提出期限は控訴提起後 50 日以内とされている。「黒い雨」訴訟では 2020 年 10 月 1 日が 50 日目に当たるところ、裁判所は、同日、第 1 回期日の期日指定等の照会を両当事者に行い、同年 11 月 9 日ないし 18 日が候補日として記載されていた。裁判所の早期審理の意向が窺われる。

(34)　2018 年 12 月 10 日判決・裁判所ウェブサイト

(35)　田村和之「原爆『黒い雨』被爆者裁判・広島地裁 2020 年 7 月 29 日判決」（「賃金と社会保障」1771 号）注 17、19 参照。

(36)　前掲注 6 記載の処理基準を踏まえ、2022 年 4 月以降、新指針に基づく運用が開始されているところ、新指針では黒い雨に遭ったことだけでなく、11 種類の障害を伴う疾病に罹患していることを要件としている。控訴理由書における被告らの（ｅ）（ｆ）主張とは矛盾した対応をしている。

(37)　当該記載は、第 1 回口頭弁論調書の記載内容そのままである。

(38)　前掲注 31 で言及したとおり、広島高裁の訴訟指揮も、広島地裁と同様、2004 年の行政事件訴訟法の改正の趣旨を踏まえたものと評価できる。

(39)　原告らは、第一審において、厚生労働省に対して行政文書開示請求を行って入手した現存する 12 回分の基本懇の会議の速記録を証拠として提出した。そして田村和之・広

島大学名誉教授の論考「原爆被爆者対策基本問題懇談会 – 何が語られ、「報告」はどのようにつくられたか」(「賃金と社会保障」No.1730.51頁所収)、湯浅正恵・広島市立大学教授の意見書「「黒い雨」被爆者の認定を阻む「科学的・合理的な根拠」」を提出し、厚生労働省が基本懇の審議内容が問題のある内容であることを自白していること、基本懇報告の「科学的・合理的な根拠」という言葉は、厚生省が被爆地域拡大の要求を阻止する歯止めとして入れたに過ぎないこと、むしろ基本懇は「必要の原則」に従って適正妥当な救済措置を講ずべきことを求めていること等を主張していた。

(40) 甲69及び甲70は、前掲注24で記載した宇田らの手書きによる原爆被害調査メモと、向井氏による転記の証拠番号である。

❹原爆「被爆者」の概念について
──放射能影響被爆者（三号被爆者）を中心に── 田村 和之

はじめに

　広島・長崎の原爆被爆者は、被爆者援護法による各種の援護給付を受けることができる。この給付は、同法にいう「被爆者」と認められて被爆者健康手帳を交付された者に対して行われる。

　被爆者援護法1条は、第1号ないし第4号に4種類の「被爆者」を定める。

　「（被爆者）第1条　この法律において「被爆者」とは、次の各号のいずれかに該当する者であって、被爆者健康手帳の交付を受けたものをいう。

　　一　原子爆弾が投下された際当時の広島市若しくは長崎市の区域内又は政令で定めるこれらに隣接する区域内に在った者

　　二　原子爆弾が投下された時から起算して政令で定める期間内に前号に規定する区域のうちで政令で定める区域内に在った者

　　三　前二号に掲げる者のほか、原子爆弾が投下された際又はその後において、身体に原子爆弾の放射能の影響を受けるような事情の下にあった者

　　四　前三号に掲げる者が当該各号に規定する事由に該当した当時その者の胎児であった者」

　第1号の「被爆者」は「直接被爆者」、第2号は「入市被爆者」と呼ばれ、第3号は「救護被爆者」または「三号被爆者」と呼ばれるが、第3号の規定ぶりからいえば、むしろ「放射能影響被爆者」と呼ぶほうが適切である（以下ではこの文言を用いる）。第4号は「胎内被爆者」と呼ばれている。「黒い雨」訴訟の広島地裁判決および同高裁判決は、「黒い雨」に遭った者である原告らを第3号の「放射能影響被爆者」に該当すると判断した。

　これら4種類の「被爆者」は、原爆医療法により定められ、そのまま現

行法の被爆者援護法に受け継がれている。「被爆者」のうち数がもっとも多いのは第1号の直接被爆者であり、1960年3月末における広島市の全被爆者数に占める割合は91.7％であった。その後、他の「被爆者」の割合が増加し、直近の2022年3月末の広島市における直接被爆者の割合は59.8％である。

　原爆被爆から78年、原爆医療法の制定から66年がたち、被爆者の平均年齢は84歳（最小年齢は77歳）になっているが、「黒い雨」に遭った者は、これまで「被爆者」とされず、被爆者健康手帳を取得できなかったため、原爆医療法・被爆者援護法による援護から疎外されてきた。なぜこのような事態になったのかについて、本稿では、「被爆者」という法概念の形成の経緯、理解のしかた・捉え方に一因があったのではないかとの問題意識のもとで、「被爆者」の概念、とりわけ放射能影響被爆者の概念に焦点をあてて考察する。

Ⅰ　「被爆者」概念の形成

　まず「被爆者」という法律上の概念がどのように形成され、どのような意義を有するかについて、その概要を述べる[1]。

1　原爆医療法の制定以前――原爆傷害者・障害者

　日本占領統治末期の1951年秋ごろ、戦傷病者戦没者遺族等援護法の制定の動きが明らかになると、広島市は政府や国会に対し、原爆により死亡した動員学徒や国民義勇隊員の遺族を同法の適用対象とすることを求めて請願・陳情を行う。翌年1月、この法律案の成立を見越して広島県・市が行った原爆による死没者の調査に併せ、広島市は「原爆による傷害者調査」を行った。この結果、4,038人の身体障害者（うち9割以上が外科的障害者）の存在が判明した。これ以降、同市は原爆障害者に対する治療支援に取り組む。1954年5月25日、広島市議会は「原爆障害者治療費全額国庫負担に関する決議」、同月28日、広島県議会は「原爆障害者治療費全額国庫負

担要望について」という決議を採択した。同年10月5日、浜井広島市長および田川長崎市長は衆議院地方行政委員会に参考人として出席し、原爆障害者治療について切々と訴えた。同年9月発行の広島市『原爆障害者治療対策の概況』は「原爆障害要治療者数を数千と推計しているが、内科的障害者が増加している」と述べている。1955年9月に広島市が政府に宛てて提出した「原爆障害者治療費等に関する陳情書」では、「被爆生存者9万8,000人、原爆障害者6,000人を有する本市」とし、「9万8,000の被爆者の健康管理は最も緊急を要するもの」とした。1956年12月12日、衆議院本会議は「原爆障害者の治療に関する決議」を採択した。

　以上のように、占領期から1950年代の中ごろまでは、原爆被爆による身体被害を受けた者を表す言葉は「傷害者」「身体障害者」（その中心は「外科的障害者」）であった。原爆による身体の傷害・障害は、原爆の破壊力のうち主に熱線と爆風によりもたらされる。熱線、爆風の威力は爆心地からの距離が遠ざかれば衰退するので、原爆による傷害・障害は、爆心地近くにいた者を中心に発生したといってよい。

　この頃は、主に外見上の傷害・障害を有する者を原爆による被害を被った者と認識していたことが窺われる。このような原爆被害のとらえ方は、のちに法定化される「被爆者」の理解に影響を与えることになる。

　原爆傷害者・障害者の治療支援に取り組む中で、やがて「内科的障害者」の存在が明らかになり、被爆生存者全体の治療と健康管理の必要性が認識されるようになる。

2　原爆医療法の制定へ向けて
　その後、原爆医療法の制定へ向けた動きが出てくる。その構想および法案において、「被爆者」がどのようにとらえられているかを概観する。

（1）原爆障害者、被爆者—広島市・長崎市連名案
　1956年11月、広島市と長崎市は連名で「原爆障害者援護法案要綱（試案）」を添付した「原爆障害者援護法制定に関する陳情書」を関係各署に提出し

た。この法案要綱は「原爆障害者とは……原子爆弾の影響により受けた政令で定める障害を有する者をいう」、「被爆者とは……原子爆弾が投下された時又はそれに引続く政令で定める期間内に、政令で定める区域内にあった者及びその者の胎児であった者をいう」として、「原爆障害者」（原爆の影響による傷病を有する者を指す）には医療を行い、原爆投下時またはその後の一定の期間内に一定の区域内にあった「被爆者」には健康管理を行うとした。ここでいう「被爆者」とは原爆に遭遇したが、いまだ障害を発症していない者を指していると思われる。

　以上のように、この案では、「原爆障害者」と「被爆者」とが区別して用いられている。

（2）厚生省による原爆医療法案
①原爆被爆者の医療等に関する法律案（第1次原案）
　厚生省は、1956年12月12日付けで「原爆被爆者の医療等に関する法律案（第1次原案）」を作成し、被爆者を次のように定義した。
　　「第2条　この法律において『被爆者』とは……原子爆弾を投下された時広島市及び長崎市及び政令で定めるこれに隣接区域内にあった者（当時その者の胎児であった者を含む）並びに原子爆弾が投下された時以後に爆心地……附近に立ち入った者等政令で定める者であって、都道府県知事の登録を受けた者をいう。」
　この案では、原爆による障害を有しているかどうかでなく、ⓐ原爆投下時に広島市内・長崎市内およびその隣接区域内にいたかどうか、ⓑ原爆投下後爆心地付近に立ち入ったかどうか、により被爆者を定義しようとしている(2)。つまり、時（投下時、投下時以後）および所在場所（広島・長崎市内、爆心地付近など）に着目して被爆者を定義しようとしている。以後、このような「被爆者」定義が採用される。

②原爆被爆者の医療等に関する法律案要綱（第7次案）
　厚生省は、翌年1月9日付けの「原爆被爆者の医療等に関する法律案要

綱（第7次案）」において、「この法律において『被爆者』とは……原子爆弾が投下された時……に広島市、長崎市又は政令で定める地域……内にあった者（当時その者の胎児であった者を含む）、及びこれに準ずる者で政令で定めるもの等であって、健康手帳の交付を受けたものをいうこと」（第1総則第2項）とした。

この案で注目すべきは、「これに準ずる者」を加えたことである。前述①の⑧および⑤では把握できない被爆者が存在すると認識し、「準ずる者」という文言で捉えようとしている。この「準ずる者」が、次の③案では独立した規定となる。

③原子爆弾被爆者の医療等に関する法律案（途中整理案）

厚生省は、1957年1月頃、「原子爆弾被爆者の医療等に関する法律案（途中整理案）」を作成し、その第2条で「被爆者」を次のように定義した。

「一　原子爆弾が投下された際当時の広島市若しくは長崎市の区域内又は政令で定めるこれらに隣接する区域内にあった者及び当時その者の胎児であった者

二　原子爆弾の投下された時から起算して政令で定める期間内に前号の区域のうちで政令で定める区域内にあった者

三　前二号に掲げる者のほか、これに準ずる状態にあって、原子爆弾による放射線の影響を受けたおそれがあるとして政令で定めるもの」

この案では、②案の「これに準ずる者」が「これに準ずる状態にあって、原子爆弾による放射線の影響を受けたおそれがある」者に改められ（3号）、現在の「放射能影響被爆者」の原形となる。

この案の第1号（「及び」以下を除く）および第2号では「原子爆弾による放射線の影響を受けたおそれがある」者を時と所在場所で類型化したことが明確になるとともに、類型化できないその他の者を第3号で定め、捕捉しようとしている。

④原子爆弾被爆者の医療等に関する法律案

厚生省による1957年2月7日付けの「原子爆弾被爆者の医療等に関する法律案」は、第2条で「被爆者」を次のように定義した。

「一　略（成立法と同じ（前掲））

　二　略（成立法と同じ（前掲））

　三　前二号に掲げる者のほか、原子爆弾の傷害作用の影響を受けたおそれがあると考えられる状態にあった者

　四　前各号に掲げる者が当該各号に該当した当時その者の胎児であった者」

第1号および第2号は成立法と同じであり、第4号は成立法と文言は異なるが趣旨は同じである。

この案の第3号では③案にあった「準ずる状態」が削られ、本号が第1号および第2号の補足的なものでないことが明確となり、また、「原子爆弾による放射線の影響を受けたおそれがある」が「原子爆弾の傷害作用の影響を受けたおそれがあると考えられる状態」に改められ、さらに、「政令で定める」が削られた。つまり、この案では、第3号の被爆者を時と所在場所によらずに定義し、また、政令の定めにより限定しないことにしている。

なお、この第3号は、内閣法制局により1957年2月7日付けで成立法と同じ規定に修正されたが、法意の変更はなかったとされる。

3　制定された原爆医療法における「被爆者」

1957年2月、内閣は原爆医療法案を国会に提出した（同年3月31日成立、翌日から施行）。同年2月22日、神田博厚生大臣は、次のように提案趣旨を説明した

「原子爆弾による被爆者は、十余年を経過した今日、なお多数の要医療者を数えるほか、一見健康と見える人におきましても突然発病し死亡する等、これら被爆者の健康状態は、今日においてもなお医師の綿密な観察指導を必要とする現状であります。しかも、これが、当時予

測もできなかった原子爆弾に基くものであることを考えますとき、国としてもこれらの被爆者に対し適切な健康診断及び指導を行い、また、不幸発病されました方々に対しましては、国において医療を行い、その健康の保持向上をはかることが、緊急必要事であると考えるのであります。（略）被爆者の現状にかんがみますれば、今後全国的にこれが必要な健康管理と医療とを行い、もってその福祉に資することといたしたいと考え、ここに原子爆弾被爆者の医療等に関する法律案を提出した次第であります。次に、その要点について簡単に御説明いたしたいと存じます。

　　第一は、原子爆弾が投下された当時広島市長崎市に居住していた者その他原子爆弾の放射能の影響を受けていると考えられる人に対しまして、その申請に基き都道府県知事において被爆者健康手帳を交付し、毎年健康診断及び必要な健康上の指導等の健康管理を行うことにより、疾病の早期発見その他被爆者の健康の保持をはかることとしたのであります。（以下、略）」[3]

同年３月25日、厚生省山口正義公衆衛生局長は、同法案２条各号の「被爆者」について次のように説明した。

　「この法律を適用されます被爆者と申しますのが一、二、三、四に該当するものでございまして、第一は、投下されたそのときに、広島市、長崎市または政令で定める区域——これは爆心地から大体五キロくらいの区域を考えておるわけでございます。

　　それから第二は、その爆弾が投下されたときには、この広島市、長崎市にはおりませんでしたけれども、……二週間の期間の間に入ってきて、そうして遺骨を掘り出したとか、あるいは見舞にあっちこっち探して回ったとかいうような人を考えております。その際には、爆心地から二キロくらいというふうに考えております。……

　　第三は、その一にも二にも入りませんが、たとえば投下されたときに、爆心地から五キロ以上離れた海上で、やはり輻射を受けたというような人も、あとでいわゆる原子病を起してきております。そういう

人を救わなければならないということ、それからずっと離れたところ
で死体の処理に当った看護婦あるいは作業員が、その後においていろ
いろ仕事をして、つまり二の方は二キロ以内でございますが、それよ
りもっと離れたところで死体の処理をして、原子病を起してきたとい
うような人がありますので、それを救うという意味で三を入れたわけ
でございます。
　　それから第四は胎児でございます。」(4)
　ついでながら、厚生省公衆衛生局「原子爆弾被爆者の医療等に関する法
律案予想質問事項」（以下「予想質問事項」という）における「被爆者」
に関する説明の全文を紹介しておく。
「問九　広島市長崎市に隣接する区域とはどの程度を考えているか
　答　爆心地（広島市細工町、長崎市松山町）よりおおむね五粁の範囲
　　　が妥当であろうという学者の意見でありますのでその程度を考え
　　　ております。
　問十　投下以後の政令で定める期間、政令で定める区域とはどのよう
　　　なものを考えているか
　答　学者の意見によりまして投下後約二週間、爆心地より二粁程度を
　　　考えております。
　問十一　身体に原子爆弾の放射能の影響を受けるような事情の下に
　　　あった者とは例えばどういうものをいうか
　答　例えば投下後に爆心地より三粁の地点において患者の収容に当
　　　たった看護婦が発病したというような事件もあるといわれており
　　　ますので、このようなことを考慮して規定をおいた次才でありま
　　　す。要するに原爆の放射能の影響も未だ完全に究明されておらな
　　　い現状でありますので、このような例についてもこの法律による
　　　医療等を受け得るようにするため、かような規定を設けたわけで
　　　あります。」(5)

4 小括

　原爆医療法の成立過程を振り返ると、当初、ケロイドや四肢の障害など
の外見的傷害あるいは運動機能的な障害（外科的障害）をもつ者が「原爆
障害者」とされていた。その後、内科的な障害を有する者、あるいは、現
時点では問題はなくてもやがて疾病を発症する可能性がある者を「被爆者」
とするようになる。厚生省による原爆医療法案の起案過程になると、「原
爆障害者」と「被爆者」は区別されなくなる。この当時、被爆者とは原爆「被
害者」であり、実際に傷病・障害を有する者、あるいは、将来確実に傷病
を発症するとみられる者を念頭においたものであった。

　第1号の直接被爆者および第2号の入市被爆者は、時（原爆の投下の際、
政令の定める期間内）と所在場所（広島市内・長崎市内、隣接区域内）に
より類型化された概念であり、裁量の余地はほとんどない。したがって、
これに該当するかどうかの判断は容易である。「被爆者」のように該当者
が多数いると想定されるものを裁量の余地のない概念で定め、該当性判断
を容易にできるようにしたことは、被爆者の権利を保障しようとする法律
のあり方として適切である。しかし、類型化にあたり用いられた時と所在
場所が適切でなかったときは、類型化された「被爆者」概念の妥当性が問
われることになる[6]。

　前述のように、神田厚生大臣は、「（原爆医療法は）原子爆弾が投下され
た当時広島市長崎市に居住していた者その他原子爆弾の放射能の影響を受
けていると考えられる人」を対象とする法律であると説明した。これに従
えば、直接被爆者と入市被爆者は、「原子爆弾の放射能の影響を受けてい
ると考えられる人」を類型化したものであるということができる。

　原爆医療法の制定当時、直接被爆者および入市被爆者、とりわけ前者が
「被爆者」の中核をなすものであると考えられていたが、ほかにも原爆放
射能の影響を受けた者がいると認識され、第3号の放射能影響被爆者が定
められた。この意味で、それは補足的・補充的なものであった。そのため、
全被爆者に占める放射能影響被爆者の割合は小さく、広島市の場合、1960
年3月末時点では1.75％でしかなかった[7]。

放射能影響被爆者は類型化されていない概念であり、裁量の余地が認められる。後述のように、この概念は、かなり広く被爆者を捕捉できるものであるが、当初、このような発想は存在しなかったようである。

Ⅱ　直接被爆者

原爆医療法2条1号（被爆者援護法1条1号）の「被爆者」は、被爆当時の広島市・長崎市の区域内または政令で定める隣接区域内（以下、これらの区域を「直接被爆区域」という）にあった者であり、一般には「直接被爆者」と呼ばれている。この呼称には、原爆爆発により発せられたエネルギー（衝撃波、爆風、熱線、放射線）をほぼ瞬時に（直接）受けて被害を被った者という意味が込められている。前述のように、原爆医療法の成立に至る過程で注目されたのは、外見的あるいは運動機能的障害を有する「原爆障害者」であったが、これらの者が「直接被爆者」の中核部分を構成した。また、内科的障害などを有する者（主として放射線によるものと考えられる）も、「直接被爆者」に該当すると認識されるようになったことは前述した。原爆医療法制定後しばらくの間、被爆者全体の中で占める割合は直接被爆者がもっとも高かったことは前述のとおりである。

原爆爆発による破壊エネルギーは、爆心地からの距離により同心円状に及ぶとされ、原爆医療法および被爆者援護法は、これらのエネルギーのうち放射線による被害に着目している。原爆爆発により発せられた初期放射線の到達距離は爆心地から2.5kmほどであると考えられているが、実際には「余裕」をみて広島市・長崎市の区域外であっても、同法施行令別表では爆心地から約5kmの地域までを直接被爆区域と指定している。

被爆当時の広島市・長崎市の全区域が直接被爆区域とされたため、爆心地からの距離が広島市では約10km（現在の南区似島）、長崎市では約12kmの地域にいた者も直接被爆者とされた。このように同法が定めたのは、同じ地方自治体の区域内で「被爆者」該当・非該当の区別を行うことは、政治的・行政的見地からみて適切でないとの配慮によったためと説明

されている⁽⁸⁾。

　この点で注意しなければならないのは、当時の長崎市の区域は南北に幅広く、東西に狭かったことである。そのため、東西方向では、爆心地から5km以上離れた地域が直接被爆区域とされなかった。この不均衡の是正が、その後の直接被爆区域の拡大を求める運動の動機であり、目標になっている。

Ⅲ　特別被爆者

　1960（昭和35）年の原爆医療法の改正（法律136号）により、「被爆者」のうち「原子爆弾の放射線を多量に浴びた被爆者で政令で定めるもの」を「特別被爆者」とした（改正後の同法14条の2）⁽⁹⁾。特別被爆者には「特別被爆者健康手帳」が交付され（原爆医療法施行規則の厚生省令24号による改正）、他の被爆者には（一般）被爆者健康手帳が交付された。

　この法改正に伴い原爆医療法施行令が改正され（政令224号）、次の者が特別被爆者とされた。

　「爆心地から2キロメートルの区域内に在った者」（6条1号）

　「原爆医療法8条による原爆症の認定を受けた者」（6条2号）

　「爆心地から2キロメートル以遠で直接被爆し、かつ、爆心地から2キロメートル以内に入った者で、健康診断の結果、造血機能障害、肝臓機能障害その他厚生大臣が定める障害があると認められた者」（6条3号）⁽¹⁰⁾

　「特別被爆者」の法定は、被爆者の概念の変更、範囲の拡大ではなく、被爆者の中の一部の者を特別被爆者と位置づけ、この者にのみ一般疾病医療費を支給するとしたものである⁽¹¹⁾。したがって、この法改正は、事実上「被爆者」を特別被爆者とそれ以外の被爆者（一般被爆者）に区別し（「被爆者」の二元化）、給付内容に大きな差異を設けたものであった。

　その後、特別被爆者の範囲の拡大、給付の拡充が続く。1962年の原爆医療法施行令の改正（政令89号）により、前記の2キロメートルの「距

離制限」が3キロメートルに改められた（6条1号）。1964年の改正（政令47号）では、健康診断の結果、造血機能障害、肝臓機能障害などがあると認められた者は特別被爆者に当たるとされた（6条3号）。1965年改正（政令311号）による別表第3の追加で、爆心地から3キロメートル以遠の地域（広島市の7地域および祇園町の3地域で、いずれも「黒い雨」降雨域。長崎市の51地域）が特別被爆区域（残留放射能濃厚地区）とし、これらの地域にあった者が特別被爆者とされた。

　1968年制定の原爆特別措置法は、一定の条件を満たす特別被爆者に健康管理手当を支給することにした（5条）。翌年7月の同法改正（法律65号）では、特別被爆者が死亡したときに葬祭料を支給するとした（9条の2）。

　1971年4月の原爆医療法施行令改正（政令53号）により、長崎市の出島町ほか50町が特別被爆区域に加えられた。

　1972年5月の同法施行令改正（政令134号）により別表第1が改正され、新たに「黒い雨」強雨域である旧祇園町（現在広島市安佐南区）の東山本など4地域を直接被爆区域とされ[12]、また別表第3が改正され、この4地域は特別被爆区域とされた。

　以上のような特別被爆区域の拡大などにより特別被爆者は増加し、1974年3月には全被爆者34万9,177人のうち約88％の30万7,429人が特別被爆者であった。

　特別被爆者制度は14年間実施された後、1974（昭和49）年6月の原爆医療法および原爆特別措置法の改正（法律86号）により廃止され、一般被爆者と特別被爆者の区別はなくなった（「被爆者」の一元化）。それまで特別被爆者のみを対象とした給付は、改正後すべての被爆者を対象とするものに改められた。つまり、「被爆者」に対する給付は、それまでの特別被爆者に対する給付で一本化されたのである。したがって、この法改正による「被爆者」の一元化は、関係者から歓迎された。

Ⅳ　放射能影響被爆者（三号被爆者）

1　放射能影響被爆者とは

　原爆医療法2条3号（被爆者援護法1条3号）の「被爆者」は、原爆放射能の影響を受けるような事情の下にあった者であり、どのような者が該当するかは、この規定の解釈・運用に委ねられている。前述のように、原爆医療法の制定時には、その例として、直接被爆区域の外の海上にいた者、入市被爆の区域外で死体処理をした者が挙げられていた。このような規定がおかれ理由は前述したが、「要するに原爆の放射能の影響も未だ完全に究明されておらない現状でありますので、このような例についてもこの法律による医療等を受け得るようにするため」である（「予想質問事項」問11の「答」）。

　広島市『昭和35年原爆被爆者対策事業の概要書』（5頁）には、放射能影響被爆者の具体例として次の3項目が記載されている。

　「イ　当時海上など遮へい物のないところで放射能の直射を受けた人

　　ロ　応急の救護所で働いていた人（すなわち、多数の被爆者の看護などした人）

　　ハ　死骸を片づけたりした人」

　ロは、原爆医療法制定時の厚生省による説明になかったものである。

　1968（昭和43）年9月、広島県知事は、厚生省と協議のうえで放射能影響被爆者の「審査基準」を策定した。

　「1　原子爆弾が投下された際当時の広島市の沿岸部と金輪島および似島とを結んだ線内の海上であって、遮蔽物のない場所で被爆した者とする。

　　2　原子爆弾が投下されたその後、原爆医療法施行令（以下「政令」という。）第1条第2項に定める期間内に、政令別表第2に掲げる地域以外の地域において、次に掲げる作業に従事した者（当該従事者に背負われた子等を含む）とする。

　（1）10名以上の被爆した者の輸送

（2）10名以上の被爆した者の救護

（3）被爆した者の収容施設等における10名以上の被爆した者の看護

（4）10名以上の被爆した者の死体の処理」

　この審査基準は、放射能影響被爆者の具体例として、被爆者の輸送、救護、看護および死体処理をした者を定めている。他の知事等は、広島県知事が策定した「審査基準」に倣い、ほぼ同様の基準を策定・運用したようであり、広島市長は、1973年8月、広島県知事の審査基準に倣う形で、「被爆者の定義」を策定した。

　前述のように、原爆医療法の制定当初、放射能影響被爆者は直接被爆者および入市被爆者では捉えきれない原爆放射能の影響を受けるような事情の下にあった者を捕捉するものとして定められた。この意味で、それは補足的・補充的なものであった。また、放射能影響被爆者は類型化されていない概念で裁量の余地が認められ、適用にあたっては被爆時に個々人のおかれていた状況に即して判断されるため、該当性の判断は容易でない。そのため、初めのうちは、放射能影響被爆者の数は少なかった。

2　みなし被爆者

　1974年6月の原爆医療法改正（前述）により同法附則に「健康診断の特例」という見出しの第3項（現行の被爆者援護法では附則17条）が加えられ、「原子爆弾が投下された際第2条第1号に規定する区域に隣接する政令で定める区域内にあった者又はその当時その者の胎児であった者は、当分の間、第4条の規定の適用については、被爆者とみなす。」と定められた(13)。この被爆者を「みなし被爆者」という。「政令で定める区域」として、1974年に長崎県内の2地域が、1976年に広島県内の10地域および長崎県内の6地域が定められた（現在の第一種健康診断特例区域）。みなし被爆者には「健康診断受診者証」（現在の第一種健康診断受診者証）が交付され（被爆者援護法施行規則附則2条）、原爆医療法による健康診断（被爆者援護法7条）を受けることができる（健康診断の特例）。

1974年7月22日、厚生省公衆衛生局長は通達（衛発402号）を発出し、健康診断の結果、造血機能障害など10種類（1978年から11種類）の障害があると診断されたみなし被爆者は、放射能影響被爆者に該当するとして、被爆者健康手帳の交付を受けることができるとした。この措置は、原爆医療法2条3号（被爆者援護法1条3号）の放射能影響被爆者についての、新たな解釈によるものであった。しかし、このような同号の理解には疑問を呈しなければならない。というのは、放射能影響被爆者に該当するかどうかの判断にあたり、それまでは傷病の罹患（健康被害の発生）は考慮に入れられなかったからである⁽¹⁴⁾。

みなし被爆者を放射能影響被爆者と認定するにあたり、なぜ傷病発症を要件とするのか、明確な説明はなされていない⁽¹⁵⁾。

しかしながら、みなし被爆者に該当すれば、放射能影響被爆者として被爆者健康手帳取得の途が拓かれることになり、それまで被爆区域の拡大を求めてきた人たちや関係地方自治体は、この新制度に大きな期待を寄せることになった。しかし、厚生省は健康診断特例区域の拡大（みなし被爆者の範囲の拡大）に慎重であり、1980年12月に厚生大臣の私的諮問機関の原子爆弾被爆者対策基本問題懇談会が「これまでの被爆区域との均衡を保つためという理由で被爆区域を拡大することは……ただ徒らに地域の拡大を続ける結果を招来するおそれがある。被爆地域の指定は、科学的・合理的な根拠のある場合に限定して行うべきである」との「報告」を出してからは、「科学的・合理的な根拠」がない限り、被爆区域・健康診断特例区域および「被爆者」の範囲の拡大は行わないとの態度をとるようになった。

原爆医療法制定の当初、放射能影響被爆者の数はわずかであったが、みなし被爆者の制度が定められたことにより増加し、広島市の場合、2022年3月末で全被爆者に占める割合は、12.3%である⁽¹⁶⁾。

3 健康被害の可能性──裁判例にみる放射能影響被爆者

ここでは、裁判所はどのように放射能影響被爆者を理解したか、および、裁判における放射能影響被爆者の該当性の立証のあり方について、判例を

紹介し検討する。

　　放射能影響被爆者に該当するかどうかが争われた裁判で裁判所は、放射能影響被爆者の意義について、次のように３通りの理解を示した。㋐救護被爆者裁判広島地裁2009（平成21）年３月25日判決（裁判所ウェブサイト）は、「身体に放射線の影響を受けたことを否定できない事情が存する者」と理解した(17)。㋑長崎「被爆体験者」訴訟長崎地裁判決（2012年６月25日判決『訟務月報』59巻12号、2016年２月22日『判例時報』2333号）および同裁判控訴審福岡高裁判決(2016年５月23日『最高裁民事裁判例集』71巻10号、2018年12月10日「裁判所ウェブサイト」)、および、「黒い雨」訴訟広島地裁判決は、「原爆の放射線により健康被害を生ずる可能性がある事情の下あったことをいう」と理解した。㋒「黒い雨」訴訟広島高裁判決は、「『原爆の放射能により健康被害が生ずる可能性がある事情の下に置かれていた者』と解するのが相当であり、ここでいう『可能性がある』という趣旨をより明確にして換言すれば、『原爆の放射能により健康被害が生ずることを否定することができない事情の下に置かれていた者』と解され」るとした。

　　㋐と㋑は表現が異なり、意味するところに微妙な違いがあるといえなくもないが、それはニュアンスの違いの程度のものであるから、㋒のように㋐と㋑は言い換えたものであるとする理解に異を唱える必要はない。したがって、筆者は㋒に賛成である(18)。

　　ところで、被爆者健康手帳交付申請却下処分取消訴訟では、原告が放射能影響被爆者に該当することの立証責任を負うが、立証の程度について、前述の長崎「被爆体験者」訴訟の２件の長崎地裁判決は、高度の蓋然性によることが求められるとした。これに対して同訴訟控訴審の2016年５月23日福岡高裁判決は次のような注目すべき見解を示した。

　　　「『健康被害を生ずる可能性』の可能性は、単に可能性の有無ではなく、正確には蓋然性、すなわち確率の問題であり、一定の幅を持った概念といわざるを得ない。なお、控訴人らが立証すべき事実は、『原爆の放射線により健康被害を生ずる可能性がある事情の下にあった』こと

であり、本件申請者ら各自が健康被害を受けた高度の蓋然性を証明することは要しない。」（2018年12月10日福岡高裁判決も同旨）

つまり、2件の福岡高裁は、放射能影響被爆者に該当するとの立証にあたり、原告に求められるものは原爆放射能により健康被害を生じる可能性であるところ、この立証にあたって高度の蓋然性によることは求められないとした。

「黒い雨」訴訟広島高裁判決の次の判示も同趣旨であるといってよい。

「（放射能影響被爆者に）該当すると認められるためには、その者が特定の放射線の曝露態様の下にあったこと、そして、当該曝露態様が『原爆の放射能により健康被害が生ずることを否定することができないものであったこと』を立証すれば足りる」「『広島原爆の投下後の黒い雨に遭った』という放射線の曝露態様が『原爆の放射能により晩発的な健康被害を招来すると考えられる程度に有意なものであったこと』までを立証する必要はない」

以上のように3件の高裁判決は、放射能影響被爆者該当の立証に際し、健康被害を受けたこと（招来すること）を立証する必要はなく、また、健康被害の可能性の立証は高度の蓋然性による必要はないとしたのである[19]。この放射能影響被爆者該当性の立証のあり方は、判例として確立したものであるといえるだろう。

おわりに

放射能影響被爆者が「被爆者」の基本概念であることを指摘しておわりにかえたい

放射能影響被爆者は、直接被爆者および入市被爆者のような類型化された「被爆者」概念では捉えられない者を「被爆者」ととらえるためであり、この意味で補足的・補充的なものである考えられてきた。このような理解に異を唱えたのが、2007年および2011年に長崎地裁に提起された長崎「被爆体験者」裁判であった。両裁判の原告らは、長崎原爆の際、爆心地から約7.5km～12kmの範囲内の地域に存在した者（「被爆体験者」と呼ばれ

る）であり、放射能影響被爆者に該当すると主張して被爆者健康手帳交付申請却下処分の取消し等を請求した。いずれの裁判も最終的には原告らの敗訴で終わったが、この裁判の原告らは、放射能影響被爆者を定める被爆者援護法１条３号は被爆者の「一般原理」を定める規定であり、同条１号（直接被爆者）・２号（入市被爆者）は例示的な「類型化規定」である旨を主張した。この主張に対し、前述の福岡高裁2018年12月10日判決は、「身体に原子爆弾の放射能の影響を受けるような事情の下にあった」ことは被爆者援護法１条１号ないし３号に「通底する同法上の『被爆者』の基本概念というべきである」と判示した。「黒い雨」訴訟広島地裁判決も、同趣旨の見解を示している。

　このように放射能影響被爆者を捉えることができるとすれば、それは決して補充的・補足的なものでなく、時と所在場所により類型化・限定された直接被爆者および入市被爆者の概念で捉えられない者を、広く被爆者とすることを可能とするものである。「直接被爆者」および「入市被爆者」の概念の変更、範囲の拡大を期待できない状況において、「被爆者」の基本概念とされる「放射能影響被爆者」は、今後、重要性を増すと考えられる。

【注】
（１）以下の叙述において取り上げる諸資料は、ほとんど「黒い雨」訴訟判決で証拠としてとして認定され、判決文で引用されたものであり、いちいち注記しない。
（２）「黒い雨」訴訟広島高裁判決は、厚生省が1956年12月7日付けで作成した「被爆者の健康保持に関する法律案要綱（第１次案）」（本稿では紹介していない）に、「障害者と被爆者とは外見的区分であり実質的には両者は同じである。」との立案担当者のメモ書きが残されていると事実認定している。
（３）1957年２月22日第26回国会「衆議院社会労働委員会議録」第11号５頁
（４）1957年３月25日第26回国会「衆議院社会労働委員会議録」29号17頁
（５）制定された原爆医療法を解説する『時の法令』245号（1957年６月３日）掲載の「原爆被爆者の医療を国の手で」（厚生省公衆衛生局企画課福島昭典執筆）は、第３号について「（１）、（２）に該当しない者であっても、当時の特別の業務や行動によって放射能の影響を受けるような事情の下にあった者」と説明している（15頁）。
（６）被爆者援護法１条１号（原爆医療法２条１号）は、「所在場所」を原爆被爆の当時の広島市および長崎市の区域内と定める。このため、たとえば長崎市では、爆心地から12km離れた地域が「被爆区域」とされている。原爆の初期放射線が届く距離は、爆心地から約2.5km程度と考えられているので、12km離れた地域まで「被爆区域」と

することは初期放射線の影響では説明がつかない。そのため、政府は、同一地方自治体の区域内に在った者を所在場所で区別することは適切でないとする政策的配慮によると説明しているが、「政策的配慮」が適切であるかどうかは検討の余地がある。なお、同法1条1号は「政令で定めるこれらに隣接する区域」を「被爆区域」と定めるとし、政令では爆心地から5km程度離れた長崎市（および広島市）の区域外の地域が定められているが、その妥当性も問われるであろう。

（7）　広島市『昭和35年版原爆被爆者対策事業の概要書』5頁。なお、以下の叙述において「被爆者」の割合を示す個所があるが、いずれも広島市『原爆被爆者対策事業概要』の当該年度版による。

（8）　本文で述べたように、「直接被爆者」は、原爆放射線（初期放射線）を直接被爆し被害を受けた者をいうとの意味を込めて用いられてきた文言であるとすれば、原爆医療法2条1号・被爆者援護法1条1号で爆心地から数キロメートル離れた地域に在った者や政令で定める隣接区域にあった者を「直接被爆者」と呼ぶことには躊躇を覚えるが、現在、この文言はかなり使いならわされているので、本稿ではこの慣用に従う。

（9）　この時の原爆医療法の改正により、「原子爆弾の放射線を多量に浴びた被爆者」という考え方が持ち込まれたことに注意したい。1974年の同法改正により「特別被爆者」制度は廃止されたが、この後も、厚生省・厚生労働省は、原爆放射線を受けた線量により被爆者を区別しようとする考え方により被爆者援護行政を行おうとする。

（10）　特別被爆者の要件として、疾病罹患が定められたことに注目しておきたい。厚生大臣が定める障害は、昭和35年8月1日厚生省告示231号により、悪性新生物、内分泌系の傷害、中枢神経系の血管損傷、循環器系の障害および腎臓機能障害が定められた（この告示は、1974年厚生省告示269号により廃止された）。このように特定の障害を有することを理由として「原子爆弾の放射線を多量に浴びた被爆者」とする考え方は、後述の厚生省公衆衛生局長通達（昭和49年7月22日、衛発402号）による放射能影響被爆者該当性の判断要件に受け継がれる。

（11）　改正前の原爆医療法は、厚生大臣（国）は原爆症を罹患した被爆者に対し「医療の給付」を行うとしていたが（7条）、これ以外に被爆者に対する医療関係の給付制度はなかったから、特別被爆者への一般疾病医療費の支給の新設は、被爆者に対する援護の拡充を意味した。

（12）　別表第1の改正による直接被爆区域の拡大は、この時に行われただけであり、拡大された区域は「黒い雨」強雨域である。

（13）　この法改正について「黒い雨」訴訟広島高裁判決は「論理的には、本来、原爆医療法2条3号の被爆者に該当するものとして被爆者健康手帳を交付すべき者について、誤って、その交付をしないで健康診断特例措置の対象者としたとも考え得るところであ」ると評し、したがって、「同号の意義の解釈に当たって、原爆医療法制定から17年後に健康診断特例措置が設けられたことを重視することは、適切でない」「健康診断特例措置が設けられたことを参照することは、解釈を誤らせるおそれが大きいというべきである」と判示した。

（14）　前述のように、「特別被爆者」の概念を導入した1960年の原爆医療法改正では、傷病罹患が要件とされたが、これを放射能影響被爆者の要件としたのは、本文で述べた衛発402号通達が初めてである。

(15) 1974年の原爆二法改正にあたり厚生省公衆衛生局が作成した「昭和49年第72回国会原子爆弾被爆者の医療等に関する法律および原子爆弾被爆者に対する特別措置に関する法律の一部を改正する法律案想定問答」には、次のような記述がある。「原子爆弾投下の際、長崎県の旧長与村及び旧時津村にあった者については、地元及び県の要請に基づき地元提出の資料等により調査したところ、従来の一般被爆者とほぼ同様に原子爆弾の放射能による影響があるものと認められたが、これらの者は、従来、定期健康診断の対象ではなく、健康の状況も必ずしも握されておらず、一般被爆者が特別被爆者となるという今回の改正措置を直ちに適用する必要があると断定するには若干の疑問が残ったので、当面、従来の一般被爆者と同様の措置を行うこととしたものである。」

　　この説明は、原爆医療法上の「被爆者」は「特別被爆者」と同じものとする立場にたっていると解される。しかし、本文「特別被爆者」で述べたように、そもそも「特別被爆者」の概念は、同法の「被爆者」と異なるものである。したがって、この想定問答の説明は正確と言い難い。

(16) 2002（平成14）年6月、被爆者援護法施行令が改正され（政令148号）、新たな「みなし被爆者」が定められた（政令附則2条・別表第4）。すなわち、長崎原爆の爆心地から12キロメートルの範囲内の地域を被爆者援護法附則17条の健康診断の特例に係る区域とし、原爆投下の際この区域内にあった者に第二種健康診断受診者証を交付し、年一回の健康診断（一般検査のみ）を行うとした（平成14年厚生労働省令60号により追加された同法施行規則附則2項以下）。注10に述べた厚生省公衆衛生局長通達は、このみなし被爆者に適用されず、被爆者健康手帳交付の途は開かれていない。

(17) 同判決は、このように解する理由について、次のように判示した。

　「①（1）……原爆医療法の趣旨・目的が、放射線の影響が未解明な中で、被爆者の不安を一掃し、また、原爆後障害を予防するべく、被爆者に対する健康管理を行うことにあったこと、（2）現に、原爆医療法制定当時、『被爆者』に該当することと直結する効果は、唯一、都道府県知事による健康診断（一般検査及び精密検査）が受けられることであったこと……からすれば、放射線の影響が肯定できなければ『被爆者』であると扱わないというのはそもそも本末転倒であるといわざるを得ない。このことに、②原爆医療法2条3号の制定過程、特に、（1）厚生省の原案の段階から、放射線の影響を受けた『おそれ』という文言を用いることが検討されたところ、その後法案が成立するに至る過程の中で、同号の基礎となる考え方について実質的な意味での修正が加えられたとは認められないこと、（2）原爆医療法2条3号への該当性に関する判断をするに際しては、原爆医療法制定当時の科学的知見に拘泥することなく、最新の科学的知見が考慮されるべきことが想定されていたことがうかがわれること、③原爆医療法自体が、付随的にではあれ、被爆者に対する健康管理を積み重ねることで、放射線の影響に関する科学的知見が積み重ねられることをも想定していたと解されることを併せ勘案すれば、原爆医療法2条3号に該当するか否かは、最新の科学的知見を考慮した上で、個々の者について、身体に放射線の影響を受けたことを否定できない事情が存するか否かという観点から、判断されることが予定されていたといえる。」

(18) 「黒い雨」訴訟の広島地裁判決と同高裁判決とでは、放射能影響被爆者の判断基準について違いがあった。すなわち、前者は注9の厚生省公衆衛生局長通達のいう11疾病

　　　に罹患していることを基準としたが、後者はこれを失当であるとして退けた。

（19）このように考えれば、科学的・合理的な根拠による立証は求められないことになる。

Ⅲ

原爆「黒い雨」の科学

❺「黒い雨」再調査と 34 年後の真実

増田　善信

はじめに

　1945 年 8 月 6 日午前 8 時 15 分、世界で初めて、原子爆弾が広島に投下され、広島は一瞬にして廃墟の町になった。人々は爆風で引きちぎられ、強力な放射線を受け、もだえ苦しみ死んだ。その上に非情な雨、雨と言っても墨を溶かしたような真黒な雨が、場所によっては土砂降りのような豪雨となって降った。この雨には強烈な放射能が含まれていたので、川では多くの魚が斃死した。当時は水道がなく、この汚染された川や池の水を飲み、煮炊きに使い、汚染された野菜を食べた。そして、黒い雨が降った広い範囲の住民が放射能症と同じ病気で死に、苦しんだ。

　本文は、まず「黒い雨」を戦後間もない時期に、食料難のうえ、まともな交通手段さえない時に、調査した気象学者宇田道隆博士と、ともに奮闘した当時の広島管区気象台の台員が、いかにして黒い雨の「宇田雨域」を調査・完成させたかを説く。

　次いで、この「宇田雨域」の「大雨域」が健康診断特例区域に指定されたため、この特例区域拡大に立ち上がった広島県「黒い雨・自宅看護」原爆被害者の会連絡協議会（以後略称「黒い雨の会」とする）、特にその事務局長の村上経行（1918-2011）氏と、「宇田大雨域」の調査の不十分さを指摘されて、村上さんに「宇田雨域」の再調査を約束した気象学者増田善信（私）との協同によって宇田雨域の 4 倍も広い「増田雨域」をつくり上げたかを説く。

　「増田雨域」が公式に認められるまでに 34 年もの歳月が必要だったが、その理由は何か。次は、増田雨域を検討するとしてつくられた広島県・市の「黒い雨に関する専門家会議」（1988-1991 年）と、「大瀧雨域」を検討のために開かれた厚生労働省の「『原爆体験者等健康意識調査報告書』等

に関する検討会」（2010-2012年）の議論が、いかに非科学的なものだったかを説く。

　最後に、2020年7月29日の広島地方裁判所判決と、2021年7月14日の広島高等裁判所判決の「増田雨域」の評価を報告する。

1　私の責任で再調査しましょう

　1985年8月3日、この日は原水爆禁止1985年世界大会の国際会議の2日目で、私は被爆者問題の分科会に出席していた。その年の6月20日に『核の冬——核戦争と気象異変』(1)を出版した直後であったので、私は、「核の冬」の危険性と核兵器禁止の緊急性を訴えようと思っていた。

　まず、「ビキニの水爆実験で使った10〜15メガトンもの巨大な核弾頭を打ち合う全面核戦争が起こると、膨大な死者が出るだけでなく、各地で火災が発生し、大量のススやチリが成層圏に吹き上げられ、太陽の光が遮られて地球が凍結し、食料難で餓死者が続出、人類絶滅の可能性も」と、「核の冬」の研究の概略を述べ、いかに核兵器禁止が緊急な課題であるかを訴えた。

　次いで、「最近は米国でもソ連（当時）でも、『核の冬』を起こさない程度の小型の核兵器の開発に血道をあげています。しかし皆さん。この広島や長崎では、いまでは問題にならない超小型の原爆でも、その年末までに約21万人が死に、多くの方が今なお残留放射能の後遺症に悩まされ、『黒い雨』まで降って、環境が壊されたのです。従って、どんな核兵器も全廃する以外にありません」と核廃絶の重要性を訴えて話を終えた。

　すると、5，6人後に「被爆者」と名乗って「先ほど『黒い雨』の話をした人がいたが、あの『黒い雨』には我われは迷惑している」という趣旨の発言をした。私は大変驚いて、休憩を待ち、その人の所へ行った。その人こそ、広島県「黒い雨の会」事務局長の村上経行さん（前述）であった。村上さんは開口一番、「増田さん、あなたは気象の専門家だそうですね。あんな激しい積乱雲から、あんな綺麗な卵形の雨が降ると思いますか」と質問した。私は頭を殴られたようなショックを受け、穴があったら入りた

いような恥ずかしい思いをした。激しい積乱雲から降る雨は、非常に不規則な形で降るのは気象学の常識だからである。

　では、その「綺麗な卵形の雨」とはどういうことか。それは、広島に原爆が投下された後に、主に爆心の西から北西、北にかけた広い範囲の山間部に、墨を溶かしたような雨、すなわち「黒い雨」が降ったが、それを調査した宇田道隆博士らの降雨域－「宇田雨域」が「綺麗な卵形」をしていたことであった。

　宇田道隆理学博士と当時の広島管区気象台の人たちは、太平洋戦争の直後から、その年の12月にかけて、極端な食糧難、まともな交通機関もないという非常に困難な状況の中でこの黒い雨を調査した。私は宇田先生を「気象学者の鑑」と尊敬していて、その調査結果を多くの人に伝えたいとして、その内容を十分吟味しないまま拙著『核の冬』に引用していたのである。

　私は村上さんから、この宇田雨域が気象学の常識を外れた「綺麗な卵形」をしていることを指摘され、自分の不明をわびて、即座に再調査の約束をした。

2　宇田雨域はどのようにしてつくられたか
（1）原爆被害を受けた広島管区気象台

1945年8月6日午前8時15分、原子爆弾（原爆）が広島に投下された。以下、柳田邦男『空白の天気図』[2]を参考に、その当時の状況を述べよう。

　広島原爆後の「黒い雨」の調査の中心になった宇田道隆博士は、神戸海洋気象台長であったが召集され、広島市宇品の陸軍船舶練習部付陸軍中尉で、爆心地から南約1.6kmの皆実町3丁目の自宅で被災した。家がほぼ全壊したので、敗戦後、爆心地の西約4.2kmの高津（現在広島市西区）に引っ越した。

　戦時中に宇田先生が勤務していた陸軍船舶練習部は、本当は特攻兵器「震洋」の訓練部隊だった。宇田先生は神戸海洋気象台長であったので、部隊の幹部に気象学・海洋学の講義をしていた。敗戦後に除隊し、藤原咲平中

央気象台長の命令で広島管区気象台に気象技師として復職していた。

当時の広島管区気象台は爆心から南南西約3.7kmの標高わずか30mの江波山の上にあった。強烈な閃光の約5秒後に、ものすごい爆風が来て、窓枠は引きちぎられ、ガラスは粉々になり、南側の壁に突き刺さった。ほとんどの人がガラ

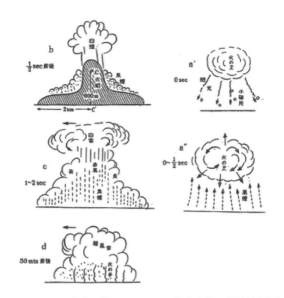

図1　広島原爆のキノコ雲の爆発直後の発達景況[3]。
（a',a",b,c,dの順序）。

スの破片で傷を負ったが、特に研修中の気象技術官養成所の本科生福原は、顔から足先までガラスが刺さり重傷を負った。もう一人の本科生は通勤途中の艀（はしけ）の上で被爆、全身火傷の重傷で気象台にたどりついた。

　幸い、無線機と地震計、ジョルダン日照計以外の観測機器は無事だったので、「１回の欠測でも、それは永久に補うことができない」という測候精神で訓練されていた台員は、２人の重傷者を抱えながら、一度の欠測もなく気象観測を続けた。それだけでなく、遠藤技手は、刻々と変わるキノコ雲の成長過程を記録した見取り図をつくった。図1は遠藤技手の図を基に作図したもので、宇田先生らの日本学術会議への正式な報告書（後述）にそのまま採用されている。

（2）原爆被害と枕崎・阿久根台風の被害の調査

　原爆投下後の宇田先生らの調査は、「気象学的な見地からだけでなく、

あらゆる角度から調べてほしい」という藤原中央気象台長の強い要望により始められたものであった。気象台の職員は壊れた建物の修復と、2人の重症の同僚の看病をしながら原爆被害の調査を行った。

　しかし、調査は困難を極めた。まず、食料難。使える交通機関はほとんどない。"芋弁当"を持ち、徒歩や、自転車で爆心から20kmも離れた山間部まで出かけて聞き取り調査を行っていた。

　そこに、9月17日の枕崎台風と10月10日の阿久根台風が襲い、ほぼ同じコースで広島市の西を通過して、豪雨をもたらした。河川は氾濫し、数多くの山津波によって、被爆被害の上に、さらに大きな被害をもたらした。従って、原爆被害の調査と、台風被害の調査をしなければならなくなった。

　9月26日に宇田先生、菅原広島管区気象台長、主な気象台員が集って、調査の進め方を相談し、気象台員全員でまず、台風被害の調査から始め、それを終えてから原爆被害の調査を行うことを決めた。この時、すでに独自に原爆被害の聞き取り調査を進めていた宇田先生の経験が、その後の調査に大いに役立ったという。この「聞き取り調査」という方法は全く新しい調査方法であった。

　枕崎台風で最も大きな被害を受けたのが大野村の陸軍病院で、多くの被爆者を受け入れていた。巨大な土石流に飲み込まれ、職員、患者を含めて165人が犠牲になった。そのほか、原爆の調査と、被爆者救援に派遣されていた京都帝国大学医学部・理学部の教授や医師の11名の方が殉職された。

　そこへ阿久根台風が襲来し、この軍病院と宮島が再び大きな被害を受けた。10月15日北技手は宮島を、宇田先生は大野浦を調査し、終わったら旧陸軍病院で落ち合って、枕崎台風と阿久根台風の被害状況の聞き取り調査を実施した。宇田先生は白血球減少症に悩みながらの調査であったという。

　図2は、宇田先生が様々な地域で聴き取り調査した結果をメモしたものである。先生は片仮名交じりの文章にまとめ、「矢立」で記録されていた。

この調査で170点の資料が得られ、後述の宇田雨域がつくられたのである。

この調査から帰った宇田先生は、原爆調査と台風調査のデータが、あまりにも多いため、比較的簡単な台風調査を先にまとめることにし

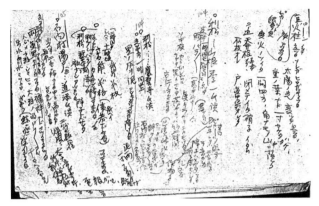

図２　宇田道隆先生の「聞き取り調査」の一例

た。そして、10月末には、『中国管区に於ける枕崎台風調査』が完成し、中央気象台に提出された。

（3）広島原爆の被害調査の報告書の作成と「黒い雨」

台風災害調査を終えた宇田、菅原、北の３人に、中堅の山根技手、若手の西田技術員、中根技術員の３人を加えて、原爆災害調査の追いこみに入った。気象台としての原爆災害調査の主な項目は、「爆撃当時の景況」「爆心の決定」「風の変化」「降雨現象」「飛撒降下物の範囲」「爆風の強さと破壊現象」「火傷と火災の範囲」などであったが、聞きとり調査の過程で熱旋風と豪雨の重要性が明らかになってきた。特に、黒い雨は西田技術員の体験などからわかってはいたが、実際に調査してみると局地的に激しい豪雨になっていた。その上、宇田先生には、黒い雨による残留放射能で次男が脱毛などの放射能障害に罹ったことでショックを受けていたので、黒い雨の調査は、単に 原爆に伴う気象現象の解明に役立つだけでなく、放射能の影響範囲と影響度を調べるのにも重要な資料となるはずだと考え、菅原台長と北技手に頼んで、黒い雨の調査範囲を広島の西から北にかけての村の方まで広げていった。

11月29日、調査の取りまとめ作業がヤマを越したところで、気象台で

台員たちを集めて報告会が開かれた。報告は宇田先生が中心になって、いろいろのデータをプロットした何枚もの地図を使って行なわれた。豊富なデータとがっちりとした作図は、強い説得力を持っていた。

　このようにして、「気象関係の広島原子爆弾被害調査報告」[3]が完成したのである。図３は、旧広島市内の降雨継続時間を示したもので、30分以内を「小雨」、30〜1時間以内を「中雨」、1時間以上を「大雨」に分類されている。

　図４は、この報告書から採録した黒い雨の降雨域、いわゆる「宇田雨域」と飛散降下物の進行方向を示したものである。この報告書では「局所的に檄列顕著でかつ比較的に広範囲で、長径19粁、短径11粁の楕円形乃至長卵形区域に相当激しい1時間乃至それ以上も継続せる驟雨を示し、少しでも雨の降った区域は長径29粁、短径15粁に及ぶ長卵形をなしている」と明記されている。

　1976年9月、この宇田雨域の「1時間乃至それ以上も継続せる」大雨域が健康診断特例区域に指定され、この地域内に住む人は年2回無料の健康診断が受けられ、10種の疾病に罹れば被爆者健康手帳が交付されるようになった。

　なお、この報告書には宇田先生と広島管区気象台職員が調査した詳しい原爆の被害状況が報告されている。さらに、宇田先生は「このような解析の結果だけでなく、聞き取った証

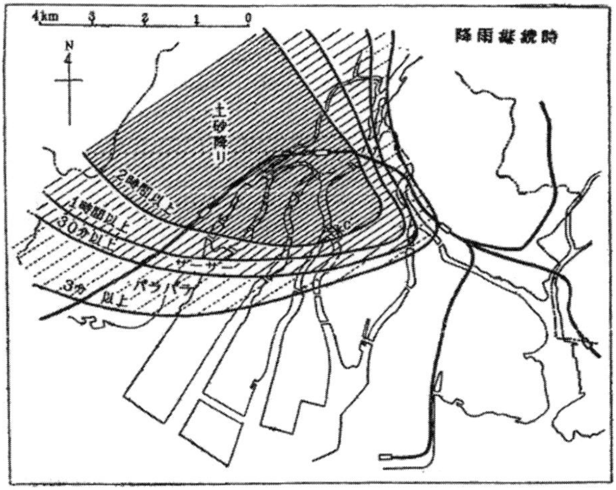

図３　広島原爆後の「黒い雨」の継続時間[1]。

言自体」も後世に残すべきだと思って、体験談聴取録（抄）として、170点の体験談のうち、116点の体験談の要旨を掲載した。

この報告書は藤原中央気象台長を通じて、学術研究会議に提出されたが、アメリカ占領軍のプレスコードと、原爆に関する研究結果の発表禁止の指令により公表できなかった。学術研究会議の後身の日本学術会議から公式に印刷・発行されたのは、講和条約が発効した後の1953年であった。

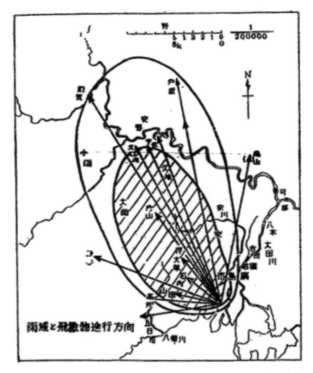

図4　広島原爆後の「黒い雨」範囲と飛散降下物の進行方向(1)。
（外側の線：少しでも雨の降った地域、内側の線：1時間以上雨が降った地域）。

（4）なぜ、宇田雨域は綺麗な卵形か

最後に、何故「宇田雨域」は「綺麗な卵形」かに答えておこう。それはデータの数があまりにも少ないからである。気象庁が発表する等温線は、多くの観測点の温度の値を案分比例して描いていた。気温のように変化が連続的な場合はこれでいいが、雨のように非常に不規則に降る現象には、本来は適用できないのである。宇田先生の調査では、爆心から北北西

26kmの殿賀村西調子とほぼ同位置の都谷村長笹は小雨が降っているが、北西22kmの上水内村は雨なしで、それより南では、爆心から西7kmの井ノ口村字浜の「雨パラパラ」までデータがない。宇田先生はここで小雨域の境界線を当時の流儀で、綺麗な曲線でつないだのである。その結果、気象学の常識から離れた「綺麗な卵形の雨域」ができた。

　従って、宇田雨域を利用するときは、このことを考慮すべきであったのに、行政は「健康診断特例区域」を宇田雨域の「大雨域」とし、しかも、それを部落ごとに機械的に当てはめたため、小川一つで、健康診断特例区域に指定される集落と、外される集落ができたのである。その結果、区域拡大の要望が絶えなかった。

3　増田雨域はどのようにしてつくられたか

（1）涙なしには読めない被爆者の手記

「黒い雨の会」の村上さんに「私の責任で再調査しましょう」と約束したが、どう調査していいか皆目見当もつかなかった。やむなく、まず広島市発行の『広島原爆戦災誌』全5巻を読んだ。貸出禁止で、毎日図書館に通い、黒い雨の記述のあるところを大学ノートに記録することから始めた。幸い旧市内の被ばく前の町の地図が掲載されていたので、このコピーを大学ノートに貼り付け、「黒い雨」の降った状況を記録し、位置のはっきりしたものは地図に赤丸で落としていった。

　次に、被爆者の手記集を読み、同じようにその結果をノートに記録することにして、図書館から手記集を借りてきてはノートを埋めていった。広島の新婦人の会発行の「木の葉のように焼かれて」とか、被差別部落の人たちの手記集「壁」なども読んだ。この仕事は本当につらかった。どの記事も涙なしには読めないものばかりだったからである。

　しかも、本当につらい話ばかりの上、最後まで読まないと雨や飛散降下物の記事があるとは限らなかったが、このようにして手記集から358点の資料が得られた。

（2）宇田先生のオリジナルの「体験談聴取録」の発掘

　私は村上さんに宇田雨域の「再調査」を約束した。幸い、宇田雨域は宇田先生が「聞き取り調査」した「体験談聴取録」の 170 点の資料だけでつくられていた。しかし、宇田先生らの論文は「体験談聴取録（抄）」の 116 点の記載のため、原資料の「体験談聴取録」170 点を探さなければならなかった。

　宇田先生はすでに亡く、宇田夫人は勿論、共著者に尋ね、宇田先生が勤めていた東海大学水産学部の研究室も探した。しかし、見つからなかった。

　そこで、気象庁や気象研究所で同僚であった友人や幹部の方々に、学会などに出席したとき、「増田が宇田先生の黒い雨の原資料を探していることを伝えて欲しい」と依頼した。すると、1986 年 12 月末だったと思う。気象研究所所長の今井一郎先生が「増田君、あったぞ」と知らせてくださった。

　東京水産大学（現東京海洋大学）の石野誠研究室に保管されていた。宇田先生は比較的早く中央気象台を退職されて同大学に就職され、その後東海大学に移っておられた。私はそのコピーを利用させていただいているが、原資料は広島地方気象台・江波山気象参考館に保存・展示されている。

（3）暫定的な雨域の発表とその反響

　1987 年 5 月 26 日、つくばで開かれた日本気象学会春季大会で、宇田先生のオリジナルのデータに、手記集などで得られた新しいデータを加えて、宇田先生と全く同じ手法で、暫定的な降雨図をつくり、「広島原爆後の"黒い雨"はどこまで降ったか」をポスターセッションで発表した。もちろん、予稿集には暫定的な降雨図を含めて概要を掲載したが、関心を示したマスコミはＮＨＫと「赤旗」だけであった。ＮＨＫは当日夕方に放送し、「赤旗」は前日報道してくれた。

　図５はその時に発表した暫定的な降雨図である。宇田雨域の大雨域を太い実線で、小雨域を細い実線で示してあり、暫定的な増田雨域の大雨域を薄い灰色の地域で示し、境界は太い点線で、小雨域は濃い黒色の地域で示

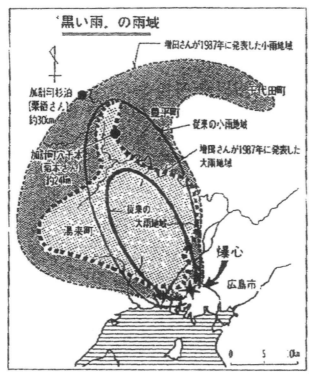

図5　増田が発表した暫定的な雨域

してある。

　この新しい雨域で、少しでも雨が降った小雨域は、爆心から北約35km、東西方向の最大幅は約25km、その面積は東京都のほぼ半分に達していた。それは宇田雨域の2倍以上で、大雨域でさえ宇田雨域以上に広がっていた。

　その日の夜、ＮＨＫニュースで、暫定的な降雨図が発表された。すると、確か北海道在住の被爆者と名乗る人が「私は当日○○にいたが確実に雨が降った。なぜ降雨図の中にその地点が入っていないのか。調査したのか」というお叱りの電話であった。

　翌日からが大変で、広島からが多かったが、全国から「私のところでも雨が降った」という電話や手紙が毎日のように来た。ほとんど調査が未完成なことを叱責するものだった。

（4）現地調査と大量のアンケートの収集

　これ以上の調査は私の手に負えないと考え、「黒い雨の会」の協力を得て、現地調査をすることを決意した。実は私は、村上さんに「再調査」を約束

した以後、接触は時候のあいさつ程度に留めていた。それは、村上さんたちの援助を受ければ、調査はもっと捗るであろうが、利益受納団体の援助を受けたとの「そしり」を受け、調査結果そのものが無視されかねないと考えたからであった。しかし、今はより正確な雨域を求めることだと思って「黒い雨の会」に現地調査の協力をお願いした。

現地調査は1987年6月13,14日に実施した。最初は、湯来東小学校だった。当日は土曜日だったが、校庭に多くの人がたむろしていた。何か行事でもと思ったが、みんな聞き取り調査に集まってきた被爆者たちであった。急いで準備をしたが、200人を超える住民で、講堂は一杯になった。

私は、証人として発表してもらう人にはマイクを使ってもらった。それはそれを聞いている人が、「そういえばそんなことがあったな」と思い出すきっかけになるであろうし、顔見知りの前での証言は、誇大な証言にはならないだろうと考えたからであった。ここでは25人ほどの人が証言した（図6）。

私は、誘導尋問にならないように、その日の行動を話してもらった。たとえば、田の草取りをしていたとか、どのようなことをしていたかを語ってもらい、時々「それは何時ごろでしたか」とか、「どんな雨が降りましたか」とか、「紙切れなど燃えカスは降ってきませんでしたか」とか、「川の流れはどうでした。魚が浮いてきませんでしたか」など、合の手を入れた。もちろん、証言のすべてをテープレコーダーに録音し、証言をした人を含めてアンケート用紙を配って、後でまとめて送ってもらった。特に困ったのは準備したアンケート用紙が足りなくなったことで、増し刷りをする場所がない。幸い小学校の先生が不足

増田

図6　1987年6月13日、広島県湯来東小学校での聞き取り調査

161

分を増し刷りしてくださり事なきを得た。感謝の言葉もない。その他の地域では、「黒い雨の会」の人たちが手分けをして準備されたと思う。

　この現地調査の中では、例えば、「田んぼで田の草を取っている時にかなり激しい黒い雨にあった。急に気持ちが悪くなったので、畦のところまで行って腰を下ろしたが、吐き気がして嘔吐した」と明らかに放射能の影響を受けたと思われる人が、かなりいた。

　特にショックを受けたのは、豊平町での会であった。かなり年配のご婦人だったが、「当時は、広島の〇〇町は××村の◇◇集落へ逃げなさい、となっていた。私の家にも6人ほどの人が着の身、着のままで逃げてこられ、我が家で亡くなった人もあった。ご遺体は荼毘にしたが、身元がわかるものはこの衣服だけです。ご遺族が訪ねてこられたら渡そうと思って、タンスの奥にずっとしまっていたのですが、どうしたらいいかわからないので持ってきました」と言って、紺の絣の着物を差し出されたのである。おそらく強い放射能に汚染されていたと思うが、そのことも知らずに、ずっと守っていたことを知って、日本人の律義さに感動したが、放射能の恐ろしさを知らせなかったアメリカ軍に本当に腹が立った。

　当日は、湯来東小学校のほか、安古市公民館、豊平町は神社の社務所、加計公民館で、翌14日は確か五日市町公民館であったと思うが、湯来町を含めて、72人が証言し、アンケート用紙約1,300枚が配られた。

　この現地調査の模様がテレビや新聞などで大々的に報じられたので、安佐北区口田南地区、布地区、烏帽子地区などでは、独自に体験談を語り合う会などを開き、その記録がテープレコーダーに録音されて送られてきた。「黒い雨の会」からは、花本会長や村上事務局長が独自に調査していた結果や、マスコミが独自に取材した記事、さらに1973年に広島県と市が実施したアンケートの湯来町だけの資料や、当時の中央気象台の区内観測所の資料などが加えられた。

　1987年8月5日に、村上さんたちと広島県と島根県の県境近くの現地調査に行った。爆心から45km以上も離れた所で、現在は合併して北広島町になっているが、芸北町川小田、芸北町草安、芸北町溝口、大朝町大朝

で小雨が降っていたことを確かめた。島根県の匹見町でも雨が降ったことが報じられているので、爆心から 50km も離れた地域まで原爆による火災積乱雲が広がっていたことが類推される。

（5）「増田雨域」の完成

いよいよこれらの資料を基に雨域をつくる作業に入った。最も苦労したのは、これらの資料を旧広島市内は広島市の地区別に、旧広島市以外のものは 5 万分の 1 の地図に記載されている集落ごとに分類することであった。市町村合併もあり、新住所、旧住所の回答が入り混じっていた。「黒い雨の会」の人に新旧住所の対照表を作ってもらい、集落ごとに旧集落の名前を付け、その結果を再度送ってチェックをしてもらった。

そのように分類した資料を、大学ノートの特定のページを開くと、ある地区や集落のすべての資料が一目で見られるように記録した（図 7 ： 236頁）。記録された雨の資料は必ずしも均一ではなく、いろいろ違いがある。例えば、「大雨」と「雨なし」が混在している場合もあり得る。従って、すべての資料を同時に、しかも総合的に見られるようにして、宇田先生の分類「大雨」、「中雨」、「小雨」を決めていった。

このようにしてつくった増田雨域をまとめた論文「広島原爆後の “黒い雨 ” はどこまで降ったか」[4] は日本気象学会機関誌『天気』の 1989 年 2月号に掲載された。この論文には「黒い雨」に関しては、宇田らの論文とほぼ同じ種類の分布図が含まれていた。すなわち、「黒い雨」の降雨域は旧広島市内のもの（図 8 ： 236頁）と、爆心から広島県と島根県の県境まで広がったもの（図 9）の 2 種類の増田雨域が掲載されていた。特に、島根県の県境まで広がった増田雨域は、爆心から北北西約 45km、広島県と島根県の県境近くまで伸び、東西方向の最大幅は約 36km、その面積は約1,250km² に及んでいた。これは宇田雨域のほぼ 4 倍に相当する広範囲なものであった。また、その形は宇田雨域のような綺麗な卵形ではなく、やや複雑な形をしており、特に大雨域は極めて複雑な形をしている。ただし、増田雨域も宇田雨域と同様に、周辺部のデータが少ない所は不正確で、今

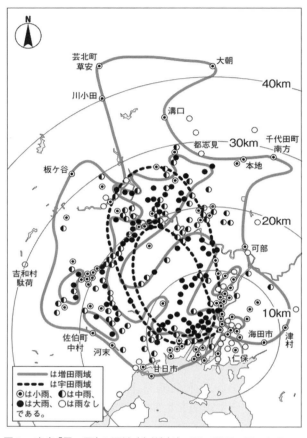

図9　広島「黒い雨」の雨域（全体）[4]。図の説明は図8と同じ。

後の調査によって変更される可能性があることに留意すべきである。

　この二つの雨域の作成に使用した資料は2,125点で、宇田雨域の170点、大瀧雨域の1,565点に比べても大きなものであった。静間清広島大学名誉教授[5]は、仁科調査団が、原爆投下3日後に爆心から5km以内で採取した砂のサンプル22点のセシウム137を測定し、旧市内の宇田雨域と増田雨域とを比較した（図10：237頁）。図10の上図が宇田雨域、下図が増田雨域で、それぞれ小雨域、中雨域、大雨域で色分けしてある。この図で数字の番号が付けてあるところが、仁科調査団が砂を採取した地点で、セシウム137が測定出来たところは、その放射能の強さに応じて円の大きさを変えてある。静間教授はこの結果から「降雨域は宇田雨域より増田雨域の方がより実際に近い」と推定した。

　いま一つ増田論文で、宇田報告にない重要な図は、降雨開始時間の図（図

11：238頁）で、かなりな地点で黒い雨が2回降っていたことが確認された。宇田先生は図を示さないで、キノコ雲からの雨と、火災積乱雲からの雨があることを指摘しているが、この図11では、どの地点で2種類の雨が降ったかまで分かるようになっている。このことはほとんど知られていない。後述の「『原爆体験者等健康意識調査報告書』等に関する検討会」では、検討会のすべての委員がこの事実を知らなかったため、誤った結論が導かれてしまった。

　このようにして、宇田雨域作成の資料170点の上に、増田の新しい資料1,955点を加えた、文字通りの「宇田雨域の再調査の図」である増田雨域が完成し、村上経行さんとの「約束」を果した。感無量であった。

4 「黒い雨に関する専門家会議」（1988）は何を検討し、どんな結論を出したか

（1）中曽根康弘首相（当時）と「専門家会議」

　このようにしてつくられた増田雨域は「黒い雨の会」の人たちの「被爆地域拡大」の運動の最後の科学的・合理的根拠になった。未完成の段階から大いに利用された。すなわち、1987年7月ごろは、まだ島根県境付近の現地調査は未実施であった。しかし、その他の地域の雨域は完成していたので、「黒い雨の会」の人たちは、この未完成な図を使って、学習会や対市・対県交渉に利用し、マスコミでも問題になっていた。そんな状況の中で1987年8月6日、広島「原爆の日」を迎えた。

　当時の中曽根康弘首相は、「原爆の日」の式典参加後、恒例の被爆者との懇談会に臨んだ。そのあとで、記者団から「増田雨域は『基本懇』の『科学的・合理的根拠』にならないのか」という質問が出た。

　基本懇とは厚生大臣の私的諮問機関「原爆被爆者対策基本問題懇談会」のことで、1980年12月11日に「原爆被爆者対策の基本的理念及び基本的在り方について」と題する報告(6)を提出した。これは、戦争による犠牲は、「すべての国民が等しく受忍しなければならない」として、「国家補償による被爆者援護法をつくれ」という被爆者の要求を抑え、「被爆地域の指定は、

本来原爆投下による直接放射線量、残留放射能の調査結果など、十分な科学的根拠に基づいて行われるべきものである」として、「黒い雨地域全域を被爆地域に」という要求を無視してきたものであった。

　中曽根氏は、記者の質問に答えて、「科学的・合理的根拠」になりうるかどうかを調べる「新しい検討会を設ける」ことを約束した。この中曽根氏の肝いりでつくられたのが広島県・市共催の「黒い雨に関する専門家会議」（以下「専門家会議」と略す）(7)である。専門家会議は、1988年8月25日の第1回から1991年5月13日の第10回まで開かれた（すべての回が非公開）。最後の第10回会議後の記者会見で、「黒い雨に関する専門家会議報告書」(8)（以下「報告書」と略す）が明らかにされた。なお、「黒い雨に関する専門家会議報告書資料編」(9)（以下「資料編」と略す）が作成されていたが、この記者会見の席では明らかにされなかった。私が「資料編」（コピー）を見ることができたのは1991年11月であった（「黒い雨の会」村上事務局長が広島県・市に対し強く要求して入手したものを、同氏より提供された）。

（2）「専門家会議」の検討課題

　検討課題は、第1回会議の後の記者会見を報じた新聞記事から推測する以外になかった。しかし、それも新聞社によって、取り上げ方に濃淡があり、これが専門家会議の検討課題だと断定することはできなかった。

　そこで、ここでは「赤旗」（1988年8月27日付）(10)を引用する。「広島県、市が共同設置した専門家会議の初会合が25日午後、広島県庁内で開かれ、今後の協議事項などを話し合いました。県、市は同会議の検討結果を基に実態調査を実施、国にたいし、黒い雨地域全域を被爆地域に指定するよう要望していく方針（中略）。この日の会合では、財団法人放射線影響研究所の重松逸造理事長を座長に選出。協議は、黒い雨の残留放射能や人体への影響を調べる方法の有無について進められ、次回会合（10月上旬）以降、各メンバーはそれぞれの専門分野から最新の研究成果などを報告していくことで合意しました。県、市は被爆者救済の意味からも、黒い雨の影響に

ついてどういう測定方法が可能なのか、３年後くらいをめどに結論を得たい」と記されている。

　すなわち、検討課題は「黒い雨の地域の残留放射能や人体への影響を調べること」であり、各メンバーには、それぞれの専門分野から最新の研究成果を報告することが要望された。一方、広島県・市は「被爆者救済の立場から、『黒い雨の影響についてどういう測定方法が可能か』の結論を、３年をめどに得たい」と意味不明の発言をしていた。

　私はこの専門家会議の検討課題を評価し、「赤旗」記者の取材に答えて、「被爆者の全面救済のために、行政として本格的に調査する必要があると考えてきましたが、少なくともこうした調査が行われることは、喜ばしいことだと思います。被爆の実相を明らかにするためには、『黒い雨』降雨地域だけでなく、ちりが降った地域や、看護で間接被爆した人々など全面的な救済が重要です。研究では、気象の専門家、疫学研究者など、広い分野から検討することが大事で、検討内容やデータをすべて公表することを期待しています」と発言している。他紙の評価も好意的で、前記赤旗も「県、市は同会議の検討結果を基に実態調査を実施、国にたいし、黒い雨地域全域を被爆地域に指定するよう要望していく方針」と、この専門家会議が「被爆地域拡大のためにつくられた」と信じて疑わない報道ぶりであった。

（3）厚生省、広島県・市など行政は「専門家会議」に何を期待したか

　小山美砂『「黒い雨」訴訟』（集英社新書、2022）(11)に、次のように記されている。すなわち「増田雨域は、1987年の『暫定版』から大きな反響を呼び、国会でも『特例区域拡大につながるのでは』と議論された。だが、国の反応は冷ややかだった。同年7月28日の参議院社会労働委員会では、政府委員の仲村英一が、『増田先生の研究の基礎資料となりました手記、アンケート調査のみをもって新たなデータが出たというふうな判断をするのは非常に難しい』『原爆被爆者対策基本問題懇談会の報告書に記載してございますように、残留放射能等、科学的・合理的な根拠のある場合に限って地域指定を行うべきであるということの御意見もいただいておりますの

で、私どもといたしましては、今直ちにこれで再検討をするという判断をするのは困難だと考えております』などと答弁した」（p.99）。

　広島県・市が前述のような「黒い雨の影響についてどういう測定方法が可能か」という意味不明の発言をしたのは、専門家会議の最新の知見を使って「残留放射能等、科学的・合理的な根拠になるものはなかった」として「増田雨域」を葬り去ろうとする政府の方針と、「被爆地域拡大」という地元広島の間で板挟みになっていたからであると考えられる。

（4）「専門家会議」は残留放射線の人体影響をどのように考えたか

　「報告書」で初めて専門家会議の主要なテーマが、①土壌の残留放射線、②気象シミュレーション、③染色体異常による放射線被ばくの人体影響、であったことが判明した。しかし、第1回会議の後の記者会見では、②が主要な検討テーマになっていることは明らかにされていなかった。

　土壌の残留放射線については、厚生省が1976年及び78年に大がかりな調査を行い、中国などの核実験の影響で検出困難という結論が出ており、専門家会議では、土壌以外に屋根瓦や柿木の年輪などを調査したが、降雨域と非降雨域で有意差は認められなかった、染色体異常の問題も黒い雨の地域と対照地域とで有意な差がないことが証明されたとして、「増田雨域」では、「残留放射能等、科学的・合理的な根拠」は得られなかったと断定した。

　中国の核実験の影響が大きく、原爆投下後45年もたっているのであるから、専門家会議の手法では、黒い雨の地域と、対象地域とで有意な差が出ないのは当然である。従って、私は論文「広島原爆後の"黒い雨"はどこまで降ったか」の「はしがき」で、宇田らの論文の「その泥塵が強烈な放射能を呈し人体に脱毛、下痢等の毒性生理作用等を示し、魚類で艶死浮上その他の現象を表した」を引用したように、当時は水道がなく、川や池の水を飲食に使い、放射能を含んだチリや黒い雨に汚染された野菜を食べるなどして、脱毛、歯ぐきからの出血などが訴えられていたので、専門家会議は当然この調査をするであろうと考え、期待を交えて、前記「赤旗」への発言をしたのだった。しかし、専門家会議は当初から「増田雨域に、

残留放射能の調査結果など、科学的根拠となりうるものがあるかどうか」を調査していたのである。しかし、増田雨域のような広範な地域で、科学的根拠になり得るような残留放射能の測定値などあるはずがない。従って、上記の結論が出たのは当然と言えば当然である。

　そもそも内部被ばくの問題は閾値がなく、その測定方法さえ確立していない。2021年7月14日の広島高等裁判所の判決[12]は、「『広島原爆の投下後の黒い雨に遭った』という曝露態様は、黒い雨に放射性降下物が含まれていた可能性があったことから、たとえ黒い雨に打たれていなくても、空気中に滞留する放射性微粒子を吸引したり、地上に到達した放射性微粒子が混入した飲料水・井戸水を飲んだり、地上に到達した放射性微粒子が付着した野菜を摂取したりして、放射性微粒子を体内に取り込むことで、内部被ばくによる健康被害を受ける可能性あるものであったこと（ただし、被爆線量を推定することは非常に困難である）。すなわち『原爆の放射能により健康被害が生ずることが否定できないものであったこと』……が認められるというべきである」と判示したのである。

　つまり、土壌の残留放射能と、染色体異常についての調査だけで、「放射線の影響がなかった」と断定するのは誤りである。

（5）シミュレーション結果で「宇田大雨域」を追認

　専門家会議は、残留放射能と染色体異常で、増田雨域には科学的・合理的な根拠がないとして、被爆地域拡大を拒否したうえで、気象シミュレーションによって、被爆地域に指定されている「宇田大雨域」には火災煙小粒子（黒い雨）の降下が計算されたとして、「宇田大雨域」の正当性を大々的に宣伝した。

　その役割を担ったのが、吉川友章（気象研究所研究室長）「気象シミュレーションによる広島原爆の放射性降下範囲について」（以下「吉川論文」と略す）[13]である。「専門家会議報告書」の「4　検討の要約」には、原子爆弾当日の気象条件を設定した拡散計算モデルを用いたシミュレーション法によって、広島原爆の放射性降下物の降下量とその降下範囲について検

討した結果、原爆雲の乾燥大粒子の大部分は北西9～22km付近にわたっ
て降下し、雨として降下した場合には大部分が北西5～9km付近に降下
した可能性が大きいことが分かった、「衝撃雲や火災雲による雨（いわゆ
る黒い雨）の大部分は北北西3～9km付近にわたって降下した可能性が
大きいと判断された」と、シミュレーションの結果が述べられている。次
いで、このシミュレーション結果とネバダの核実験値を用いて、最大被曝
線量を推定し、原爆雲による爆発12時間後の照射線量率12.7R/hr（増田
注記 12.7mR/hrの誤記と思われる）、衝撃雲では15mR/hr、火災雲では
5mR/hrであったことが述べられている。

　「報告書」の「5　まとめ」では、「気象シミュレーション計算法を用い
た降雨地域の推定では、これまでの降雨地域（いわゆる宇田雨域）の範囲
と同程度（大雨地域）であるが、火災雲の一部が東方向にはみ出して降雨
降下しているとの計算結果となった。また、原爆雲の乾燥落下は北西の方
向に従来の降雨地域を越えていることが推定されるが、その後の降雨など
で、これらの残留放射線量は急速に放射能密度を減じている」と結論して、
宇田大雨域を被爆地域に指定していることを正当化した。言い換えれば、
被爆地域を拡大する必要がないとした。

（6）「吉川降雨域」とは

　ここでは、専門家会議で吉川氏が気象シミュレーション計算法で推定し
た、宇田大雨域と同程度の降雨地域を「吉川降雨域」と呼ぶ。吉川降雨域
は「専門家会議報告書」ではどのように記述されているのであろうか。

　その前に、「専門家会議報告書」に付けられている「図1」、「図2」、「図
3」はバラバラの上、非常に不鮮明であるので、1つにまとめて図12（238
頁）とし、「報告書」の「図1」を図12①、「報告書」の「図2」を図12②、
「報告書」の「図3」を図12③とした。

　図12①は「原爆雲雨落下・乾燥落下粒子分布図」で、ほぼ「検討の要約」
の記述通りである。しかし、図12②は、「衝撃雲雨落下粒子分布図」で、「資
料編」p.84「iふんじん小粒子（雨落下）(iは原文記号、以下同じ)」であり、

降雨域は爆心から北の方10kmまで伸びているが、全く説明されていない。それだけではない。さらに北の方15〜20kmの所に飛び地のように降雨域があるが、全くこれには触れられていない。

　図12③は「火災雲雨落下粒子分布図」で、資料編 p.90「r火災煙小粒子（雨落下）」であるが、2kmから北北西19kmまで伸びている。しかし、報告書の「検討の要約」では、この2つの降雨域をまとめて、「衝撃雲や火災雲による雨（いわゆる黒い雨）の大部分は北北西3〜9km付近にわたって降下した可能性が大きいと判断された」と、図12②、図12③と全く違うことが記述されている。すなわち、図12③の2kmから北北西約19kmまで伸びている降雨域、これが「被爆地域拡大を拒否する最重要な根拠の降雨域」であるが、この図に関する説明は「報告書」のどこにもない。

　専門家会議が明らかにした「報告書」について、1991年5月14日付の「中国新聞」は、次のように報道した。

　「専門家会議は、米ネバダでの核実験などのデータを基に気象シミュレーションを実施するなど、3年にわたって検討した。その結果、放射性降下物を含む黒い雨の範囲は、従来の大雨域よりも東側に最長で約7キロずれ、さらに降雨の前に死の灰といわれる放射性降下物だけが落下した範囲も北西に最長で約4キロ広がることがわかった。しかし、雨の降った地域の住民と降らなかった地域の住民との染色体異常と体細胞突然変異を比較したが、両者に大きな違いが見られず、『健康への影響は心配しなくていい』（重松座長）としている」

　すなわち、専門家会議は吉川降雨域（図12③）を使って、「放射性降下物を含む黒い雨の範囲は、従来の大雨域よりも東側に最長で約7キロずれ、さらに降雨の前に死の灰といわれる放射性降下物だけが落下した範囲も北西に最長で約4キロ広がることがわかった」とし、放射能を含んだ黒い雨は、「従来の大雨域」と大差ないことが証明されたかのように報告したのである。

6　「吉川論文」、「丸山・吉川論文」の気象シミュレーションは正しい 解を出し得たか

（1）「専門家会議報告書」と「専門家会議報告書資料編」

　前記のように、黒い雨に関する専門家会議は、土壌の残留放射線も体細胞突然変異及び染色体異常も、降雨域と対象地域では有意の差がなく、吉川氏の気象シミュレーションによる降雨地域も宇田大雨域とそれほど大きなずれはなかったと結論した。これを受けて、広島県・市は「国に降雨地域の見直しを迫れる結果にはなっていない」として、被爆者の「被爆地域の拡大」の長年の要求を葬ったのである。

　私は、重松座長の記者会見の後に多くの新聞社から吉川氏のシミュレーションについての談話を求められたが、この時点では吉川降雨図を見ておらず、どのようなシミュレーションがなされたかも分からなかったので、本当に困った。「報告書」には「ネバダ核実験の値を用いて、最大被爆線量を推定した」とあったので、「ネバダと広島では条件、特に湿度が全く違う」と批判するのがやっとであった。

（2）そもそもシミュレーションとは

　「資料編」を見て、専門家会議では、気象シミュレーションによる検討が、前記「吉川論文」のほかに、丸山隆司・吉川友章「広島・長崎の原爆によるフォールアウトとそれによる被曝線量の評価　第１報　フォールアウトの計算」[14]（以下「丸山・吉川論文」と略す）と、丸山隆司・吉川友章「広島・長崎の原爆によるフォールアウトとそれによる被曝線量の評価　第２報　広島における外部被曝線量の推定」[15]（以下「丸山・吉川論文第２報」と略す）で行われていたことが分かった。

　以下、この３つの論文が広島・長崎原爆後の黒い雨や放射線のシミュレーションに適しているかどうかを検証するが、その前にシミュレーションについて解説をしておこう。

　そもそも、数値シミュレーションとは、対象とする現象を表現する数値モデルを利用して、計算機上で、その変化を過去から将来にわたって、模

擬実験をすることである。従って、用いる数値モデルが、対象にしている現象を正しく模擬するものになっているかどうかが基本中の基本である。これが不適切であれば、そのシミュレーションは無意味である。

　数値シミュレーションを気象に適用したのが気象シミュレーションで、その代表的なものが数値予報であり、これは、すでに実用化されている。天文学でも盛んに使われている。小惑星「りゅうぐう」の砂を持ち帰った「はやぶさ２」の軌道計算は有名である。港湾建設や橋梁設計など、いろいろの模擬実験を行って、最も安全な防波堤や橋の建設などにも利用されている。模擬実験の対象になる現象を正しく表現する数値モデルをつくり、正しく解きさえすれば、人類が誕生する前の現象であっても正しく表現でき、数万年未来の現象も正しく予測できるのである。

　では、数値シミュレーションを地球大気に適用する場合はどうか。大気は連続した流体で、ニュートンの運動法則、質量保存の法則、エネルギー保存の法則、大気の状態方程式、水蒸気の輸送方程式など、いろいろの物理法則のもとで運動している。従って、特殊な場合を除き、正確な解（解析解）は得られない。そこで、大気を３次元の格子点で覆い、すべての格子点に風、気圧、気温、水蒸気量を与え、各々の物理法則の式を使って、細かい時間間隔で積分し、解を求める。これが気象シミュレーションである。

　しかし、上昇気流が毎秒 10 m 以上の竜巻や豪雨を降らせる積乱雲などを除いて、一般には上昇気流が毎秒数メートル以下であるので、鉛直方向の運動方程式には「静力学の式」が用いられる。

（3）吉川、丸山両氏の３つシミュレーションは「黒い雨」には使えない

　吉川、丸山両氏は、この３つのシミュレーションにどんな方程式を使っていたか。「専門家会議報告書」では、「拡散計算モデル」を用いたとされているが、「丸山・吉川論文」では、「BOUSSINESQ 近似（ブシネスク近似）と「静力学の式」を仮定した方程式系で、海陸風のように大気の厚さに比べて浅く、水平スケールも数十 km 程度の対流を表すのに適している」と

述べ、３つの論文は全く同じ「海陸風」をシミュレートする方程式が使われていた。

BOUSSINESQ近似とは、流体力学で熱膨張による密度変化に比べて膨張圧縮による密度変化が無視できるとする近似で、原爆の衝撃波を扱う場合には使えないが、今回の気象シミュレーションでは許されるであろう。問題は静力学の式である。静力学の式は、上昇気流が毎秒10ｍ以上の現象のシミュレーションには使えないのである。

私は、論文「広島原爆後の"黒い雨"はどこまで降ったか」で、「推定降水量」の図を示し、「己斐から旧伴村大塚にかけて100㎜を超す豪雨が降っていたことが推定された」と述べている。豪雨継続時間を５時間としても、時間雨量20㎜であるので上昇気流は毎秒10ｍ/ｓ以上であることはほぼ確実である。前述の通り、黒い雨のシミュレーションには、静力学の式は使えないのである。

すなわち、吉川、丸山両氏の用いた方程式系では火災積乱雲のような上昇気流が10ｍ/ｓ以上の激しい気象現象は取り扱えない。従って、彼らが求めた「黒い雨」の雨域や放射性物質の拡散状況のシミュレーション結果は、まったく使えないのである。

この事実だけでも、このシミュレーションは無意味であるが、以下の諸点でも科学論文に値しないことが明らかになった。①彼らは原爆雲の高さを広島8,078ｍ、長崎10,640ｍと推定しているが、鉛直方向の計算領域を８ｋｍにしているので、原爆雲の高さをともに８ｋｍにしている。吉川氏に至っては、まだ発達段階のキノコ雲の写真を改ざんして、無理やりシミュレーションの領域８ｋｍに合わせている②原爆雲、衝撃雲の与え方がまったく恣意的である。実際の原爆雲、衝撃雲は、たとえキノコ雲の形成が終わった後でも、火災積乱雲の発達に伴って、放射性物質を含んだ空気が、次々と地表付近から補給されるものであるが、彼らは最初に与えたものだけをシミュレートしている③雨のもとになる水蒸気量の変化の方程式と、放射性粒子の変化や移動の方程式を別々に計算しているので、黒い雨の生成・変化が正しく得られるとは限らない④爆心の位置が１ｋｍずれて

いる⑤火災の延焼時間がわずか広島5時間、長崎4時間⑥これは後で詳しく論ずるが、爆心から北北西に延びる「吉川論文」の降雨域と、北西に延びる「丸山・吉川論文」の2種類の降雨域が計算されている。「丸山・吉川論文」の降雨域は、風向に補正を加えて再計算したものであった。「宇田大雨域」に合わせるために、風向を変えたのではないかと疑われても言い逃れはできないであろう。

私はこれらの事実を列記した質問状を「専門家会議」事務局に、91年12月22日と、92年3月23日の2回提出した。しかし、まともな回答は得られなかった。

94年6月9日、「黒い雨の会」は私がまとめた公開質問状をつくり、「黒い雨の会」村上事務局長と私は直接放射能影響研究所を訪れ、重松逸造専門家会議座長に手渡した。それは、（1）「報告書資料編」のデータを基に計算すると、原爆投下直後の降雨地域や放射性物質降下範囲が「報告書」の結論と一致しない（2）「資料編」には放射性物質降下範囲のデータが2種類あり、その違いの根拠が不明瞭（3）専門家会議の計10回の会合のうち、結論をまとめた最後の会合内容についての記述がなく、結論に異論があったか否かが不明」の3点を指摘し、事実関係の説明を求めたものであった。

これに対して重松座長は、「専門家会議のメンバーに問い合わせたうえで期日までに回答する」と約束した。しかし、まともな回答がないうえ、「専門家会議は解散した」とつげられた。

黒い雨裁判ではないが、2004年11月10日「原爆症認定集団訴訟」の広島地裁に、私は「科学論文とは言えない」という前記の事実に、2種類の降雨域が計算されている事実を加えた意見書をつくり、「“黒い雨”問題と気象シミュレーション」(16)と題して提出した。この裁判で、私は原告側の証人として2005年2月2日、吉川論文の吉川友章氏は被告側の証人として2005年11月25日証言した。

2006年8月4日、原告41人全員が勝訴して、原爆症に認定された。

（4）「専門家会議報告書資料編」には２つの降雨域が計算されていた

上記「（3）吉川、丸山両氏の３つシミュレーションは『黒い雨』には使えない」の最後に、「専門家会議報告書資料編」には、爆心から北北西に延びる「吉川論文」の降雨域と、北西に延びる「丸山・吉川論文」の降雨域が計算されている」ことを述べておいたが、ここでその事実を詳しく解説しよう。

図13は、その事実を見やすくするために、「吉川論文」の降雨域（図12③）と、「丸山・吉川論文」の「図13　放射性降下物の分布　広島火災煙小粒子（雨）」（「資料編」p.122）の降雨域の縮尺を同じにして同じ地図に重ねたものである。吉川論文の降雨域は爆心からやや北北西に伸び、「丸山・吉川論文」の降雨域は爆心からやや北西寄りになっている。用いた方程式も同じ、初期条件、境界条件も同じなのに、なぜこの差が生まれたのか。何回も「資料編」を読み返してやっと分かった。「丸山・吉川論文第２報」に「今回は、前回の計算に風向の補正を加えたため、前回示したデータと多少異なる」（「資料編」p.131）と書かれていたのである。

数値シミュレーションは正確な結果がわからない過去や

図13　「専門家会議報告書」の吉川降雨域（太い実線）と、
「専門家会議報告書資料編」の丸山・吉川降雨域（太い点線）
（非核の政府を求める会ニュース(17)）

将来の現象を、数値モデルを用いて、計算機上で模擬実験することである。計算機上での模擬実験であるから、計算機の中でどのような計算が行われているかは、模擬実験を行っている当事者以外は分からない。したがって、本来はプログラムそのものを公開して、誰でも検証できるようにしておかねばならない。意図的に現象に合うように操作をされていても分からない。数値シミュレーションの研究者には高い倫理性が要求されるのである。吉川、丸山両氏は、科学者の倫理性が問われる操作を行っていたのである。

（5）「吉川降雨域」で被爆地域拡大を拒否

「報告書」は、「①残留放射能の推定では黒い雨との関係を推定できなかった②気象シミュレーション計算法を用いた降雨地域の推定では、これまでの降雨域（いわゆる宇田雨域）の範囲とほぼ同程度（大雨地域）であるが、火災雲の一部が東方向にはみ出し降雨落下しているとの計算結果になった③体細胞突然変異及び染色体異常頻度の検討では、降雨地域と対照地域で統計的に有意差はなく、人体への影響を明確に示唆する所見は得られなかった」と述べた後で、「以上、本専門家会議は、ウラニウム爆弾の特殊性、当時の気象学的・物理学的資料の不確実性、残留放射能検出法の限界、原爆放射線と医療放射線の人体影響に関する区別の困難性などに配慮をしながら、現在可能な方法を用いて検討を行ったが、黒い雨降雨地域における残留放射能の現時点における残存と放射線によると思われる人体影響の存在を認めることはできなかった」と結論し、「今後はさらに研究方法の改善等により、黒い雨の実態解明に努力する必要があろう」と締めくくった。

「報告書」は 91 年 5 月 13 日に公表されたが、その翌日付の広島の各紙は、次のような見出しであった。「読売」は「信じられない」、「毎日」は「人体影響認められず」、「朝日」は「最終報告まとめる」であり、「赤旗」は「人体への影響は見られない」（翌 15 日付）であった。「読売」以外は、やや抑制的な「見出し」になっていると感じられた。驚いたことに、これら全紙が、「報告書」の結論の基礎になった「吉川雨域図」を掲載していなかった。唯一、「中国新聞」だけが、「健診区域拡大認めず」の見出しで、宇田

雨域の大雨域、小雨域に重ねて、「吉川雨域図」を「シミュレーションに
よる放射性降下物を含む黒い雨の降雨地域」という説明をつけて報じてい
た。また、91年5月31日付同紙は、同じ図を使って「黒い雨未解決のま
ま　住民の声を切り捨てる」という見出しの記事を掲載した。

　今一度、「吉川論文」を「報告書資料編」の格子点図にまでさかのぼっ
て調べてみた。すると、記者会見で発表された降雨図は「報告書資料編」
のどこを探しても見当たらないのである。そこで、「専門家会議報告書」
の宇田大雨域に対応するシミュレーションで求めたという「降雨図」を、
縮尺を同じにして重ねてみた。図14である。この図で、実線の雨域は、
図12③の「火災雲の雨落下」と同じで、「資料編」の「吉川論文」のp.90
の「r　火災雲小粒子（雨落下）」（rは原文の記号）である。点線は、「資
料編」の「「丸山・吉川論文」」のp.122
の図13を重ねたも
のである。影を施し
た降雨域が、専門家
会議の最終報告で、
決定的な役割を果た
した「吉川降雨域」
である。さらにこの
図には、同じ縮尺で、
宇田大雨域が、2重
線で、宇田小雨域が
2重点線で重ねてあ
る。

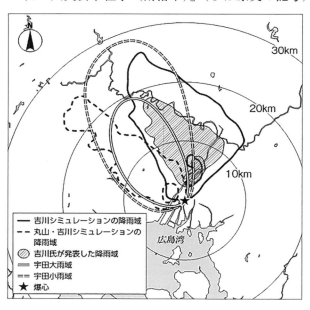

図14　5つの降雨域
実線──吉川シミュレーションの降雨域、点線──丸山・吉川シ
ミュレーションの降雨域、影を付けた地域──吉川氏が発表した
降雨域、2重線──宇田大雨域、2重点線──宇田小雨域。（非核
の政府を求める会ニュース(17)）

　シミュレーション
で得られた吉川降雨
域（実線）は、爆
心から北北西方向

29km付近にまで達していた。しかし、「専門家会議報告書」が「その雨域はほぼ宇田大雨域（爆心から北西 19km）と同程度」という結論に用いた吉川降雨域は、どこを探しても見当たらないのである。すなわち、吉川氏は、シミュレーションで求めた降雨域が、宇田大雨域に近い雨域になるように、降雨域そのものを宇田大雨域に合わせて発表していたのである。この結論を受けて、広島県・市は政府に対し被爆地域の拡大は求めないことを決定し、被爆者の被爆地域拡大の要求を葬り去った。

　専門家会議は「報告書」の最後に、「今後はさらに研究方法の改善等により、黒い雨の実態解明に努力する必要があろう」と述べている。しかし、「黒い雨の実態解明」が継続的に実施されているとは、寡聞にして知らない。政府、広島県・市は怠慢ではないか。

7　「『原爆体験者等健康意識調査報告書』等に関する検討会」

　2008年、広島県・市は、被爆地域拡大のために、原爆体験によるPTSD（心的障害後ストレス障害）について大掛かりなアンケート調査を行った。その中に「黒い雨」に関する設問もあり、この雨の資料を使って、大瀧慈広島大学教授（当時）が「大瀧雨域」を発表した[17]。2010年、広島県・市は厚労省に「被爆地域」拡

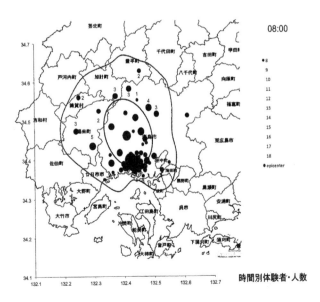

図15　広島原爆が投下された後から9時までに雨が観測された地点の図[11]。

大の要望書を提出した。厚労省はこれに応えて「『原爆体験者等健康意識調査報告書』等に関する検討会」[18]を設置した。この検討会は2010年12月から2011年9月まで9回開かれた。私は第8回以外のすべての検討会を傍聴した。

　驚いたのは、「『原爆体験者等健康意識調査報告』の検証に関するワーキンググループ報告付属資料（解析結果）」[19]であった。「黒い雨」には爆発直後に同心円状に降るキノコ雲からの雨と、火災積乱雲から降る雨があることを、委員がまったく知らなかったことである。そのためであろう、図15（前記付属資料 p.127上図（時間別体験者・人数））を問題にし、「原爆の爆発直後に、爆心近くと、20kmも離れたところに同時に雨が降るはずはない」と断定し、この誤った認識をつかって、「アンケートの信憑性がない」として、またもや地域拡大を葬ったのである。

8　「増田雨域」を評価した広島地裁・広島高裁判決

　「黒い雨の会」は2004年に「広島県『黒い雨』原爆被害者の会連絡協議会（「黒い雨」連絡協議会」と略す）に名称を変更した。期待していた「黒い雨に関する専門家会議」も「『原爆体験者等健康意識調査報告書』等に関する検討会」も納得できる回答もないまま被爆地域の拡大を拒否し続けてきた事実から、「もはや要求実現のためには司法の場で闘うしかない」と考え、2015年11月訴訟に踏み切った。

　裁判の経緯などは、本書の他章に譲り、判決文にある黒い雨降雨域についてのみの記述に留める。

　2020年7月29日広島地裁判決[20]では、宇田雨域、増田雨域、大瀧雨域を検討し、「宇田雨域は調査範囲や収集したデータに限界があり、特に外縁部の資料は非常に乏しいので、降雨域は宇田雨域に留まるものではない」と結論し、「増田雨域は豊富な資料に基づいており、降雨域を推知する際の有力な資料として位置づけられるべき」と評価し、大瀧雨域については、「調査までに長時間経過していることや、データ数が不十分などとの限界は指摘できるが、斟酌できる」として、3つの降雨域を3つとも参考にし

て判断すべきだと述べ、政府が「宇田大雨域だけの地域指定をゴリ押ししてきた」ことの間違いを指摘した。ここで初めて、「増田雨域が "降雨域を推知する際の有力な資料" として」公式に認知・評価されたのである。

　広島高等裁判所の控訴審判決は、僅か 1 年足らずの審理の後、2021 年 7 月 14 日に判決が出た。以下、降雨域についてのみ記述する。

　この判決でも宇田雨域、大瀧雨域、増田雨域を取り上げそれぞれ評価しているが、増田雨域については、「聞き取り調査及びアンケート調査は『黒い雨の会』の協力を得て行われたが、「黒い雨の会」とは無関係に、住民が自発的に集会を開いて供述をテープに録音し、増田に提供したものも含まれている。増田は、分析に当たって、調査対象者の記憶の希薄化や健康診断特例区域の拡大運動の影響にも配慮し、信頼性が確保されたデータを入手すること、また各資料を併用して総合的に判断することに努めた」と、私が客観的なデータを得るためにどのように努力したかに言及して、「増田雨域」を高く評価した。まさに「増田雨域」は被爆地域拡大の「科学的・合理的根拠」になったのである。

　「増田雨域」を発表したのが 1987 年 7 月（公式には 1989 年 2 月）、それから 34 年。やっと司法の場で認められた「増田雨域」である。

おわりに

　広島の黒い雨地域の被爆地域拡大の闘いは、新基準の 11 種の疾病の条件とか、申請日が 2022 年 4 月 1 日であることなど、改善すべきことが残ってはいるが、一応勝利の中で終わった。しかし、長崎は雨というより放射性降下物による内部被ばくの問題があり、福島第 1 原発事故による放射能汚染では、福島県だけでなく関東地方、東北地方の広範な地域の内部被ばくの問題がある。国際的にはビキニなど太平洋の島々の核実験場や米ロ英仏中やインド・パキスタン・北朝鮮などの核実験場の住民など無数の核被害者が残っている。

　幸い、核兵器禁止条約は、その第 6 条で、「被害者に対する援助及び環境の修復」を規定し、締約国は核兵器の使用または実験で影響を与えた人

を援助することを義務付けている。日本政府に 核兵器禁止条約を承認・批准させ、福島第1原発事故の被害者を救済させよう。さらにアメリカなどすべての核保有国に同条約の承認・批准をさせて核兵器廃絶を実現させ、自国内だけでなく、南太平洋などの核実験被害者の救済もさせなければならない。

　まさに、「黒い雨」の研究の最後のゴールは世界のすべての核兵器の廃絶と、核被害者の救済である。私は99歳、命の続く限り最後までこの闘いを進めようと思う。

　謝辞：故花本兵三さん、故村上経行さん、故松本正行さん、牧野一見さんなど「黒い雨の会」の皆さんのご協力がなければ「黒い雨」の再調査は不可能でした。向井均さんには村上さんの資料を提供していただきました。原告団、弁護団、「裁判を支援する会」の不屈の闘いがなければ、「黒い雨」34年後の真実はありませんでした。また、各専門分野の研究者として、湯浅正惠先生、大瀧慈先生、静間清先生などに支えていただきました。広島のマスメディアのみなさん。その時々の適確な報道と、「黒い雨」被爆者の取材を通じて多くの資料提供していただきました。権上かおるさんをはじめとした動画チームの献身的なご協力を頂きました。また、薮井和夫中国新聞客員特別編集委員には、「専門家会議」の事実関係をご教示いただきました。

　最後に、多くの広島市民の皆さん。長い間、増田雨域を見守って下さって有難うございます。市民的なご協力があって始めて、34年の真実が得られたのです。皆様に心からの感謝を申し上げます。本当に有難うございました。

【注】
（1）増田善信『核の冬──核戦争と気象異変』（草友出版、1985）
（2）柳田邦男『空白の天気図』（新潮文庫、1975）
（3）宇田道隆・菅原芳生・北　勲『気象関係の広島原子爆弾被害調査報告』（日本学術会議原子爆弾災害調査報告書刊行委員会編『原子爆弾災害報告集』第一分冊、1953）

（ 4 ） 増田善信「広島原爆後の "黒い雨" はどこまで降ったか」『天気』（第 36 巻 2 号、1989）

（ 5 ） Shizuma,K.:137Cs concentration in Soil Samples Colleced in an Early Survey of Hiroshima Atomic Bomb and 235U/238U Ratios in Black Rain Streaks on a Plaster Wall,Revisit The Hiroshima A-bomb with a Database—Latest Scientific View on Local Fallout and Black Rain—,Hiroshima City（2011）.

（ 6 ） 厚生省「原爆被爆者対策基本問題懇談会意見報告」（1980）https://www.mhlw.go.jp › contentPDF

（ 7 ） 広島県・広島市「黒い雨に関する専門家会議」（1988 年 8 月 -1991 年 5 月）

（ 8 ） 黒い雨に関する専門家会議「黒い雨に関する専門家会議報告書」（1991 年 5 月）

（ 9 ） 黒い雨に関する専門家会議「黒い雨に関する専門家会議報告書資料編」（1991 年 5 月）。現在、広島市公文書館が所蔵する。

（10） 赤旗「黒い雨　人体影響など検討へ」（1988 年 8 月 27 日付）

（11） 小山美沙『「黒い雨」訴訟』（集英社新書、2022）

（12） 「黒い雨」訴訟 2021 年 7 月 14 日広島高等裁判所判決（『賃金と社会保障』1793・1794 合併号、2022。『判例時報』2521 号、2022。「裁判所ウェブサイト」）

（13） 吉川友章「気象シミュレーションによる広島原爆の放射性降下範囲について」、『黒い雨に関する専門家会議報告書資料編』

（14） 丸山隆司・吉川友章「広島・長崎の原爆によるフォールアウトとそれによる被曝線量の評価　第 1 報　フォールアウトの計算」、『黒い雨に関する専門家会議報告書資料編』

（15） 丸山隆司・吉川友章「広島・長崎の原爆によるフォールアウトとそれによる被曝線量の評価　第 2 報　広島における外部被曝線量の推定」、『黒い雨に関する専門家会議報告書資料編』

（16） 原爆症認定集団訴訟・記録集刊行委員会［編］『原爆症認定集団訴訟　たたかいの記録』第 2 巻資料集（2011、日本評論社）増田善信意見書「"黒い雨" 問題と気象シミュレーション」）

（17） Ohtaki,M.:Re-construction of spatial-time distribution of black rain in Hiroshima based on statistical analysis of witness of survivors from atomic bomb,Revisit The Hiroshima A-bomb with a Database—Latest Scientific View on Local Fallout and Black Rain—,Hiroshima City（2011）.

（18） 厚生労働省：「『原爆体験者等健康意識調査報告書』等に関する検討会」（2020）https://www.mhlw.go.jp/stf/shingi/other-kenkou_128510.html（2021.9.6 閲覧）

（19） 厚生労働省：「『原爆体験者等健康意識調査報告』の検証に関するワーキンググループ報告付属資料（解析結果）」（2020）

（20） 「黒い雨」訴訟 2020 年 7 月 29 日広島地方裁判所判決（『判例時報』2488・2489 合併号、2021。「裁判所ウェブサイト」）

❻低空で水平に広がる円形原子雲
──「黒い雨」雨域に放射能が運ばれたメカニズム──

矢ヶ﨑克馬

はじめに
（内部被曝を隠蔽する虚偽の体系：米核戦略）

　1945年9月10日トリニティー（世界初の原爆実験）の現場見学会でオッペンハイマー（マンハッタン計画主導者）が言った。「爆発高度は「地面の放射能汚染により間接的な化学戦争とならないよう、また通常爆発と同じ被害しかでないよう、念入りに計算されています」（プルトニウムファイル、翔泳社 2013）。要するに地上600ｍで爆発させた場合、放射性微粒子は自然風に乗って流されるので、爆心地付近には放射能はなく、風下地帯だけが放射能汚染される、火球は上昇してジェット気流に乗り全世界に運ばれる、というのだ。これはいわゆる砂漠モデルと言われ、風下以外の広域では放射能被害が出るはずがないという論理だ。

　　砂漠モデル　放射性微粒子が水と合体せずにいると質量がもの凄く軽いので重力で毎秒1ｍｍ程度しか落下しない状態となる（ストークスの法則）。1ｍ落下するのに1000秒程度掛かる。その間に毎秒1ｍの自然風（横風）が吹いているとその微粒子は1ｍ落下する間に1000m風下方向に流される。地上600ｍで原子爆弾は炸裂し、火球はどんどん上昇するので、微粒子の落下地点は爆心地より風下方向に随分遠くであり、爆心地、風上、横方向には放射能が無いことになる。

　　大瀧雨域・増田雨域の黒い雨の放射能を否定する

　グローブス准将（マンハッタン計画指揮者）により派遣されたマンハッタンのウォーレン医師調査団の一員コリンズはこう語っている「自分たちはグローブス准将の首席補佐官ファーレルから、『原子爆弾の放射能が残っていないと証明するよう』言いつかっていた。多分調査団は被爆地に行く

必要さえ無かった。というのも一行が日本派遣の指令を待っていた頃「ス
ターズアンドストライプス」に我々の調査結果が載ったよ」とコリンズが
語ったそうだから（同上）。

　放射線被曝被害の隠蔽、特に放射性降下物・内部被曝隠蔽（矢ヶ﨑はこ
の放射線被曝を隠蔽する情報操作体系を「知られざる核戦争」と呼んでい
る）はそのまま日本の「被爆者医療法・被爆者援護法」に持ち込まれ今日
にまで至っている。

（内部被曝を排除してできあがった被爆者援護法）

　具体的には『原子爆弾被爆者に対する援護に関する法律』の前文には「原
子爆弾の放射能に起因する健康被害に苦しむ被爆者の健康の保持及び増進
並びに福祉を図るため」と、放射能被ばくに起因する健康被害と明記され
ている。放射線被曝は外部被曝に加えて、放射性降下物（放射能の埃）に
よる内部被曝がある。

　**被爆者は４区分で指定されているが、１号被爆および２号被爆の区域的
制限には「初期放射線」による外部被曝のみが地域指定の根拠とされ、内
部被曝が排除されている。**この排除は事実に基づいて為されたものでは無
い。内部被曝排除は米軍核戦略による情報操作（「知られざる核戦争」）に
よるもので歴史的に膨大な不当差別者・犠牲者を生み出した。

　この内部被曝排除は後追い的に「1986年線量推定方式（DS86）」により
「科学的に粉飾」された。枕崎台風（広島では床上１ｍの大洪水が爆心地
一帯を襲い、長崎では大雨が放射性降下物を洗い流した）襲来後に一斉に
測定させたデータが「放射性降下物は初めからこれだけの少量しか無かっ
た」とされたのである。

　巨大な犠牲を生んだ内部被曝を排除して援護法が作られたことは、
必然的に事実と人道（基本的人権）に基づく巨大なたたかいを生んだ。

　被爆被害者は内部被曝による健康被害に苛まされた。その被爆被害者（市
民）の健康被害を無視できない実情が明らかにされると、行政は「内部被
曝は無い」哲学を保持したまま、①被爆者、②第一種健康診断特例者、③

第二種健康診断特例者の三種の差別体系を作った。「内部被曝は無い」ことを前提に現場対処だけを行なったために、差別制度としての被爆者支援策にならざるを得なかったのである（行政は市民の実情を考慮せざるを得なかったが、哲学を変えることまでは出来なかったのである）。

　原爆症認定集団訴訟後、地域指定の爆心地からの距離などが見直されたのみでその枠組みは今日に至っても変更されていない。

　「黒い雨」高等裁判所の判決（最終判決）は、被爆の全容を事実として認識するものであった。内部被曝を認め哲学的面に於いてもこの枠組みを変更させるものである。歴史的にも「被爆者」を事実（科学）と人道に於いて正当に判断した巨大な判例である。

　しかし、日本政府は形式上この判決を受け入れたにも拘わらず、『三権分立』を否定する暴挙と評される「内部被曝を排除した従来の枠組み」を固持していることは、事実と民主主義に対する重大な攻撃と見なさなければならない。

（放射能が広域に運ばれる必然性の解明が必要である）

　現実の健康被害の実態は砂漠モデルを完璧に否定する。

　反面、砂漠モデルを否定し半径15km程度まで放射能が運ばれたメカニズムは解明されていない。

　何故空間的にはわずかな大きさしかない火球に閉じ込められた放射性物質が直径30kmにも及ぶ領域に運ばれたのか？　そのメカニズムは何か？

　これを明快に語る科学的認識が存在しなければ、黒い雨領域の放射線被曝の必然性を説くことが出来ない。この解明が著者の課題となった。

（残された証拠が出発点）

　戦後70年も経た現在、広域における被爆被害者の放射線被曝の必然性を、何を根拠に科学的に裏付けるか？　裏付ける客観的資料が残されているのだろうか？

　筆者は、原子雲についての残存する写真、動画等の記録を「客観的事実」

として徹底的に分析した。

（現象事実を科学的に説明できれば「理解出来た」ことになる）

　確認された事実に付いて科学法則や科学プロセスの考察・検討を行い、その結果合理的に説明できた場合、「理解出来た」とするのが科学的方法だ。

　用いた哲学的方法は「自然科学的方法論」あるいは「弁証法的唯物論」である。

（確認した主たる事実）

（１）　（低空に広がる水平円形原子雲の存在）水平に広がる円形原子雲が存在する。広島では全く無視されてきた。長崎では存在が確認はされていたが、大気圏と成層圏の境界の圏界面に展開したと理解されてきた。

（２）　（水平原子雲上下で異なる風向き）水平に広がる円形原子雲の下側の風向きと上側の風向きが異なる（広島原子雲）。水平原子雲は高々４km以下に存在し、この境界は逆転層であると判断した。

（３）　（中心軸太さの違い）中心軸の太さは円形原子雲の下側で太く、上側で細い（長崎原子雲）。これは上昇するきのこ雲中心軸の外側部分が水平に押し出されることを示唆する。

（４）　（衝撃波反射波は広く、原子雲頭部全体に作用する）(動画による確認）衝撃波が地上にぶつかって反射波となりその反射波が原子雲頭部に達する時間は２～３秒である（衝撃波の初速度は約450m/s）。広島原爆爆発直後原子雲は鉛直方向に真っ直ぐだった。爆発から３秒後にはきのこの傘が横にずれ飛ぶ。長崎の動画では同様な時間帯にきのこの傘下の中心軸が切れる事が確認できる。このことは「原子雲は衝撃波の反射波により構造化された説を否定する（黒い雨に関する専門家会議（広島県・市設置、以下同様）や Glasstone & Dolan 等の誤り（第２章））。

（主たる科学的考察）

（1）　（水平に広がる原子雲の生成原因：浮力で理解出来る）中心軸は半径方向に温度勾配を持つ。逆転層では上方空間の方が気温の高いので、中心軸の外側部分の温度が逆転層の温度以下となる場合に、浮力を失い水平方向に押し出され円形原子雲を生じる。中心軸に放射能が充満しているために水平に広がる原子雲は放射能を持つ。従ってこれから降る黒い雨は放射能を有する（下記（3）と関連）。

（2）　（浮力が喪失する高度は2つある）原子雲の水平方向展開に関わるクリティカルな界面は、①逆転層と②圏界面（対流圏と成層圏界面）と2つがある。

（3）　（放射線の電離が水滴／雨滴を形成する）水分子を包含する気塊が雲を生じる通常の条件は、空気中水分の分圧が飽和水蒸気圧以上になる温度までその気塊の気温が下がることが必要である。これには気塊が上昇することで達せられる。従って雨は厚い雲から降るという通常概念が形成されている。

　　　気塊が放射能を含む場合、放射線は電離を行い、電離は電荷を生み出す。水分子は直線対称に原子が並んでいないが故に、電気力により電荷に引かれる。いったん電荷が発生すれば次から次へと水分子が凝結（凝縮）し、水滴を作り雨滴へと成長する。従ってこの水平に広がる円形原子雲はきのこ雲中心軸から放射能が供給される限り雨を降り続けさせることが出来る。放射能雲では雲が厚くなくとも雨を降らせるのである。

（4）　原子雲の成り立ち／構造は熱的起源を持ち、浮力、粘性力が関与する。

（5）　水平原子雲の移動しながらの生成・発展・消滅が現実の黒い雨降雨の時間経過および地域依存を概略に於いて説明出来た。

第1章　水平に広がる円形原子雲の確認
（低空の水平円形原子雲の確認）

　図1に米軍機が撮影した広島原爆の原子雲を示す。この原子雲の写真は約1時間後に撮影されたとされる。

　図1で、爆心地を黒丸で示すが、きのこ雲の中心軸は北西方向に9km

水平に広がる
円形原子雲
　　⇒
キノコ雲頭部の
陰を映している

⇐ 圏界面

⇐ 逆転層

← ●爆心地

図1

広島原爆投下後の原子雲（ほぼ1時間後に米軍機が撮影）。撮影場所は爆心地から約56km（東に33km、南に45km）の地点であり、高度は8680mとされる（馬場等）。爆心地は馬場等の解析図から求められたものである。

⇐ 逆転層

図2A　長崎原子雲：米軍機撮影

図2B　香焼町からの撮影（松田弘道：9.4km南、投下15分後）

図2　長崎原子雲

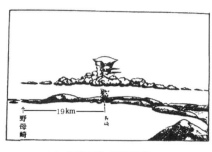

(a)　8月9日　11時40分

図3　温泉岳からのスケッチ（石田泰治：長崎海洋気象台100年の歩みp.195）図中の距離は視角を考慮して地図上で求めた爆心地から野母崎までの「見た目距離」

程（矢ヶ﨑が作図により計算、以下同様）移動している。右手前については手前の自然雲に隠され、あるいは乱されてよく見えないが、左半分および右奥にきのこ雲頭部の陰を映した円形雲が軸中心の同心円状に広がる。円形雲の半径は15〜18km。水平に広がる円形原子雲の下側のきのこ雲中心軸は爆心地から北西に大きく傾いている。しかし、この雲の上側のきのこ雲軸は東側に傾いている。この写真から風向きの異なる空気層境界に水平原子雲が展開する事が分かる。この境界が逆転層である。

　図2Aには推定2分後の撮影と伝えられる米軍機からの長崎原子雲の写真である。頭部よりずっと下に水平に広がる原子雲が存在し、水平原子雲の下の中心軸は上側の中心軸より随分太い。図2Bは香焼町から原爆投下後およそ15分で撮影された原子雲であるが、円形に広がる原子雲が明瞭に映されている。図3には11時40分に描かれた温泉岳測候所からのスケッチである。低空に厚い雲が展開するがその半径は約11kmである。

（原子雲と確認する根拠）

　何故低空に広がる円形水平雲を「原子雲」と定義できるのか？　きのこ軸を中心とすることと円形対称性であることによる。その雲の上下で風向きや軸の太さの違いが判明し、構造と生成が科学的に理解できることが第二の根拠である。

第2章　黒い雨との関わり

（何故水平原子雲が重要か）

　何故この雲の存在が大切かというと、「放射能を広域に運ぶことが出来る構造」を有するからである。きのこ雲と言われてきた大きな頭部と細い軸は非常にクリアで雲の外には雨を降らしていない。爆心地の風上・横方向の15kmも離れた場所に放射能雨を降らせることは出来ない。高温気塊生成当初、放射能は高温気塊内に全部留まっていたので、水平原子雲無しには雨や放射能が運べるはずがないのである。ましてや圧倒的に宣伝された「砂漠モデル」は風下以外の放射能汚染を否定する。

（水平円形原子雲は厚くなくとも雨を降らせる）

　水平円形原子雲は放射能を持つ。放射線は電離を行い、電離は電荷を生じ、水分子を凝集させ水滴／雨滴を生ずる。放射能が供給される限り雨を降り続けさせる（「はじめに」の考察参照）。

（黒い雨の「黒」について）

（1）　（放射性微粒子は黒い）原爆の爆弾そのものを構成したすべての固体は核分裂連鎖反応後、発生した強烈な熱のため、瞬時にして気体となった。はじめ、原子を構成できない（原子核と電子が合体している原子状態を維持できずに、バラバラになっている）プラズマ状態が出現したが、断熱膨張する間に温度が下がり、原子が再構成され、ぶつかり合う原子が互いに結合しあうようになり、放射性微粒子が構成された。最初は単体の時に高い融点を示すような元素の原子が結合しあい、次第に融点の低い元素の原子が結合されて微粒子が構成された。この微粒子の表面は原子が不規則に並び、光を反射あるいは屈折させる状態にはなく、全ての光が吸収されてしまう。この状態を黒いと呼ぶ。火球内物質は全て黒い微粒子群となった。「黒い雨」の黒さはこの火球内で発生された黒い微粒子群と火災による

「すす」がもたらしたものである。

（2）　（放射性微粒子と黒い雨）水平原子雲があり、また火災雲等が原子雲と相互作用する限り黒い雨は放射能を伴う。

（3）　（水溶性と不溶性）さらに、黒い雨の黒い微粒子は水溶性のものと不溶性のものがあり、両者ともに深刻な内部被曝をもたらす。黒い雨はそれらの混合物である。放射線による電離は、放射性微粒子など電荷を保持し周囲に強く水滴を凝結させ、水に溶けないものでも水とよく混合する（懸濁）。

（水平原子雲の生成発展／移動と黒い雨雨域）

（1）　（雨域：水平原子雲の移動、成長・発展と、局所的気象条件との相互作用）原子雲は自然風に運ばれながら、成長しやがて消滅する。火災で形成された雲と原子雲の重なり方混ざり方に加えて局所的な気象条件が加わり、降雨の場所や時間経過は複雑となったが、大瀧雨域などの黒い雨雨域の広さと移動が説明できるものである。

（2）　（黒い雨環境は放射能環境）水平に広がる原子雲が黒い雨雨域を説明可能であることは、黒い雨が降った環境に居た者は黒い雨に打たれても打たれなくとも放射線被曝を避けることは出来ない。

　黒い雨に打たれる（雨に濡れる）と皮膚や衣服に放射性微粒子が付着し密着あるいは近接した場所から継続的に被ばくを与える（密着被曝・付着被曝）。

　黒い雨の混じった水を飲むと内部被曝がもたらされる。

　黒い雨の降雨中の空気には放射性微粒子が含まれており、呼吸による内部被曝がもたらされる。

　放射性物質は光合成する葉などの表面には特に集中付着し吸収される（気孔からの二酸化炭素吸収過程で放射能蓄積）。黒い雨は土壌を汚染し、根から吸収され農作物を汚染する。農作

物／植物には放射能が濃縮されるので、内部被曝は特に危険となる。

　黒い雨降雨地域では、被曝後、脱毛、がんをはじめ各種の健康被害が多発することになった。

（３）　（中心軸は竜巻ではない）主として米軍による大気圏内原爆実験の動画をあらかた観察し、形成される中心軸にはトーネイドあるいは竜巻のような渦はない事を確認した。また、広島長崎の測候所あるいは市民による記録では、局所的に竜巻が観測されたが、爆心地を中心とする大きな渦は生じていない。中心軸の形成は高温気塊の熱的動作で説明できる。

（測定問題：全体に対する部分、被測定体の現場保存ができていない）

（１）　放射能環境の強さを土壌放射能等の測定値で定量的に議論すると著しい過小評価を導く。全ての測定値は放射能環境の全量を語るものではなく放射能の多様な存在様式のひとつを測定するにすぎず、個別の測定値全て部分的なものである。また初期の放射能環境が保存されてはいないので、測定値は放射能汚染の証拠であるが、定量的意味で議論してはならない。

（２）　例えば、原爆投下後３日目に収集した土壌サンプルであっても部分的であり放射能環境の全量を反映するものではない。その土壌に雨が降り、その雨に放射能が含まれたとしても、降った場所そのものから水として流れてしまえば、もはやその場所は降下した放射能全量を留めてはいない。定量的な価値があるものではない。

（３）　これに対し、中性子誘導放射化物は物体深くに存在し現場保存がなされやすい。誘導放射化の測定値には定量的な意味がある。

第3章　衝撃波が原子雲を育てたのではない：原子雲の生成発展は内在原因による

（衝撃波；高圧空気壁の急速移動）

　急激な核分裂連鎖反応により出現した超高温は分子や原子の速度をものすごく大きなものにする（熱力学的速度）。火球は今まで空気の詰まっていた空間に出現するので、その場に有った空気を周辺（火球の表面）に排除する。排除の仕方が急激であり強力であったので、排除された空気は火球の表面に卵の殻のような高圧壁を作り火球とともに高速で膨張する。この高圧壁はそこに静止していた空気の慣性により火球が膨張するのを妨げる抵抗力となり、やがて火球の膨張を停止させる。火球の停止と同時に、高圧壁は火球を離れ高圧衝撃波（ショックフロント）となって周囲に広がり地上を襲い反射する。ショックフロントは高温の放射能気体と接して圧力壁を形成していくので必然的に放射能を含む。この様子を図4に示す。

　この衝撃波が押し寄せ、到達した空間では急激に圧力が高まり外側への強風が吹き、過ぎ去るときは急激に圧力が下がり逆向きの風が吹く。被爆者には急激な高圧が加えられた直後高圧が急激に抜き去られるので、眼が飛びだしたり、内臓が飛びだしたりする悲惨な被害をもたらした。

　衝撃波が離れ去ったあとも、火球は崩れずに形を保ち続けて、温度を下

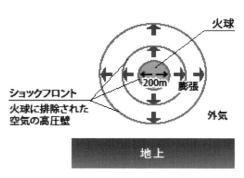

図4　衝撃波と爆風

げながら高温気塊となる。核物質・核分裂生成物は原爆筐体などと共に火球内に存在した。放射性物質は高温気塊内に保たれつつ、上昇運動と共に高温気塊の下部の中心軸へ拡散する。水平原子雲に移行する。

（衝撃波は原子雲形成原因か？）

　図5は黒い雨に関する専門家会議に出てくる原子雲の生成原理図である。図5Aは衝撃波が地表に衝突して反射波となり、その反射波が原子雲の真ん中に集中して原子雲の内部を通過して原子雲を押し上げるという図であり、図5Bはこの内部を通過する反射波を「トロイドの中心を通る上向通風」と呼び、渦の原因だとしている。

　果たして図5にあるような事情が事実として存在したのだろうか？　衝撃波の効果に関する動画記録を確認することで回答が得られる。

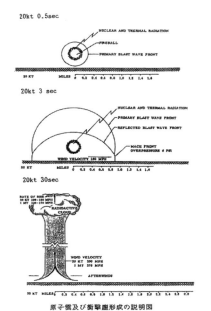

原子雲及び衝撃塵形成の説明図

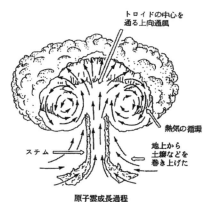

原子雲成長過程

図5　原子雲の形成原理：黒い雨に関する専門家会議報告書資料編（p.108,109）
原典： Glasstone & Dolan:The Effect of Nuclear Weapons（1977）
左：図5A　右：図5B

（原子雲の３秒後の横ずれは衝撃波の反射波でしか理解出来ない）

　図６は、米軍機から撮影された広島原爆の投下時点から数秒間の動画の
１コマである（「はじめに」の（確認した主たる事実（４））。図６Ａは原
爆がさく裂した直後、図６Ｂは約３秒後の写真である。図６Ａの原子雲は
反射波が到達する前であるが、既に中心軸が真っすぐ繋がっている。とこ
ろがほぼ３秒後の図６Ｂでは明らかに頭部が切断され図の右側にずれてい
る。

　約３秒後には衝撃波の反射波が原子雲頭部に到達するのであるが、その
反射波の原子雲に対する作用がこの動画に記録されているのである。約３
秒後という時間で図のように頭部をずらす物理的原因は衝撃波の反射波し
かないのである。「反射波が針のように細くなり原子雲内を突き抜ける」
という描像は完璧にフィクションである。

図６Ａ　原爆さく裂直後　　　　　　　図６Ｂ　約３秒後

図６　広島原爆さく裂直後の原子雲

(「黒い雨に関する専門家会議」らの決定的誤謬)

黒い雨に関する専門家会議」の見解は図5で紹介した。放射線影響研究所（放影研）の要覧の「［１］原子爆弾による物理的破壊」の項には「……（衝撃波が）今度は外側から内側へ逆風が吹き込み、爆心地で上昇気流となってキノコ雲の幹を形成した。」と記述される。これが誤謬であることは図6で明快に証明できる。

(わずかな反射面段差（水面か地表か）が反射波の方向をずらす)

衝撃波が地面で反射される際に、地面のわずかな段差（地面と水面の差など）で爆心地ど真ん中の反射波の進行方向がわずかにずれることでこの現象は説明可能である。反射波は原子雲内部を通過するような針状化はせずに、軸の太さに比してはるかに広域の波面を持ち頭部の位置をずらしているのである。内部を通過する上向通風などの仮説は全く当てはまらないのである。

(原子雲成長は内在の原因による――水平原子雲の形成と頭部の大きな渦)

原子雲の成長とその大きな渦は気塊が①高温であり浮力を持つことと②この高温気塊に温度勾配がある事③空気には粘性抵抗があることの結果として生じる自己運動と理解するのが科学的方法論の帰結である（第3章）。それに爆心地が地表温度4,000℃ほどにも高温化された熱現象と結びついて、一端は横にずれた（図6Ｂ）が、ほどなく再び一直線に繋がれるようになったと推察できる（流体連続性）。なお、この高温による現象事実確認で水平原子雲が逆転層に生成することが科学的に矛盾無く説明できたのである。

第4章　原子雲の形成メカニズム
（１）爆発直後の現象――火球の上昇と原子雲中心軸の形成―
（上昇の原理は浮力）
火球が冷えて高温気塊となり浮力で上昇した。

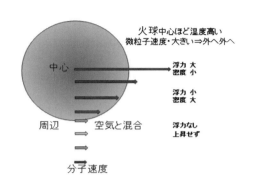

図7
高温気塊および中心軸の温度分布。温度は矢印の長いほど高温である。

気塊構成分子等の速度が大きいことは運動エネルギーが大きいことであり、運動エネルギーは温度と比例する。温度が高い気塊は気体構成分子等の運動エネルギーが大きく、速度が大きい。衝突しあう反発力が大きいので分子間隔が長くなり、気塊の密度は低くなる。ゆえに周囲の温度より高い温度を持つ気塊は上昇力：浮力を持つのである。

（気塊内の温度勾配）
　高温気塊は低温の通常空気と触れるので、真ん中ほど温度が高い状態となる。
　高温気塊内（および中心軸）の温度分布の様子を図7に示す。
　高温気塊およびきのこ雲中心軸は中心ほど温度が高く、気体密度が低く浮力が大きい。温度の高い中心部分が一番急激に上昇しその周囲の気塊がそれに続いて上昇する。

（頭部の渦の原因は浮力勾配と空気の粘性抵抗）
　空気には粘性がある（速度の違う集団の間に摩擦力が生じる）ので図8Aに示すように周囲に大きな渦を作りながら上昇するところとなる。
　高温気塊の中心高温部分はきのこ雲の頂点に有る。高温気塊からは常に周囲に向かって気体粒子が流れ出す。中心部の温度が高く、周囲に行くに従って温度が低下するので、それぞれから吹き出す気流の速度がだんだんに減少する。大気には粘性があるので、高温気塊を頂点とするドーナツ的対称性を持つ回転気流（渦：トロイド）が形成される。渦は熱と放射能物

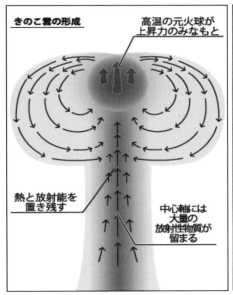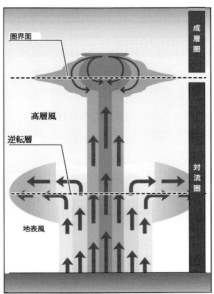

図8

図8Ａ（左）：きのこ雲頭部の渦形成と中心軸への放射能と熱集中のメカニズム
図8Ｂ（右）：大気の温度変化と原子雲の構造。逆転層と圏界面で水平に広がる。

質が伴う。

（頭部の急速上昇が中心軸の成因）

　高温気塊は上昇するので、渦の下端は高温気塊の底部に向かい、高温の気体及び放射性微粒子を動いた後の位置（気塊底部）に移動させ尾を引くことになる。頭部（高温気塊）の後流はきのこ雲の軸となる。きのこ雲の軸は爆心地地表が高温となったための上昇気流と合体して、全体として大きな放射性熱流（中心軸）を形成する（流体連続の法則）。

　こうして形成される中心軸は高温であり放射能に満ちている。

（空気温度の高度依存性の逆転と原子雲の浮力喪失）

　（①逆転層）

　対流圏では大気温度は高さが増すにつれて低くなる。ところが、地表近くの地表風層とその上の空気層の境界が、上空層の気温が高い場合には逆転層と呼ばれる境界面を形成する。逆転層は広島でも長崎でも存在したことが確認されている。ここで、高温気塊そのものは十分に温度が高いために逆転層に影響されずに上昇し続けるが、後流となるきのこ雲の軸の外側低温部分が上昇することができなくなる（浮力を失う）のである。

　上昇できなくなった部分は下方から次々と押し寄せる上昇気流により水平に同心円的に押し出される。これが低空に広がる円形水平原子雲である。広島原子雲では地表風層の風向きは南東であり、上空層の風向きは西風であることが写真により確認されている。これは当時の気象記録と一致する。

（②圏界面）

　高さがさらに上昇し頭部が対流圏と成層圏の境界面すなわち圏界面に到達すれば、周囲の気体の温度が高さに依存せず一定に保たれ（界面層）、あるいは高度と共に上昇する（成層圏）ようになる。そうなると注目する頭部気塊の外側部分が初めに周囲の気体との間に温度差はなくなり、浮力が消滅する。

高温気塊最高温部はさらに上昇し頭部温度と外気温が一致したところで頭打ちとなり水平のレベルを形成する。広島原子雲はこの状態で撮影されている。

　この様子を図8Bに示す。図8Bを図1と比較していただきたい。理論的な推察が現実を良く説明する。

まとめ

　原子雲の写真と動画を現場証拠としてつぶさに観察することから、原子雲の構造および生成について知見を得た。

　「黒い雨に関する専門家会議」等の主張する「原爆の爆発によって作り出された衝撃波が地上で反射して原子雲を作った」という説が誤謬である

ことを明らかにした。広島では爆発後およそ３秒で反射波は原子雲頭部を横にずらした。

　原子雲の生成原理は、高温気塊（元火球）の浮力に根源を持ち、爆心地表の高温、大気の粘性、逆転層、圏界面などが関与する。

　原子雲の構造は、頭部（高温気塊）、中心軸、低空に広がる水平な円形原子雲からなる。これらは上記原子雲の生成原理で科学的に良く理解できる。

　低空（〜４km）での水平に広がる円形原子雲は逆転層に展開する。風下だけで無く全方向に放射能を運ぶメカニズムである。広島長崎には砂漠モデルの適用は誤りであることを明確にした。水平原子雲の上下できのこ軸の太さが異なり、雲の移動は風向きに左右される。放射能を含むので雲が厚くなくとも雨を降らす。

　黒い雨の「黒」は火球で生成された放射性微粒子群と火災による「すす」である。

　黒い雨の降雨域の広さや移動／時間経緯や雨の強さなどが基本的に水平に広がる円形原子雲の動向により説明可能である。水平原子雲と関連した降雨は局地的気象や火災による雲と相互作用して複雑な展開を為した。

　黒い雨領域は放射能領域であった。当該区域にいるだけで放射線被曝を必然的に被った。特に植物は放射性物質を濃縮する光合成を行うので内部被曝被害は深刻であった。

追記

　著者は物性物理学を主たる分野とする一般科学者と自己認識する。放射線分野に関しては「市民研究者」であり、たたかう人々が現場で必要としている課題を確認して、資料を集め科学化しようと試みている。今回は、小さな火球内にあった放射性物質がどのようにして風下以外の遠い場所まで運ばれたかというメカニズムを探ることが、重大課題であった。科学の基礎となる現場の客観的事実は、投下直後に撮影された写真と動画に残されていた。観察した事実を物理法則に則り考察し現象を説明する科学的識

見を得た。驚くべき事に、原子雲の生成／発展と構造に関して、ほとんどあらゆる面で現存する定説を覆すべきものであった。被曝の科学に付いては、国際原子力ロビーが支配するICRP等が似而非科学であり、ICRP体系は「彼らの方法を追随させるための『政治体系』」であると断じていた（矢ヶ﨑克馬：「放射線被曝の隠蔽と科学」緑風出版2021）が、原子雲の自然科学的理解そのものがこれほどまでに非科学に満ちているとは今回改めて思い知った。米国の核戦略に追随する日本政府の深刻な棄民の実態にさらに憤りを感ずるところとなった。

　この小論は最年少の広島胎内被爆者であった沖本八重美の遺志を継ぐものであり、全ての原爆被災者に捧ぐものである。我が連れ合いであった沖本八重美は生涯を核兵器廃絶と一人一人が大切にされる社会目指して奮闘してきた。我が古希祝いに際して八重美が残した寄せ書き『かつまくん、内部被曝の告発、どこまでも。　地球の未来が掛かっているよ。八重美の言うことも聞いてがんばれ〜』。その言葉が今も新鮮に響く。

❼ 「黒い雨」と放射線内部被曝 　　　大瀧　慈

1　はじめに

　「黒い雨」は、2020年および2021年7月に広島地裁・高裁で行われた判決を通じて、残留放射線被曝源の象徴として耳目を集めている。この黒い雨裁判（広島地裁による初審及び広島高裁による控訴審の判決で原告の全面勝訴、上告無しにより判決は確定された）の原告勝訴により、「黒い雨」に遭遇することで放射性粉塵の体内摂取による内部被曝が原因で健康障害が発生した可能性が高いことが司法的に初めて認められた。一方、被告の国（厚生労働省）は、上告こそ避けたものの、少なくとも今までのところ放射性粉塵を介した内部被曝による健康影響を全面的に認めた対応はしていない。その理由として、内部被曝による健康障害について、科学的知見による説明が十分にされていないことが挙げられている。本稿では、2008年に実施された広島市による「黒い雨」雨域に関するアンケートによる実態調査について論じ、上記、裁判の中で論議された「黒い雨」による内部被曝・健康障害の発生に関する傍証について改めて記し[1]、その想定される機序について言及する。

2　「黒い雨」の実態調査
［広島市調査に至る経緯］

　原爆炸裂後広島の場合、8月6日に降った雨が「黒い雨」と呼ばれている。黒い雨が降った日には中国山地の上空に太平洋高気圧があり、日本周辺は真夏の典型的な好天気であった。表1は、広島原爆炸裂当日に江波山にあった広島管区気象台（当時）での気象観測記録の一部を示すもので、当日の原爆炸裂前後は穏やかな好天であり、同気象台辺りは爆弾裂時に陸風と海風が入れ替わるタイミングであったことが見出される。

　この気象台で働いていたのが宇田道隆博士は、文部省から広島の原爆に

時刻	気温	湿度 (%)	風向	風速 (m)	降雨	天気	雲量
6：00	23.8	94	NNE	2.3	無	薄曇り	8
7：00	24.7	89	NNE	1.3	無	薄曇り	8
8：00	26.7	80	N	0.8	無	薄曇り	10
8：15	26.8	80	W	1.2	無	－	－
8：18	26.9	80	W	1.2	無	－	－
8：20	27.0	80	N.A.	1.2	無	－	－
8：30	27.0	81	N.A.	1.0	無	－	－
9：00	27.3	79	SW	1.7	無	曇り	9
9：30	28.4	70	SW	2.3	無	－	－
10：00	29.3	67	SW	2.5	無	晴れ	7

表1　1945年8月6日原爆炸裂前後の広島管区気象台（江波山）の気象記録の一部

よる黒い雨について調査の依頼を受けて、同僚の気象台の職員6人を連れて、広島の街や山間部を含めた郊外を自転車や徒歩で調査し、160人程度の人々から聞き取りながら「黒い雨」の体験の有無の情報等を収集・解析し、大雨地域や小雨地域という、いわゆる宇田雨域を設定した[2]。宇田雨域は綺麗な卵の形をしていた。このような状況を踏まえ、国は1980年にシミュレーションをした。しかし、それ以上の天気に関する実測データとしては広島近傍のものは江波山の気象台で観測されたもののみであり、それ以外の観測データとしては、最も近くても何百キロも離れた所のものしか存在していない。このような実測データが殆ど無い状況に対して、気象学・物理学知見に基づく数値実験による補完的研究（以下、シミュレーションと称す）も試みられた。シミュレーションをするときには、十分な精度が担保された環境を記述するための実測データが初期値として必要であるが、現実の「黒い雨」降雨に関する測定データは存在していなかった。シミュレーションの結果は一般に使用された初期値によって大きく変わることが知られている。　国は、宇田雨域の妥当性が検証できたと主張したが、少なくともその精度を主張出来るような根拠は用意されていない。その後、気象研究所に勤務していた増田義信博士は、宇田雨域の外側に居たのに黒い雨に遭ったという声も少なからず聞かれたとして、「黒い雨」の

雨域についての再調査を行い、その結果を宇田のデータに追加し、統合データを作成し解析して、1989年に雑誌『天気』に雨域（いわゆる増田降雨域）についての論文を発表した⁽³⁾。これを機に、「もっと多くの体験者からの証言を基にして、黒い雨の雨域や健康影響について再検討が必要では」との声が大きくなり、20年後の2008年に広島市は「黒い雨」についての再調査・研究を行った。その研究の中には、広島市立大学の馬場雅志博士により同シミュレーションの結果に重大な影響を与えるパラメータである原子爆弾によるキノコ雲の雲頂高度に関する新知見も明らかにされた⁽⁴⁾。それまで、キノコ雲の高さは8,000メートルとされていたが、馬場によると広島原爆のキノコ雲に関する多くの写真を解析し、実際には2倍の1万6,000メートルにもなっていたとのこと。この違いにより、吹き上がったエアロゾルが従来想定されていたよりもはるかに広範囲の地域に降下し、放射能汚染を起こしたことを示唆している。

［広島市による黒い雨調査］

　広島市は、原爆被害の実態解明を進めるため、2001年度から広島市原子爆弾被爆実態調査研究会を立ち上げていたが2008年度から同会を再組織し、同年6月から、原爆体験者等健康意識調査を実施した。その調査結果を基に2010年5月、「原爆体験者等健康意識調査報告書」としてとりまとめ公表した⁽⁵⁾。調査方法は、郵送自記式質問紙調査による基本調査と、基本調査結果を検証するための個別面談調査である。調査対象は1945年6月時点において、①広島市内又は県域の一部に、原爆投下前から居住し続けている者、及び②広島市内又は県域の一部に、1950年1月1日から1952年12月31日までに転入し、居住し続けていると思われる者で、かつ、原爆投下前に生まれた被爆者以外の者の合計3万6,614人に対して実施した郵送によるアンケート調査により収集されたもので、そのうちの約74％にあたる2万7,147人から得られた自書式回答である。

　上記のアンケート調査で収集された項目の中に「黒い雨」の体験の有無、体験場所、雨の降り始めと降り止んだ時刻（時単位）、雨の強さなどが含

問1	問2	問3
黒い雨体験有無	浴びたり触れたりしたか	降った時どこにいたか
有り＝1 なし＝2 わからない＝3 ［欠損＝9］	沢山浴びた＝1 少し浴びた＝2 降っているのを見た＝3 わからない＝4 ［欠損＝9］	自由記載 ［欠損＝9］

問4	問5－1	問5－2	問6	問7
黒い雨の強さ	何時頃から	何時頃まで	雨の色	紙くずや破片が飛ぶのは見えたか
強い、どしゃ降り＝1 中くらい、ザーザー＝2 弱い、パラパラ＝3 わからない＝4 ［欠損＝9］	24時間 表示	24時間 表示	真っ黒＝1 黒っぽい＝2 茶色っぽい＝3 透明に近い＝4 わからない＝5 ［欠損＝9］	はい＝1 いいえ＝2 わからない＝3 ［欠損＝9］

表2　原爆体験者等健康調査におけるアンケート質問と回答様式（「黒い雨」関係を抜粋）

まれている。表2に関連項目についての質問と回答様式を示す。Ohtakiは、「黒い雨」を体験したと回答した調査時の年齢が71歳以上の者を対象として限定し、「黒い雨」の時空間分布の解析を行った(6)。雨の降り始めと降り終わりの双方の時刻が回答されていた対象者は1,084人であった。表2にそれらの時刻別の度数分布を示す。なお、降り始めの時刻のみが回答されていた対象者は481人であった。

　表3aと表3bは、「黒い雨」の降り始めと降り終わりの時刻に関する回答のタイプ別のサンプルサイズを示している。タイプAは降雨の開始時間と終了時間の両方を含み、タイプBは開始時間のみで構成されている。これらのデータは時間帯のみで提供されているため、分単位の正確さに欠ける。回答数は、タイプAが1,084件、タイプBが481件であった。表3aは、タイプAの回答者の「黒い雨」の経験頻度を降雨開始時刻と降雨終了時刻別に示したものである。表3bは、タイプBの回答者の降雨開始時刻別の経験頻度を示している。降雨期間の長さは、降雨開始時刻から降雨

降り始めの時刻（時）	降り止んだ時刻（時）											
	8	9	10	11	12	13	14	15	16	17	18	計
8	12	110	19	2	8	2	4	2	0	0	0	159
9	0	25	147	52	26	13	4	9	2	2	0	280
10	0	0	13	157	69	32	18	13	2	1	1	306
11	0	0	0	9	62	28	22	10	7	2	0	140
12	0	0	0	0	6	25	9	6	3	1	0	50
13	0	0	0	0	0	1	24	12	4	3	1	45
14	0	0	0	0	0	0	2	39	8	1	2	52
15	0	0	0	0	0	0	0	2	25	13	2	42
16	0	0	0	0	0	0	0	0	0	8	2	10
計	12	135	179	220	171	101	83	93	51	31	8	1084

表３a　「黒い雨」の降り始めと降り終わりの双方の時刻が回答されていた対象者における「黒い雨」の降り始めの時刻別降り止んだ時刻別回答度数

降り始めの時刻（時）									
8	9	10	11	12	13	14	15	16	計
89	138	118	57	18	21	19	17	4	481

表３b　降り止んだ時刻が不明の降り始めの時刻別回答者度数

終了時刻を引いた値であり、図１はそのヒストグラムである。この図より、降雨時間については１時間に比べて０時間の体験頻度が圧倒的に低いことが分かる。単位は時間なので、０時間のクラスは30分未満の降雨体験者から構成され、観測された数よりも多いはずである。降雨経験者は「終了時刻＝開始時刻」ではなく「終了時刻＝開始時刻＋１」と表現した可能性があり、その結果、０時間クラスの件数が減り、１時間クラスの件数が増えた可能性がある。

［黒い雨調査データの統計解析］

　黒い雨の各諸属性値に関する地理的分布を推定するために、広島市近郊の400×400（計160,000地点）の空間的格子点で評価した。それらの属

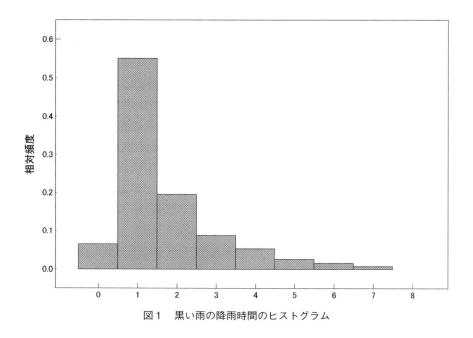

図1　黒い雨の降雨時間のヒストグラム

性値は空間的に滑らかな分布をしており、格子点ごとに地区別平均値の異なった重み付き和として特徴付けられるものとしてノンパラメトリック局所平面回帰分析を適用し解析した。

　タイプＡの回答者から得られた降雨期間の観測値は、正確を期すために回答者が10人未満の地区は省略し、「黒い雨」を経験した個々の場所を、地方自治体や学校などの代表拠点とする地区ごとの平均値でまとめた。表3に、地区座標、黒い雨経験者数、有効回答数、平均降雨時間を示す。有効回答者数は合計903件であった。

地区番号	地区名	地区座標		※1 回答者数	※2 有効回答数	平均降雨時間（hr）
2	白島町	34.408	132.463	18	12	1.2
4	千田町、大手町、加古町	34.384	132.455	20	10	1.0
5	広島駅構内	34.398	132.475	28	16	2.1
10	東雲町、大洲町、霞町	34.382	132.488	12	11	1.3
15	舟入町、河原町	34.383	132.441	20	13	2.0
16	寺町	34.400	132.441	32	14	1.8
18	福島町	34.394	132.426	40	19	2.1
19	南三篠町	34.402	132.439	13	10	2.2
20	中広町、広瀬町	34.402	132.444	24	14	2.1
21	江波町	34.371	132.434	21	16	1.7
22	横川町	34.408	132.449	27	15	1.9
23	三篠本町、大芝町	34.417	132.456	34	23	1.3
24	観音町	34.39	132.435	49	31	1.3
25	南観音町	34.381	132.426	37	24	1.7
27	三滝町	34.417	132.442	43	26	1.3
28	己斐町（上町）	34.414	132.422	25	16	2.2
29	己斐（その他）	34.400	132.422	140	89	1.7
31	古田村	34.389	132.411	69	38	1.6
32	草津町（草津南以外）	34.381	132.405	45	16	2.0
33	庚午町	34.383	132.416	17	11	1.3
37	祇園町（長束地区）	34.428	132.454	41	15	1.1
39	祇園町（その他）	34.439	132.462	38	24	1.2
40	伴村	34.461	132.409	88	52	1.9
41	戸山村	34.485	132.357	47	27	2.1
42	安村（長楽寺、高取）	34.473	132.431	23	13	2.1
43	安村（上安、大町）	34.472	132.456	58	34	1.5
45	久地村	34.520	132.405	38	22	1.8
46	飯室村	34.553	132.444	30	18	2.2
47	亀山村	34.533	132.482	63	35	1.4
48	小河内村	34.582	132.417	22	14	1.7
51	日浦村	34.508	132.438	35	27	1.6
53	可部村	34.517	132.508	27	12	1.3

54	古市町	34.453	132.469	21	14	1.0
58	石内村	34.418	132.384	51	28	1.3
59	川内村	34.413	132.352	31	17	2.0
60	八幡村	34.392	132.356	42	27	2.3
61	水内村	34.525	132.315	39	26	1.5
62	砂谷村	34.435	132.294	40	25	2.7
63	上水内村	34.474	132.239	15	11	1.7
64	五日市町	34.368	132.361	26	13	1.6
66	中山村	34.409	132.499	13	10	1.4
86	安野村	34.563	132.371	20	15	1.8
	計			1,522	903	1.3

表4　代表地区別地理座標（緯度・経度）、黒い雨回答者数、平均降雨時間
※1　「黒い雨」の開始時刻を回答した者の人数。
※2　タイプA回答者が10名以上の地区に限定した場合の「黒い雨」体験者数。

　表4の地区別平均降雨時間を2次元の地区座標に対してプロットして視覚化した結果を図2（239頁）に示す。この図より1時間以上雨が降り続いた「黒い雨」地域は爆心地を含む広島市北西部近郊まで広がっていることが分かる。この推定降雨域は、増田の推定値とかなり一致しており、宇田の「小雨域」を含み、宇田の「大雨域」の5～6倍程度の広さであった。

　上記の表4（図2で一部視覚化）で示したデータに対して平面平滑化法（Appendix A1.参照）を適用し黒い雨降雨時間の地理分布を求めた結果を図3（239頁）に示す。推定された降雨時間が1時間未満（水色）、1時間から時間半未満（緑色）、1時間半以上2時間未満（黄色）、2時間以上（赤色）の降雨有りの4カテゴリーと降雨無し（青色）のカテゴリーに分割し、広島市及びその近隣地域の色分けを行っている。なお、比較のために、宇田の大雨地域、宇田の小雨地域、増田の雨地域の外縁を、それぞれ、茶色、緑、青緑色の曲線で重ね合わせ、広島市（令和4年時）の区界を白色の曲線で示した。

　さらに、各時刻での「黒い雨」経験者数と回答者数の比率を以て時刻別黒い雨体験率を算出した。体験率の分散を安定化させるために逆正弦変換

を施し、局所線形モデルを用いてノンパラメトリックな平滑化を行った。その結果を図4（240頁）に示す。黄色で示した領域は、60％以上の人が「黒い雨」を体験したと推定される領域である。緑色の領域は、体験率が30％〜59％と推定される領域、水色の領域は、体験率が10％〜29％と推定される領域である。

　「黒い雨」は、己斐付近（爆心地から西へ約3kmの広島市西区）で午前9時頃から始まった。午前10時頃に最も広く（重く）なり、北に向かって広がり、1945年8月6日午後3時頃に加計町（爆心地から北北西に約30km）付近で消滅したことがわかる。

［アンケート調査によるデータ解析の問題点や限界］

　上記の調査の目的は、原爆投下直後の広島のどこで、いつ、どれくらいの時間「黒い雨」が降ったかを明らかにすることにあった。原爆被爆当時、広島市近郊には爆心地から南西に3.7km離れた江波気象台（1945年8月6日には降水が観測されなかった）以外に公式の気象台や測候所はなかった。したがって、「黒い雨」の実際の空間時間分布を再現（推測）するためには、広島近郊で活動していた人々を対象にした「黒い雨」体験に関するアンケート調査を行いそのデータについて解析するのが唯一の方法である。今回行った分析では、アンケートの対象者がいつ、何処で「黒い雨」を体験したかについての回答に基づいている。この種の問題を解くには、「黒い雨」体験のあった人々だけではなく「黒い雨」を体験していない人々からの（「受けていない」という）情報の重要性も明らかである。しかし、「黒い雨」体験が無かった人々から意味のある回答を取得することは容易ではない。「黒い雨」体験者の場合、「いつ何処で？」という問いに対して、体験の時刻や場所を特定できれば、それを以て回答すればよいので比較的容易である。一方、「黒い雨」体験が無かった人々に対して、「いつ何処で？」と問うたとしても簡単には答えることはできない。少なくとも「何時頃から何時頃までの時間帯に何処其処辺りに居たのであるが体験は無かった云々……」というような情報が無いとデータとして扱いようが無いことは

明らかである。ということで、今回の広島市らが用意したアンケート調査には、「黒い雨」体験が無かった場合に対する質問項目や関連する自由記述の欄が設定されていなかったのである。その結果、同アンケート調査に回答した人々は、全員が「黒い雨」体験のあると回答したに限られてしまった。従って、地理的情報を無視すれば、「黒い雨」体験率は100％の調査結果を解析対象とせざるを得なかった。そこで、原爆投下日の午前8時から午後4時までを1時間ごとに区切り、時間帯別（アンケートの質問形式に基づく正確な記述としては、1時間単位の時刻別と表現すべき内容の）条件付体験率を算出した。即ち午前9時とか10時といった時刻単位で雨に遭っていたか否かを評価した。図4から容易に判る事として、最も高い「体験率」は、午前10時の広島爆心地から北西10km付近のいわゆる宇田氏の大雨域中での値として推定されている。ただし、その値は（全ての人々が「黒い雨を体験したことを意味する100％ではなく、70％程度に留まっていることが注目される。おそらく、回答で記された「黒い雨体験」に関する情報の精度が起因したものと想われる。例えば、実際には午前10時25分頃に「体験」していたのに、「雨の降り始めの時刻を午前11時」と回答した人が存在すると、アンケート調査のデータ上では、「午前10時には黒い雨に遭っていない」となることで、真実とのズレが生じてしまう。当時の多くの人々は高精度の腕時計を携帯していたとは考えられないので、そのようなズレが生じることは十分予測できていた状況である。

　「黒い雨」降雨域を特定するには、当然のことであるが「黒い雨降雨域とは如何なる領域なのか？」ということについての明確な定義が必要である。東西南北100m間隔の緯線と経線での交叉で定められる格子点に雨量計が爆心地から50km以内の近傍領域に設置されていて、原爆の爆発の直前からある一定時間（例えば、8時間程度）の期間中に雨量が計測されていたとすれば、「1mm以上の雨量が計測された格子点で囲まれる多角形領域」という様に定義することで異存は出ないであろう。しかし現実は、そのようなシステムは用意されていたわけではない。殆どの人々が雨量計どころか時計すらも携帯していなかったはずで、そのような方々の数十年

も過去の被曝体験のみがデータの取得源が実情なので、雨量の時空間分布に関する詳細について論ずることには自ら限界がある。

[黒い雨と放射線被曝の関係]

　原爆の放射線の健康影響についての研究を実施している機関として、最もよく知られているのはABCC／放射線影響研究所（以下、放影研）である。放影研は残留放射線（間接被ばく）による健康影響については、1950年代に当時の生物統計部門長であったウッドベリーによる調査検討の必要性について米国政府への提言があったものの、政治的背景を理由に要求は認められず、それ以降、放影研が詳細な調査研究をすることは無かった。唯一の例外としてSakataらの黒い雨遭遇の有無とその後の白血病・固形癌の死亡・罹患リスクとの関連性についての研究が、2012年に発表されている[7]。対象はLSSコホート被爆者の部分集団であるが、「黒い雨」の影響として統計的解析の結果、遭遇の有無による有意差は未検出であったと、論文報告を行っている。ただし、同論文の結語の中で著者ら自らが調査・解析における方法論的に不十分な点があることを認めていて、黒い雨遭遇と発がんリスクとの関連性を断定的な否定は行っていない。

　今回の広島地裁及び高裁での黒い雨訴訟は、黒い雨への遭遇に関する客観的情報か背景情報を持ち合わせている証拠があれば、それによる内部被曝由来の健康障害発生の可能性があったとして（被爆者手帳の交付という）救済の対象とされるべきとの司法判断により原告勝訴で決着した。その中で、「黒い雨」に含まれる放射性物質の量や放射線量については何ら条件が付与されることはなかった。原告の人々を中心に多くの黒い雨体験者による健康被害の実情について体験記や証言が実を結んだのである[8][9]。この判決に対して、被告である国（厚生労働省）は、結果的に上告することは無かったのであるが、黒い雨による放射線被曝の影響について、信頼できる科学的知見が不十分であるとして全面的に認めてはいないままである。その対応は、かつて原爆爆発直後の早期入市者や救護が原爆被爆者と認定された状況と全く同様であり類似している。

3　内部被曝に起因する健康影響関連の諸知見

　原爆被爆者における急性放射線障害（以下、急性症状という）の発現や固形がん罹患（死亡）リスクは、初期放射線量だけでは説明できないことに、被爆直後から臨床医や研究者が注目した[10][11]。広島の町医者であった於保は、調査時に生存していた原爆被爆者3,946人、入市者692人について被爆者の被爆状況、急性放射線症の有無や程度、被爆後3ヵ月間の行動などについて聞き取り調査を行った。その結果、症状の有病率は爆心地からの距離と必ずしも相関がなく、爆心地付近への立ち入りに伴う残留放射線の影響が大きいことを明らかにしている[12]。その後、Sawadaは、於保らの結果を踏まえて、原爆被爆者の急性症状に対する残留放射線被曝の影響の機序に関する仮説を提案している[13]。

　放影研より2001年に、原爆被爆者におけるリンパ球での安定型染色体異常と被爆線量(DS86)との間に明確な線量反応関係が報告されている[14]。同論文によると、対象はLSSの部分集団（広島と長崎のそれぞれ1980人と1,062人、計3,042人）で、染色体異常細胞検査は、1968年から1990年の期間に行われている。その調査・解析の結果として、線量反応関係は低線量域では広島の被爆者および長崎の被爆者のいずれでもほぼ直線関係を示したが、初期放射線量DS86が同じ値であっても、原爆炸裂時に屋内被曝の場合の方が、屋外被曝の場合よりも染色体異常率が20%以上高いことが報告されている。この大きな差が生じてしまった原因は何なのか？それは、「原爆被爆」について被爆線量を評価する上で本質的に誤った扱いがあったことによるものと思われる。家の中で被爆した人は、屋根や壁で遮蔽されていたために、ピカによる被曝線量としてはより少ない線量を受けている。DS86線量システムでは、ピカによる放射線のみで被曝線量を評価しているからである。一方、現状無視されている放射性微粒子は一寸した隙間からでもいくらでも入りうる。家の中や建物の中にいた人たちも、できるだけ早く外に出て避難しようとしたはずで、被爆した瞬間に家の中に居たか否かなどを区別することに意味が無いことは明らかである。原爆被爆者に対する被爆線量推定方式DS86[15]は原爆の初期放射線による

線量評価システムで、1986年に導入され、原爆投下時に爆心地から 2,500
メートル以内にいて、遮蔽されていなかったか、または、日本家屋等の木
造建築物によって遮蔽されていた被爆者のうち詳細な遮蔽歴が得られてい
る人全員を対象としている。その後、2003年に、大気中の水蒸気による
遮蔽効果等が取り入れられ現在も使用されている線量評価システムである
DS02に更新されたたが、DS86の場合と同様に、残留放射線等の間接被爆
由来の放射線の線量は軽微とされ無視されている。その結果として、放射
性微粒子などの間接曝露による放射線被曝の影響は完全に存在しなかった
ものとみなされ、線量推定としてかなりの過誤が生じてしまったはずであ
る。

　図5（240頁）は、原爆が炸裂したときに放出された中性子が爆心地付
近の日本家屋や土壁に当たり、粘土や土に含まれる金属の安定元素の原子
核に中性子が取り込まれ、放射化されて放射性粉塵となった状況を模式的
に示したものである。室内で被爆した人は、原爆から放出された中性子や
ガンマ線（初期放射線）を屋根や壁の遮蔽効果で減衰させることができた
はずである。一方、原爆の爆発後に発生した放射性粉塵による被ばくでは、
その物理線量（吸収線量）は全く無視できるほど小さい。したがって、日
本家屋などの遮蔽効果による線量は、爆心地の瞬間には屋内と屋外で系統
的な差はなかったと推定される。もし、放射性粉塵被曝による線量の割合
が無視できないほど大きければ、上記の染色体異常率のデータに見られる
矛盾しているような奇妙な屋内外被曝の線量依存性が説明出来るのである。

　広島大学原爆被爆者コホートデータベース（ABS）に基づく被爆者調
査の結果、被爆者の健康状態は初期線量以外では説明できない（内部被ば
くによるものと解釈する必要がある）ことが複数の論文で報告されている。
Tondaらは、原爆被爆者の固形がん死亡リスクについてセミパラメトリッ
ク解析を行い、非円対称性（爆心地の西側で死亡リスクが高い）を可視化
した[16]。この非円対称性については、1984年に Peterson らが放影研 LSS
データに基づく Cox 回帰分析の結果として報告している[17]。 鎌田らは、
1970-1990年の原爆被爆者における白血病のリスクは、入市日が８月６日

の場合、同時期の日本人に比べて男女とも 3.7 倍（p ＜ 0.05）高いことを
報告している[18]。また、Otani らは初期放射線（ピカ）の影響を受けてい
ないはずの 8 月 6 日〜 8 月 8 日の広島原爆入市者の若齢層だけでなく中
年齢層でも、対応する 8 月 9 日以降の入市者と比較した場合の 1970 年〜
2010 年の期間での固形がん死亡での 10％以上の過剰相対リスクが推定さ
れたことを報告している[19]。大瀧・大谷は、60 歳未満で爆心地から 2,000m
以内で被爆し、1970 年 1 月 1 日時点で広島県内に居住（生存）していた
ABS 被爆者 18,154 人の分析を行っている[20]。日本を参照集団として、
1970 年から 2010 年までの 41 年間について、性別、年齢階級、被爆地点の
方向別に、期待死亡数と観察死亡数の比（SMR）を算出し、被爆時 10 代
の男性の SMR 値は、爆心地近傍を含む西側の距離が長くなるほど高くな
り、2.0km 付近に限定すると東側より西側で高い傾向を得た[20]。

［広島原爆での放射性微粒子の動態］

　原爆爆発後、地上では熱線による直接発火のほか、爆風で建物が破壊さ
れて間接発火となり、火災で発生した煤が上昇気流に乗って吹き上げられ
た。その際、爆心地付近の家屋や土壌に含まれていた中性子で活性化した
核種（等）が塵に付着し、雨粒の中に核分裂生成物（等）や未分裂の原爆
物質と混じり、あるいは塵として空中に舞い上がり、風に運ばれて大気中
に拡散しながら徐々に地表に落下していった。半減期 2.2 分の ^{28}Al を含む
放射性微粒子の吸入は、爆心地付近に住む人々にとって不可避ものである。
一方、^{56}Mn（半減期 2.6 時間）、^{24}Na（半減期 15 時間）を含む放射性微粒
子は広範囲に拡散し、遠方の被爆者や市内に入った人も被ばくした可能性
が高い（図 6：241 頁）。地表で活動していた人は、呼吸や汚染された井戸水、
川（沢）の水、野菜などを通じて内部被曝していたと推測される（図 7：
241 頁）。このことは、「黒い雨」降雨地域の中の己斐・高須地区の土壌な
どから高濃度の放射能が検出されたという複数の報告によって裏付けられ
ている[21][22][23]。
　上記のような広島原爆での放射性微粒子の動態を考慮すると、米政府や

米軍が原爆開発を行っていた当時想定していたような「爆心地近傍以外の地上は原爆により放射能汚染を引き起こさない」という原爆のクリーンボブ幻想が崩れることになる。それは、冷戦時にあった彼の国の核戦略の変更を強いられることに繋がる問題となる。以下、この点について、少し説明を付け加えておく。当初の想定では、「原爆を上空で炸裂した場合、爆発の影響は、炸裂時に爆弾から射出される強力な放射線（γ線や中性子線）と熱線が攻撃目標である爆心地付近の限局した領域のみに損傷や破壊を与え、その後生成された全ての放射性微粒子は爆心地付近の超高温により生じる強い上昇気流に伴い高空へ拡散され、地上への汚染は起こらない、従って、攻撃目標以外の地域での被害は回避出来る」というものであった（図8：242頁の上段参照）。ところが、現実の広島原爆被曝では、爆心地から遠い郊外を含む広い地上でも放射能汚染が生じてしまった（図8：242頁の下段参照）。この想定外の原爆による放射能汚染は、「オッペンハイマーの過ち」と呼ばれ、現在も核兵器使用の禁忌の礎になっている。

[不溶性放射性微粒子による内部被曝]

放射性粉塵に含まれる不溶性放射性粒子[24]の中には、一箇所に留まって半永久的に被曝するものがあり、その例として、原爆被爆者や原爆後60年以上経過した黒い雨地域にいた人の臓器検体にウランやプルトニウム粒子由来のアルファ線が観察されている[25]。単一の放射性粒子への内部被曝だけで「原爆の放射能の影響を身体に受ける状況」が現れているとされたものである（図9：242頁参照）。通常の外部被ばくにおける一様な被ばくよりも、不溶性放射性粒子の周囲にホットスポットと呼ばれる集中被ばくが生じる極めて不均一な被ばくの方が危険であるとの見解[26][27]や被曝細胞の隣の細胞もダメージを受けるバイスタンダー効果、細胞の慢性被ばく影響が指摘されている[28][29][30]。

[放射性微粒子が絡んだ内部被曝の危険性]

ICRPなどの放射線障害の専門家から、「放射線のリスクは、どの程度の

線量であるかに依存し、外部から、あるいは内部からという与えられ方によるものではない」という報告が出されている。それどころか、「放射性物質が沈着した細胞は相当の被曝により死滅し、細胞ががん化することはないと考えられる（なお、死滅した細胞は、人体の生理作用として常に生じているのと同じように、別の細胞に置き換わることになる）。この場合には、外部被曝の場合と比較して、がんの芽となる細胞の数が少なくなるため、発がんリスクは外部被曝と同じかそれより減少すると考えられる。このようなことから、被曝線量が同じ場合でも、内部被曝による健康影響は、外部被曝よりも低い場合がある」などと主張されている。

　実効線量（Sv値）が同じ線量であれば、内部被曝／外部被曝などの被曝形態に依らず健康影響は同じである、というか同じで無ければSv値の定義に対して不整合である。Sv値はあくまで防護のために適用される指標であり、対象となる放射線被曝は「均一な線質で構成される放射線の外部被曝」の場合に限られる。放射性微粒子が絡んだ内部被曝の場合は、その前提が崩れていると考えざるをえず、吸収（物理）線量（Gy値）からSv値への変換の妥当性を与える根拠が存在しない。その場合、形式的にSv値で線量を表記しても尺度として意味を成さない[31]。

　生体臓器内に沈着した放射性微粒子の極近傍にある細胞は、微粒子から射出される線量率の高い放射線により結果的に死滅（細胞死）に至ることは、よく知られている現象であるが、問題は上記で論じられているほど単純なものではない。各細胞の被曝線量は被曝開始からの時間に対する線量率の積分で定められるので、この線量は時間とともに単調に増加するが、被曝開始直後の短期間は低いままである。したがって、細胞死の発生までにはある程度の時間が必要である。半減期が数分を超える放射性核種による内部被曝は、各種細胞応答現象や細胞分裂・増殖現象に大きな影響を与える可能性がある。その様な場合、IL-1、TNF α、IL-6などの様々なサイトカインの生成・放出が起こり、当該細胞だけで無く近隣の細胞に炎症を引き起こさせ[32][33][34][35]、細胞の遺伝的不安定性を高めてがん化に繋がる変異発生の危険度を高くする[36][37]。

一方、ほぼ一様で均一なγ線などによる放射線の外部被曝では、臓器平均線量が低い限り個々の細胞での細胞死は稀であり、炎症などのエピジェネティックな細胞環境に変化が発生し難いために細胞がん化に繋がる変異の超過上昇もなく、がん発生リスクの上昇も起こりにくい。したがって、吸収線量の臓器平均値が低い被曝によるSv値の異常な上昇は内部被曝の場合に限って現れる特異的な現象であると捉えてよいと思われる。

4　おわりに

外部被曝の場合、被曝に関する事前情報が把握できていれば、遮蔽や曝露回避が容易、被曝線量評価がし易い。一方、内部被曝の場合は遮蔽や回避が容易でなく、外部線量計測システムを使用して、実効被曝線量を形式的に行ってしまうと桁違いに線量（率）を過小評価してしまう。一般に、内部被曝は低線量被曝と思われているが、放射性微粒子の摂取が絡んでいる場合には、局所的に超高線量被曝の状態が存在し慢性的な細胞の発生リスクの上昇が生じている可能性がある。ただし、その生物学的影響については、ほぼ未解明といった現状の下で、少しずつではあるが疫学調査や動物実験による研究が始められている[38]。

【参考文献】
（1）大瀧　慈：地裁判決が認めた黒い雨による内部被曝、広島平和科学 42,1-16,2020.
（2）宇田道隆,菅原芳生,北　勲：気象関係の広島原子爆弾調査報告,日本学術会議原子爆弾災害調査報告書刊行委員会編「原子爆弾災害報告集」第1分冊,98-135,1953.
（3）増田善信：広島原爆後の"黒い雨"はどこまで降ったか、天気 36,13-23,1989.
（4）Baba M,Ogawa F,Hiura S,Asada N:Height Estimation of Hiroshima A-bomb Mushroom Cloud from Photos,Revisit the Hiroshima A-bomb with a Database-Latest Scientific View on Local Fallout and Black Rain-（eds.Aoyama M.and Oochi,Y.）,Hiroshima City,55-68,2011.
（5）広島市：原爆体験者等健康意識調査報告書,平成22年5月,2010.
（6）Ohtaki　M:Re-construction of spatial-time distribution of black rain in Hiroshima based on statistical analysis of witness of survivors from atomic bomb,Revisit the Hiroshima A-bomb with a Database -Latest Scientific View on Local Fallout and Black Rain-,Hiroshima City,131-144,2011.
（7）Sakata R,Grant EJ,Furukawa K et al.:Long-Term Effects of the Rain Exposure

Shortly after the Atomic Bombings in Hiroshima and Nagasaki.Radiation Research 182（6），599-606,2014.

（8）竹森ら：「黒い雨」訴訟を支援する会,2020.https://blackrain1.jimdofree.com/

（9）小山美砂：「黒い雨」訴訟,集英社新書,2022.

（10）永井隆：長崎の鐘,アルバ文庫,1946.
http://www.aozora.gr.jp/cards/000924/files/50659/42787.html

（11）都築正男：医学の立場から見た原子爆弾の災害,医学書院,1954.

（12）於保源作：原爆残留放射能障碍の統計的観察,日本医事新報176,21-25,1957.

（13）Sawada S:Estimation of residual nuclear radiation effects on survivors of Hiroshima atomic bombing from incidence of acute radiation disease.Study of Social Medicine 29,47-62,2011.

（14）Kodama Y,Pawel D,Nakamura N et al.:Stable chromosome aberrations in Atomic bomb survivors,Results from 25 years of investigation,Radiation Research,156,337-346,2001.

（15）Roesch C:US-Japan Joint Reassessment of Atomic Bomb Radiation Dosimetry in Hiroshima and Nagasaki Final Report.Radiation Effects Research Foundation,Hiroshima,1987.

（16）Tonda T,Satoh K,Otani K,Sato Y et al.:Investigation on circular asymmetry of geographical distribution in cancer mortality of Hiroshima atomic bomb survivors based on risk maps:analysis of spatial survival data,Radiation and Environmental Biophysics,51,133-141,2012.
doi:10.1007/s00411-012-0402-437

（17）Peterson A,Prentice R,Ishimaru T,Kato H,Mason M:Investigation of circular asymmetry in cancer mortality of Hiroshima and Nagasaki A-bomb survivors,Radiation Research,93,184-199,1983.

（18）鎌田七男,大北威,蔵本淳,川上秀史ら：8月6日入市被爆者白血病の発生増加について,長崎医学会雑誌81,特集号,245-249,2006.

（19）Otani K,Ohtaki M,Yasuda H:Solid cancer mortality risk among a cohort of Hiroshima early entrants after the atomic bombing,1970-2010:implications regarding health effects of residual radiation,Journal of Radiation Research,63,No.S1,45-53,2022.
https://doi.org/10.1093/jrr/rrac036

（20）大瀧慈,大谷敬子：広島原爆被爆者における健康障害の主要因は放射性微粒子被曝である,科学86、819-830,2016.

（21）Arakawa ET:Residual Radiation in Hiroshima and Nagasaki,Hiroshima,RERF;ABCC TR 2-26,1962.

（22）Shizuma K,Iwatani K,Hasai H,Hoshi M　et al.:137Cs Concentration in soil samples from an early survey of Hiroshima Atomic bomb and cumulative dose estimation from the fall out,Health Physics 71（3），340-346,1996.

（23）庄野直美：残留放射能について,広島医学 20,75-91,1967.

（24）Igarash Y,Kogure T,Krihara Y et al.:A review of Cs-bearing microparticles in the environment emitted by the Fukushima Dai-ichi Nuclear Power Plant accident,Journal of Environmental Radioactivity 205,101-118,2019.doi:10.1016/j.jenvrad.2019.04.011

(25) Shichijo K,Takatsuji T,Fukumoto M et al.:Autoradiographic analysis of internal plutonium radiation exposure in Nagasaki atomic bomb victims,Heliyon 4（6）,2018. doi:10.1016/j.heliyon.2018.e00666

(26) Tamplin A.,Cochran T:Radiation standard for hot particle,Natural Resources Defense Council,1974.

(27) 松岡　理:放射線量の不均等分布とその生物効果--Tamplinのホットパ-ティクル提案をめぐって,Radioisotopes 25,659-669,1976.

(28) Petkau A:"Effect of 22Na+ on a phospholipid membrane",Health Physics 22（3）,239–244,1972.doi:10.1097/00004032-197203000-00004

(29) 肥田舜太郎,鎌仲ひとみ:内部被曝の脅威 原爆から劣化ウラン弾まで,筑摩書房,90-91,2005.

(30) 西尾正道:被曝インフォデミック,寿郎社,2022. ISBN 978-4-0-0281-32-6

(31) 矢ヶ﨑克馬:ひろがる内部被曝,本の泉社,2011. ISBN 978-4-7807-0789-2

(32) Galdiero MR,Marone G,Mantovani A:Cancer inflammation and cytokines.Cold Spring Harb Perspec Biol 10:a028662,2018.

(33) Lin WW,Karin M:A cytokine-mediated link between innate immunity,inflammation,and cancer.J Clin Invest 117:1175-1183,2007.

(34) Nagarsheth N,Wicha MS,Zou W:Chemokines in the cancer microenvironment and their relevance in cancer immunotherapy.Nat Rev Immunol 17:559-572,2017.

(35) Shinko D,Diakos CI,Clarke SJ et al.:Cancer-related systemic inflammation:the challenges and therapeutic opportunities for personalized medicine.Clin Pharmacol Ther 102:599-610,2017.

(36) Ohtaki M and Niwa O:A mathematical model of radiation carcinogenesis with induction of genomic instability and cell death.Radiation Research 156:672-677,2001.

(37) Ohtaki M,Tonda T,Aihara K:A two phase Poisson process model and its application to analysis of cancer mortality among A-bomb survivors.Math Biosciences 268:31-37,2015.

(38) Hoshi M:The overviewer of neutron-induced [56]Mn radioactive microparticle effects in experimental animals and related studies,Journal of Radiation Research,63,21-67,2022
http://doi.org/10.1093/jrr/rrac020

Appendix　A 1　［降雨時間の地理分布の解析方法］

　黒い雨降雨期間の長さの地理的分布を推定するために、局所線形モデルを当てはめて、部位別平均降雨期間に地理的重み付け回帰[3]を適用した。黒い雨」の降雨期間の長さが空間的に滑らかな分布を持ち、$p=(u,v)$ の近傍での長さが局所的な線形モデルを使って次式により近似的にフィットできると仮定した。

$$h_p(x,y)=c_p+a_p\cdot(x-u)+b_p\cdot(y-v).$$

　ここで a_p、b_p および c_p は、$p=(u,v)$ に関して滑らかな関数である。 地区 i での平均降雨時間を l_i として、$h_i=\log(1+l_i)$, $i=1,\cdots,42$, とするとき、(a_p,b_p,c_p) の重み付き最小自乗推定値は、リッジ回帰分析を用いて、

$$(\hat{a}_p,\hat{b}_p,\hat{c}_p)'=(X_p{}'W_pX_p+\lambda I)^{-1}X_p{}'W_ph,$$

により記される。ただし、λ はリッジ定数であり、

$$X_p=\begin{pmatrix} 1 & 1 & \cdots & 1 \\ x_1-u & x_2-u & \cdots & x_{42}-u \\ y_1-v & y_2-v & \cdots & y_{42}-v \end{pmatrix}', \quad h=\begin{pmatrix} h_1 \\ \vdots \\ h_{42} \end{pmatrix},$$

$$W_p=\text{diagonal}(w_1^{(p)},w_2^{(p)},\cdots,w_{42}^{(p)}), \quad w_i^{(p)}\propto n_i e^{-\rho\{(x_i-u)^2\cos^2(\pi\cdot y_i/180)+(y_i-v)^2\}}, \quad i=1,\ldots,42,$$

である。ここで、ρ は近傍の大きさを規定する尺度母数（未知）であり、その値は λ とともにデータに基づいて最適化されるべきものである。そこで、各代表点での降雨時間の平均値に対して交差確認法(CV法)を用いて、最適化を行った。平滑化のための母数 (λ,ρ) の値としては、最適化の結果に基づき、$(\lambda,\rho)=(1,300)$ を用いた。

Appendix　A 2　推定された地区別時刻別「黒い雨」体験率

地区番号	回答者数	時刻別「黒い雨」体験率								
		T= 8	T= 9	T=10	T=11	T=12	T=13	T=14	T=15	T=16
2	14	0.15	0.21	0.43	0.64	0.36	0.00	0.07	0.21	0.07
3	13	0.32	0.46	0.62	0.31	0.15	0.08	0.08	0.08	0.00
4	19	0.26	0.63	0.74	0.42	0.21	0.16	0.11	0.00	0.00
5	27	0.00	0.56	0.41	0.30	0.22	0.11	0.07	0.07	0.11
10	12	0.30	0.17	0.25	0.50	0.58	0.42	0.50	0.25	0.08
11	10	0.20	0.20	0.20	0.30	0.10	0.10	0.20	0.30	0.30
12	10	0.00	0.50	0.60	0.50	0.30	0.10	0.10	0.00	0.00
13	13	0.25	0.39	0.69	0.39	0.31	0.23	0.08	0.15	0.08
15	20	0.11	0.35	0.40	0.45	0.35	0.25	0.25	0.15	0.05
16	27	0.18	0.44	0.63	0.59	0.37	0.15	0.11	0.15	0.04
17	11	0.31	0.36	0.55	0.46	0.18	0.00	0.00	0.09	0.09
18	29	0.00	0.52	0.52	0.38	0.31	0.24	0.28	0.21	0.03
19	14	0.29	0.21	0.50	0.50	0.36	0.36	0.36	0.36	0.14
20	21	0.20	0.71	0.57	0.38	0.24	0.14	0.10	0.05	0.00
21	20	0.04	0.35	0.40	0.35	0.25	0.35	0.30	0.20	0.20
22	25	0.06	0.24	0.52	0.28	0.20	0.20	0.32	0.24	0.12
23	34	0.16	0.24	0.53	0.59	0.32	0.24	0.15	0.06	0.03
24	43	0.35	0.49	0.58	0.51	0.35	0.19	0.05	0.07	0.09
25	34	0.08	0.47	0.44	0.41	0.15	0.06	0.12	0.12	0.06
27	38	0.14	0.40	0.55	0.47	0.40	0.29	0.26	0.24	0.08
28	21	0.18	0.38	0.71	0.62	0.24	0.14	0.14	0.10	0.05
29	130	0.31	0.48	0.55	0.43	0.25	0.17	0.13	0.13	0.06
30	13	0.14	0.46	0.39	0.46	0.39	0.15	0.15	0.08	0.08
31	56	0.29	0.45	0.70	0.55	0.38	0.21	0.13	0.05	0.05
32	34	0.14	0.41	0.29	0.32	0.15	0.18	0.27	0.15	0.03
33	14	0.28	0.64	0.50	0.36	0.21	0.14	0.07	0.00	0.00
34	18	0.07	0.56	0.50	0.33	0.17	0.11	0.17	0.11	0.06
36	14	0.00	0.14	0.50	0.57	0.36	0.29	0.29	0.36	0.29
37	26	0.03	0.27	0.58	0.50	0.31	0.15	0.15	0.12	0.04
39	33	0.22	0.36	0.52	0.42	0.21	0.15	0.21	0.24	0.24
40	73	0.10	0.60	0.69	0.47	0.33	0.25	0.14	0.10	0.03

41	42	0.13	0.38	0.67	0.60	0.38	0.21	0.17	0.14	0.05
42	15	0.15	0.40	0.53	0.47	0.40	0.27	0.13	0.07	0.00
43	48	0.17	0.42	0.56	0.48	0.33	0.21	0.15	0.13	0.08
45	29	0.05	0.45	0.66	0.76	0.45	0.21	0.14	0.10	0.00
46	22	0.15	0.41	0.77	0.50	0.23	0.23	0.09	0.05	0.05
47	41	0.18	0.29	0.42	0.39	0.22	0.12	0.22	0.37	0.27
48	17	0.18	0.35	0.59	0.53	0.35	0.29	0.18	0.00	0.00
51	33	0.16	0.52	0.67	0.52	0.15	0.09	0.06	0.03	0.00
53	19	0.18	0.37	0.37	0.32	0.16	0.21	0.21	0.16	0.05
54	17	0.13	0.18	0.41	0.47	0.29	0.29	0.24	0.12	0.06
58	38	0.12	0.47	0.71	0.55	0.40	0.21	0.16	0.05	0.05
59	26	0.22	0.58	0.58	0.42	0.39	0.31	0.23	0.15	0.04
60	37	0.06	0.65	0.70	0.46	0.22	0.08	0.03	0.00	0.00
61	34	0.14	0.41	0.77	0.62	0.50	0.44	0.27	0.15	0.06
62	37	0.21	0.35	0.51	0.62	0.49	0.14	0.08	0.11	0.05
63	14	0.11	0.29	0.29	0.29	0.29	0.14	0.21	0.29	0.21
64	19	0.10	0.42	0.58	0.42	0.21	0.05	0.16	0.16	0.11
65	10	0.39	0.60	0.70	0.40	0.10	0.20	0.20	0.20	0.20
66	13	0.00	0.54	0.39	0.46	0.31	0.23	0.15	0.08	0.08
85	16	0.15	0.19	0.50	0.44	0.44	0.44	0.44	0.25	0.13
86	20	0.16	0.25	0.30	0.45	0.30	0.20	0.20	0.25	0.10
mean	(計 1413)	0.16	0.41	0.53	0.46	0.29	0.20	0.17	0.14	0.08

終章　被爆者健康手帳交付行政の課題
―「黒い雨」訴訟広島高裁判決確定を踏まえて―　　田村 和之

はじめに

「黒い雨」訴訟は、2021年7月14日の広島高裁判決について被告の広島県・広島市および訴訟参加した厚生労働大臣が上告を断念し、確定した。この結果、広島県および広島市が、原告84人全員を被爆者援護法1条3号の放射能影響被爆者（三号被爆者）と認め、被爆者健康手帳を交付したことはいうまでもない。その後の課題は、判決を受け入れた厚生労働省および広島県・市が、判決の趣旨に従い、被爆者健康手帳交付行政を改革することである。

上告断念にあたり、内閣総理大臣談話（2021年7月27日閣議決定）が公表された。これには次のようなことが述べられていた。

　　ア　一審、二審を通じた事実認定を踏まえれば、一定の合理的根拠に
　　　　基づいて、原告84名を被爆者と認定することは可能である。
　　イ　「過去の裁判例と整合しない点があるなど、重大な法律上の問題
　　　　点があ」る。「内部被曝の健康影響を、科学的な線量推計によらず、
　　　　広く認めるべきとした点については、これまでの被爆者援護制度の
　　　　考え方と相容れないものであり、政府としては容認でき」ない。
　　ウ　「84名の原告の皆さまと同じような事情にあった方々について
　　　　は、訴訟への参加・不参加にかかわらず、認定し救済できるよう、
　　　　早急に対応を検討します。」

ウは当然のことであるが、なぜ素直に原告全員を「被爆者」と認定するといわないのか（ア）、広島高裁判決を受け入れながら、なぜ判決には重大な法律上の問題があるなどというのか（イ）、疑問である。

ともあれ、原告と「同じような事情」にある広島および長崎の原爆被災者に被爆者健康手帳が交付されることになるだろうと期待された。しかし、

その後の被爆者健康手帳交付行政の動きをみると、必ずしも事態はそのように進展していない。本稿では、そのような判決確定後の被爆者健康手帳交付行政の動きについて、問題点を検討する。

処理基準、審査基準

　広島市、広島県及び厚生労働大臣は、上告せずに広島高裁判決を受け入れたのであるから、内閣総理大臣談話のウにより、訴訟に参加しなかった「黒い雨」に遭った者はもちろん、長崎の「原爆体験者(1)」も放射能影響被爆者（三号被爆者）として扱われることになると思われた。

　厚生労働省、広島県、広島市、長崎県、長崎市は、「黒い雨」にあった者の取扱いについて協議し、2021年12月23日の第3回協議で厚労省は、広島で被爆した者に限定した、「黒い雨」訴訟の原告と「同じような事情にあった」に関する「『黒い雨』訴訟を踏まえた審査の指針改正の骨子（案）」を提示し、長崎については、引き続き長崎県・市と協議するとした。この案について、広島県・市は同意したが(2)、長崎県および長崎市は「広島に限定される指針骨子案は、受け入れられるものではない」とした(3)。同月27日、厚労省は「『被爆者援護法第1条第3号に係る審査の指針』の改正内容骨子」を明らかにし、㋐「黒い雨に遭った」こと、㋑「11種類の障害を伴う一定の疾病にかかっていること」を審査の指針とするとした。

　2022年3月18日、厚労省は健康局長通知（健発1318第8号）を発出し、「原告と同じような事情にあった者」に関する放射能影響被爆者の解釈・運用の基準を示した。この通知は、地方自治法245条の9の「処理基準」（都道府県が法定受託事務を処理するに当たりよるべき基準）とされた。したがって、各行政庁（都道府県知事、広島市長、長崎市長）は、この処理基準によりながら手帳交付の審査基準(行政手続法5条)を定めることになった。

　この通知は、次の①及び②のいずれにも該当する者が放射能影響被爆者に該当するとする。
　　①　「次のⓐⓑのいずれにも該当する者　ⓐ「黒い雨を浴びた、黒い

雨で服が濡れたなど、黒い雨に遭ったことが確認できること」　ⓑ
「黒い雨に遭った場所・時間帯、降雨状況、生活状況等が、『原告』
と同じような事情にあったことが確認できること」
　②　「11種類の障害を伴う疾病」にかかっていること
　広島高裁判決は、11種類の疾病罹患を放射能影響被爆者の認定の要件
とした広島地裁判決を「失当である」としたにもかかわらず、厚労省は②
を放射能影響被爆者該当性の判断基準としたのであり、違法というほかな
い。
　国の大臣が策定した法定受託事務の処理基準は、地方自治体に対し法
的拘束力を有しない(4)。しかし、広島市や広島県は、厚労省「処理基準」
の違法な部分（11種類の疾病に罹患）に従って放射能影響被爆者の審査
基準を策定した。そのような審査基準は違法である。違法な審査基準によ
り、11種類の疾病罹患が認められないとして被爆者健康手帳の交付申請
を却下すれば違法であり、却下された者が取消訴訟を提起すれば、広島県・
市の敗訴は必至である。
　なぜ厚労省はこのような処理基準を策定したのであろうか。結論からい
えば、被爆者援護法附則17条(旧原爆医療法附則3項)は原爆当時「黒い雨」
大雨地域に在った者に「第一種健康診断受診者証」を交付し、健康診断を
受けられるとし（健康診断の特例）、これを受けて厚生省・厚労省は通達
を発し、健診の結果11種類の疾病に罹患していると診断されたときは被
爆者健康手帳を交付するとしているが（1974年7月22日、衛発402号厚
生省公衆衛生局長通達）、この取扱いを前提とする限り、11種類の疾病罹
患を確認できない「黒い雨」被爆者に被爆者健康手帳を交付することはで
きないと考えたのであると推測される。
　このような健康診断特例措置による被爆者健康手帳の交付について、広
島高裁判決は、「本来、原爆医療法2条3号の被爆者に該当すべき者につ
いて、誤ってその交付をしないで健康診断特例措置の対象者としたとも考
え得る」と判示した(5)。同判決は、1974年の原爆医療法改正（法律86号）
により追加された附則3項による健康診断特例措置は、同法本則の被爆者

健康手帳交付の仕組みと本来的に矛盾するとみているのであり、筆者も同じ見解である[6]。このように考えれば、「黒い雨」被爆者に対する被爆者健康手帳交付を健康診断特例措置によるそれに適合させようとすることは、矛盾の上塗りであると評するほかない[7]。

法治国家原理の否定

　「黒い雨」訴訟に訴訟参加した厚生労働大臣（厚生労働省）、被告の広島県および広島市は行政訴訟で敗訴し、敗訴判決を受け入れたにもかかわらず、判決の主旨を尊重しようとしない。これは、異常・異様な事態というほかない。

　広島市健康福祉局原爆被害対策部長は、次のように述べてこの事態を合理化している。「原告以外の黒い雨体験者には、黒い雨裁判の高裁判決の効力は及ぶものではなく、国が上告を断念した際に示した総理談話に基づき、救済していくべきものと考えています。」（2022年2月14日広島市議会本会議における答弁[8]）

　行政訴訟や国賠訴訟で行政側が敗訴したとき、原告に対し判決に従い行政のあり方を改めるが、それ以外の者に対しては改めないというのでは、何のための裁判だったのかという疑問がわく。「黒い雨」訴訟のような行政訴訟は、法治国家原理の内実をなす「法律による行政の原理」の実効性を保障しようとするものである[9]。したがって、国や地方自治体など行政活動に携わるものは、裁判の当事者であるか否かにかかわらず、行政訴訟で出された判決を尊重することが要請される。このようでなければ、法治国家は成り立たない。厚労省、広島県・市の態度は、法治国家原理を否定するものである。

新基準の適用日

　厚労省は、2022年4月1日から処理基準を適用するとし、同日より前になされた被爆者健康手帳の申請日は4月1日にみなすとした。これは申請日の一方的な変更である。

　このような申請日の行政による変更は行政手続法7条に違反し、違法である。すなわち、同条によれば、申請書の記載事項に不備などがある場合は申請者に対して申請の補正を求めることができるが、「申請日の不備」はおよそあり得ないことであり、その変更は「申請の補正」の対象でない。

　厚生省・厚労省は、長い間、交付決定した被爆者健康手帳は、申請日にさかのぼって有効であるとしてきた[10]。交付された被爆者健康手帳が申請日より有効とされることにより、被爆者は自己負担していた医療費を被爆者援護法18条1項の一般疾病医療費として還付を受けることができ、また、健康管理手当支給要件に該当する者が被爆者健康手帳交付申請とともに同手当支給申請をしていれば[11]、申請日の属する月の翌日からの健康管理手当が支給される（同法27条）。このようにして、被爆者健康手帳の交付決定日が遅れたことの不利益が被爆者に及ばないようにした。

　申請日の変更は、このような不利益が「黒い雨」被爆者に生じることを意味するものであり、違法な差別的取扱いである。

長崎「被爆体験者」について

　前述のように、政府・厚労省は長崎の「被爆体験者」には処理基準を適用しない。その理由について、後藤茂之厚生労働大臣は次の2点をあげた。

　「（長崎については）広島と同様の争点について最高裁に上告がなされまして、被爆地域として指定されていない地域にいる方は身体に原子爆弾の放射能の影響を受けるような事情のもの^{ママ}にあったとは言えない……とする判決が平成29年及び令和元年に確定をいたしております。また、この判決では、被爆地域と指定されていない地域では原爆投下後も間もなく雨が降ったとする客観的な記録はないとされております[12]。」

　1点目の最高裁判決とは、長崎「被爆体験者」訴訟の2017年12月18日判決[13]と2019年11月21日決定[14]を指す。前者は、「（原審の福岡高裁は）長崎原爆が投下された際爆心地から約5kmまでの範囲内の地域に存在しなかった者は、その際に一定の場所に存在したことにより直ちに原爆の放

射線により健康被害を生ずる可能性がある事情の下にあったということはできない上、本件申請者らに長崎原爆の投下後、原爆の放射線による急性症状があったと推認することはでき」ないという。この判示については、次のような広島高裁の指摘が適切である。すなわち、最高裁は「『一定の場所（爆心地から7.5km以上12km以下の範囲内の地域）に存在したこと』をもって、直ちに原爆の放射線により健康被害を生ずる可能性がある事情の下にあったということはできないなどとした原判決の説示を是認したにとどまるものであ」る。すなわち、最高裁は、原爆当時「一定の場所」に在ったうえで、「黒い雨」に遭い、または放射性降下物を浴び、吸収し、あるいは摂取した者が、放射能影響被爆者に該当するかどうかについて、何ら判断を示していないのである。

２点目の、長崎では原爆投下後「雨が降ったとする」客観的記録がないことに

長崎および島原半島一帯のガンマ線強度分布（単位 J ）（Radioisotopes 49,376(2000)　中根良平）

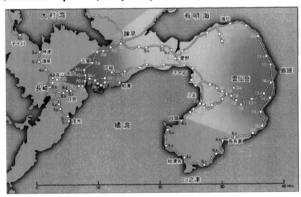

● 6.4J以下　　○ 6.4Jから10Jまで　　● 10J以上

図　長崎および島原半島一帯におけるγ線強度分布
（単位：J, 1945年12月25日〜1946年1月15日）
　（出典）中根良平「長崎の原爆被爆調査——ネーヤ電位計による
γ線計測——」RADIOISOTOPES、49巻7号、2000年

（図の解説。長崎総合科学大学名誉教授の大矢正人氏による。）
理化学研究所仁科研グループの増田時雄、坂田民雄、中根良平は、長崎原爆の残留放射線（γ線）をネヤー型電離箱を使って、1945年12月25日から翌年1月22日まで、長崎、島原半島一帯で測定した。単位Jは電離強度を示す単位で、1 J = 1.73 μ R／h に相当する。図は坂田民雄が保存していたグラフに基づいて、中根良平が作成した。長崎での自然バックグラウンドは4.8 Jであり、西山水源地での最大強度は685 J、島原では17.1 Jであった。米軍マンハッタン調査団もGM計数管を使って、1945年9月20日から10月6日まで、同地域で残留放射線を測定した。これらの結果は、長崎原爆の放射性降下物が爆心地から遠く離れた地域にも存在していたことを示している。

ついては、長崎県が設置した「長崎の黒い雨等に関する専門家会議報告書」（2022年7月）は、「長崎においては、被爆地域である西山地区以外で原爆投下後間もなく降雨があったことに関し、『平成11年度原子爆弾被爆未指定地域証言調査　証言集』は、客観的な記録である」との指摘が説得的である[15]。付言すれば、広島高裁判決の、「黒い雨に放射性降下物が含まれていた可能性があったことから、たとえ黒い雨に打たれていなくても、空気中に滞留する放射性微粒子を吸引したり、地上に到達した放射性微粒子が混入した飲料水・井戸水を飲んだり、地上に到達した放射性微粒子が付着した野菜を摂取したりして、放射性微粒子を体内に取り込むことで、内部被爆による健康被害を受ける可能性があるものであったこと……すなわち『原爆の放射能により健康被害が生ずることが否定できないものであったこと』……が認められる」との判示は、そのまま長崎「被爆体験者」の放射能影響被爆者該当性の判断あたり妥当する。長崎では、原爆直後に、爆心地から主に東方のかなり広い範囲の地域に放射性微粒子の降下があったことは、今日では広く知られている（図参照）。

　以上により、長崎「被爆体験者」を「黒い雨」訴訟の84人の原告と「同じような事情にあった」者と認めない厚生労働省の態度には、まったく理由がないというほかない[16]。

長崎「被爆体験者」支援事業の拡充

　厚生労働省は、2002年度より「被爆体験者」支援事業を行ってきた。この事業は、被爆体験による精神的要因に基づく健康影響に関連する精神疾患を有する者に医療費を支給する法外事業である（被爆体験者精神影響等調査研究事業[17]）。対象者は長崎県内に居住する第二種健康診断受診者証（被爆者援護法施行規則附則2条）の所持者[18]であり、この事業の適用を受けようとするときは、さらに「被爆体験者精神医療受給者証」の交付を受けなければならない。交付要件は、被爆体験に起因する要医療性を有する精神疾患を有することであり、この「受給者証」の交付を受けた者が「被爆体験者」である。「被爆体験者」は「被爆者」でないから、被爆

者援護法による援護を受けられない

　2022年8月9日、長崎を訪れた岸田文雄首相は、長崎県外居住者を含む「被爆体験者」のがんの一部について医療費を助成すると表明した。これを受けて厚労省は、同年12月1日、「被爆体験者精神影響等調査研究事業の拡充に関する検討会」を開き、7種類のがん（胃がん、肝がん、膵がん、大腸がん、胆のうがん、乳がん、子宮体がん）の医療費（自己負担分）を支給するとし、同月9日、同検討会はこれを承認した。実施期日は2023年4月1日である。この拡充策が実施されれば、「被爆体験者」のがんの約50％が医療費支援の対象になると報じられている。

　しかしながら、以上の「被爆体験者」支援事業は、長崎の爆心地から約7.5～約12ｋｍの範囲の地域に在った者は「被爆者」でないとし、被爆者援護法を適用しないものであり、そのような事業をいかに拡充しても、被爆者援護法を適用して被爆者を救済・援護するものにならない。言い換えれば、本来「被爆者」として被爆者援護法を適用すべき者を、違法に「被爆者」とせず、代わりに一部のがんの医療費支援を行い、その場しのぎをしようとするものにすぎない。

　「被爆体験者」と言われる人は、まぎれもなく被爆者である。これらの人は被爆者援護法1条3号の被爆者（放射能影響被爆者）であるから、同法が適用されなければならない。

おわりに

　広島原爆の「黒い雨」に遭い、現存する者の数は約1万3000人と推定されているが[19]、「黒い雨」訴訟広島高裁判決の確定後、2023年3月末までに広島県・市は、合計で約3,800人の「黒い雨」被爆者に被爆者健康手帳を交付している[20]。数だけをみれば多いと感じられるが、これらの人たちは被爆後80年近く原爆医療法・原爆特別措置法・被爆者援護法の適用を受けられずに、放置されていたことを忘れてはならない。また、高齢化が進み、手帳申請そのものが難しくなっている人が少なくない、と推定される状況における数値であることに留意しなければならない。

　被爆者健康手帳交付事務を担う広島県および広島市は、裁判敗訴の結果とはいえ、容易といえない事務を大量に処理しなければならないという「困難」に直面している。そのような状況において、筆者は、あらためて地方自治を強調したい。被爆者援護法は、都道府県、広島市および長崎市の被爆者援護事務の多くを地方自治法にいう法定受託事務としている（51条の２）。法定受託事務（地方自治法２条９項）もまた地方自治体の事務であり、その処理にあたり自治権が認められている。法定受託事務については国による「関与」が自治事務（同前２条８項）より強く行うことができるが、だからといって地方自治体の自主性をまったく奪うような「国の関与」が認められているわけでない[21]。

　ところが、都道府県、広島市および長崎市における被爆者援護行政は、まったくといってよいほど厚労省の支配下におかれ、隅から隅まで同省の管理・監督の下で処理されている[22]。このような異常をただし、被爆者健康手帳交付行政の正常化を図ることは急務の課題である。

【注】
（１）「被爆体験者」については、後述の小見出し「長崎『被爆体験者』支援事業の拡充」の叙述を参照されたい。
（２）広島県は、厚生労働大臣に宛てた「『黒い雨』訴訟を踏まえた審査の指針改正の骨子案について（回答）」（2021年12月24日付け）において、「国として、『黒い雨』体験者のことを考え、最大限の配慮をしていただいたものと考える。」「高齢化が進む『黒い雨』体験者のことを思うと、早期に制度運用を開始する必要がある。／このため、本県としては、今回、国から示された標記骨子案については、受け入れることとするが、国におかれては、控訴審判決を尊重して、指針から、『疾患要件』を外していただくようお願いする。」と回答した。また、広島市は「黒い雨体験者の救済に係る個別認定指針の骨子（案）について（回答）」（2021年12月24日付け）において、「貴省からの提案は、本市の主張（疾病要件を課すべきではない）が受け入れられないことから、賛成することはできないものの、黒い雨体験者の迅速な救済を図る必要がある中で、提案の内容であれば、実質的に、黒い雨体験者の方々に対し、直ちにまた確実に手帳交付が行えるものと判断したことから、反対しないこととする。」と回答した。
（３）長崎県および長崎市は、厚生労働大臣に宛てた連名の「個別認定指針の骨子案に対する回答」（2021年12月27日付け）で、「長崎においても広島と同様に被爆未指定地域において黒い雨等が降っていることは、平成11年度証言調査より明らかである。」「長崎において黒い雨等が降った場所に関する事実を国が認めた際には長崎を対象とする

旨を、現時点で認定指針の骨子に明記していただきたい。／広島に限定される指針骨子案は、受け入れられない。」と回答し、厚労省が示した指針骨子案は、「新たな裁判を誘発するものである。」と猛反発した。

（4）処理基準の法的生活について、塩野宏『行政法Ⅲ（第5版）』（2021年、有斐閣）は、「内容的には解釈基準でもあるし、裁量基準であることもある」とする（266頁）。また、宇賀克也『地方自治法概説（第8版）』（2019年、有斐閣）は、「処理基準は法的拘束力を持つものではない」、「処理基準は、一般的な基準であり、具体の事例について個別に指示するものではない」（以上417〜418頁）とする。

（5）「黒い雨」訴訟2021年7月14日広島高裁判決の「事実及び理由」第3章第3の2（3）イ。同判決は、この引用部分のすぐ後にも、「本来、同号（原爆医療法2条3号。田村）の被爆者に該当するものとして被爆者健康手帳を交付すべき者であったにもかかわらず、敢えて、その交付をしないで健康診断特例措置の対象者とした疑いが強いといわざるを得ず、そうであれば、同号の意義の解釈に当たって健康診断特例措置が設けられたことを参照することは、解釈を誤らせるおそれが大きいというべきである。」と判示する。

（6）このように考えれば、現行規定である被爆者援護法附則17条は、削除されなければならない。そのためには、同法の改正が必要である。

（7）ついでに指摘すれば、「黒い雨」に遭った母親の胎児であった者は、被爆者援護法1条4号の胎内被爆者に該当するとされるが（2022年10月11日健総発1011第2号、厚生労働省健康局総務局長通知（処理基準））、この場合、本文で述べた厚労省健康局長通知（2022年3月18日健発1318第8号）によれば、母親が11種類の疾病に罹患していたことが同条3号の被爆者該当の要件であるとされる。しかし、被爆後77年が経過した現在、生存している可能性が皆無に近い母親の、存命中の疾病罹患の証明は至難であり、ほとんど不可能に近いと推測される。

（8）従うべきは敗訴判決でなく「総理談話」である旨の広島市部長答弁には驚かされるが、これが同市における被爆者援護法に基づく事務処理の実態である。なお、広島市の被爆者健康手帳交付事務の処理について、いかに厚労省が厳しく介入・干渉し、これに同市が従っているかについて、田村和之「厚生労働省による地方自治体事務への介入・干渉について」（『賃金と社会保障』1692号、2017年10月下旬号）を参照されたい。

（9）藤田宙靖『新版行政法総論上』青林書院、2020年、71頁

（10）1962年4月16日衛発278号、厚生省公衆衛生局長通達。

（11）2019年3月29日衛総発0329第1号、厚生労働省健康局総務課長通知（処理基準）は、被爆者健康手帳交付申請の際に、健康管理手当など被爆者援護法による手当の支給申請を「同時に受理して差し支えない」とする。

（12）「参議院予算委員会会議録」13号（2022年3月14日）44〜45頁。同趣旨の後藤厚生労働大臣の説明につき、「衆議院厚生労働委員会議録」15号（2022年4月20日）20頁参照。

（13）2017（平成29）年12月18日最高裁判決（民集71巻10号、判例時報2382号、判例タイムズ1451号、裁判所ウェブサイト）

（14）2019（令和元）年11月21日最高裁決定（裁判所ウェブサイト）。この決定は「被爆体験者」（一審原告）による上告を棄却および上告受理申立てを受理しないと決定しただけで、

　　最高裁としての具体的な見解を示していない。

(15)　この「報告書」に対して、厚生労働省健康局総務課原子爆弾被爆者援護対策室は、「『長崎の黒い雨等に関する専門家会議 報告書』についての見解」（2023年1月16日）を公表し反論するが、本文で述べたこと以上を付け加える必要はない。

(16)　長崎「被爆体験者」が原告となって争った被爆者健康手帳交付を求める裁判は、これまでに3件ある。そのうちの2件は、注13および注14の最高裁判決・決定により、原告全員の敗訴で終わった。もう1件は、現在、長崎地裁に係争中で、原告は「被爆体験者」44人、被告は長崎市及び長崎県であり、厚生労働大臣が訴訟参加している。

(17)　2002年4月1日健発0401007厚生労働省健康局長通知の別紙「被爆体験者精神影響等調査研究事業実施要綱」。その後、この要綱は改正されている。

(18)　第二種健康診断受診者証の交付を受けた者は、年1回の健康診断を受診できる（被爆者援護法施行規則附則1条の2）。

(19)　2020年9月17日広島県議会生活福祉保健委員会における広島県健康福祉局被爆者支援課長答弁。なお、その後、各地（国外を含む）に移住した者もいると考えられる。

(20)　このほか、各都道府県知事および長崎市長により被爆者健康手帳は交付されている。その数は、2022年12月29日付け「毎日新聞」によれば110人と報じられている（2022年9月末現在。広島県・市交付分を除く）。

(21)　一部に、法定受託事務は国から委託・委任された事務であるから国の「意思・意向」を尊重しなければならないとする理解があるが、誤解である。なお、この誤解は「受託」という文言から発しているように見受けられるので、「法定受託事務」という用語は、再検討が必要である。

(22)　注8の拙論参照

❺「黒い雨」再調査と 34 年後の真実（増田 善信）

図7 （163頁）
増田が「黒い雨」の調査結果を整理した大学ノートの一例

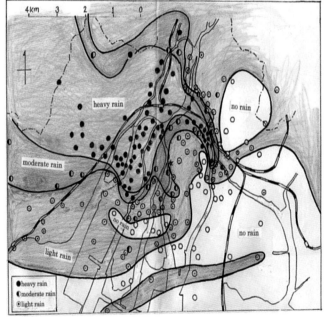

図8 （163頁）
旧広島市内の降雨図(4)。
この図で
⊙は小雨、
◖は中雨、
●は大雨で、
○は雨なし、
＊は爆心である。

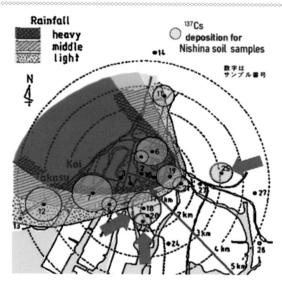

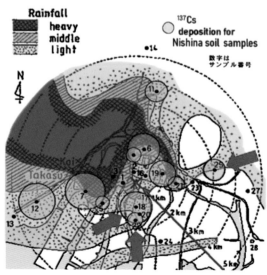

図 10（164頁）
広島旧市内の宇田雨域（上図）
と増田雨域（下図）と原爆投下
直後に仁科調査団が採取した砂
の 137Cs の測定値との対応の
良さから降雨図の精度を調査し
た結果[5]。（増田雨域の精度が
いいことが確かめられた）

III 原爆「黒い雨」の科学

❺「黒い雨」再調査と 34 年後の真実（増田 善信）

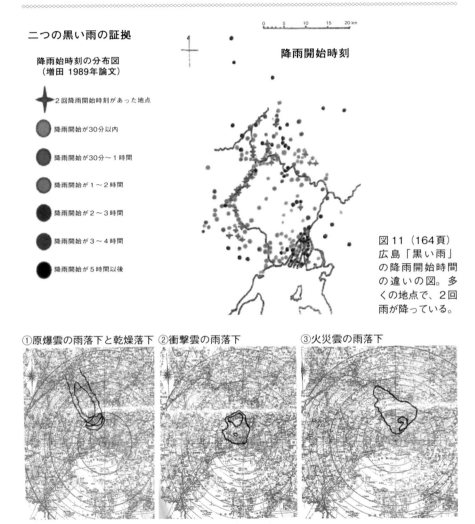

二つの黒い雨の証拠

降雨始時刻の分布図
（増田 1989 年論文）

✦ 2 回降雨開始時刻があった地点

⬤ 降雨開始が 30 分以内

⬤ 降雨開始が 30 分～ 1 時間

⬤ 降雨開始が 1 ～ 2 時間

⬤ 降雨開始が 2 ～ 3 時間

⬤ 降雨開始が 3 ～ 4 時間

⬤ 降雨開始が 5 時間以後

0 5 10 15 20 km

降雨開始時刻

図 11（164 頁）
広島「黒い雨」
の降雨開始時間
の違いの図。多
くの地点で、2 回
雨が降っている。

①原爆雲の雨落下と乾燥落下　②衝撃雲の雨落下　③火災雲の雨落下

図 12（170 頁）

「黒い雨に関する専門家会議報告書」に添付されている 3 つの図をまとめたもので、吉川論文のシミュレーションによって得られた放射性微粒子の降下範囲の図。

238

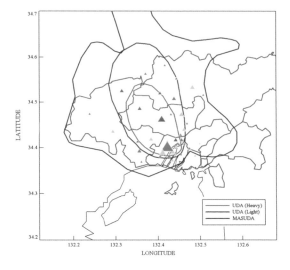

図2（210頁）
平均降雨時間
の地理的分布
宇田の大雨地
域、宇田の小
雨地域、増田
の雨地域の外
縁を、それぞ
れ、ピンク色、
緑、青色の曲
線で重ね合わ
せた。広島市
（令和4年時）
の区界を白色
の曲線で重ね
合わせた。

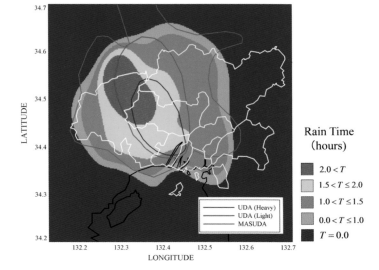

図3（210頁）
広島市近郊の
「黒い雨」の推
定降雨時間の
イメージ図

239

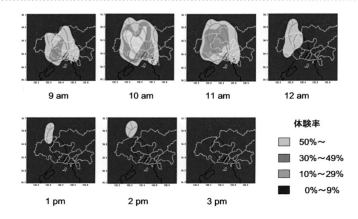

体験率

■ 50%〜
■ 30%〜49%
■ 10%〜29%
■ 0%〜9%

図4（211頁）　推定された広島の黒い雨体験率の時刻別地理分布

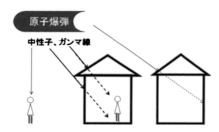

A　初期放射線のみの曝露が想定されている古典的原爆被爆様式
　　（DS86/DS02で想定されている原爆由来の放射線被曝様式）

B　放射性微粒子（粉塵）の曝露が絡んだ原爆被爆様式
　　（DS86/DS02では非想定の放射線被曝様式）

図5（215頁）　原爆による放射線被曝の様式の概念図

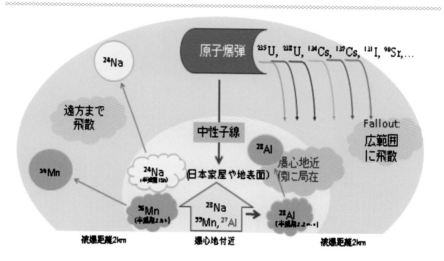

図6（216頁）　想定される広島原爆被爆者における放射性微粒子被曝の機序

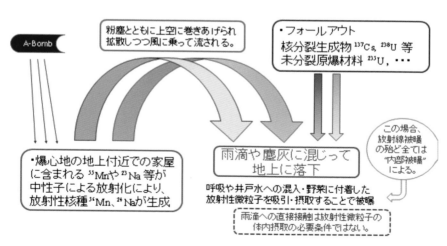

図7（216頁）　原告らにおける放射性微粒子曝露の想定機序

Ⅲ　原爆「黒い雨」の科学
❼「黒い雨」と放射線内部被曝（大瀧　慈）

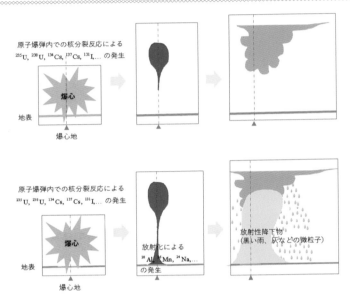

図8（217頁）　原爆炸裂およびその直後での放射性微粒子の生成過程

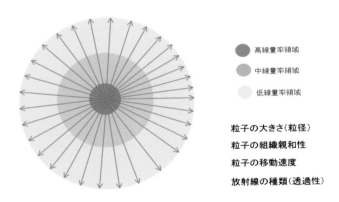

図9（217頁）　放射性微粒子による被曝のイメージ

あとがき

竹森 雅泰

　2009年3月に言い渡され確定した3号被爆者訴訟における広島地裁判決によれば、「身体に放射線の影響を受けたことが否定できない事情が存する」者は被爆者と認定されるべきであるから、原爆に由来する放射性降下物を含む黒い雨に遭った者も当然に被爆者援護法1条3号に該当するとされるべきではないか、なぜ黒い雨に遭った者だけ健康診断特例措置の対象とされ、11種類の障害を伴う疾病を発症した時だけ3号被爆者と扱われるのか、なぜ宇田強雨域に限定して健康診断特例区域が指定され、他の場所で黒い雨に遭った者は健康診断特例措置の対象にすらされていないのか。2014年に黒い雨連絡協の皆さんから相談を受けた際に感じたことである。

　被爆から70年の2015年11月に提訴した「黒い雨」訴訟は、2020年7月に広島地裁で、翌2021年7月に広島高裁でいずれも原告84名全員が勝訴し、被爆から76年目にしてやっと黒い雨に遭った者は「被爆者」であると認められた。しかし、原告84名のうち15名は手帳を見ることなく鬼籍に入った。原告以外の数多くの黒い雨被爆者が、「被爆者」と認められることなく亡くなったことを考えると、宇田強雨域外で黒い雨に遭った者を被爆者援護の対象から除外し続けてきた国の責任は重いといわざるを得ない。

　「黒い雨」問題は、「科学的な線量推計」に基づいて被爆の実相を過小評価しようとする、国の施策との闘いの歴史である。被告らの準備書面では、原爆医療法制定時から当然の前提とされてきた残留放射線による人体影響を無視ないし過小評価するような主張が繰り返された。広島地裁判決及び広島高裁判決は、被告らの主張が、原爆医療法制定当時からの被爆者援護

244

施策の趣旨・理念等に反していることを見抜き、あるべき被爆者援護法の解釈を示し、黒い雨に遭った者は「被爆者」であると認定した。原爆症認定訴訟、在外被爆者訴訟、3号被爆者訴訟などの原爆関連訴訟に続く、司法の面目躍如であると同時に、司法に携わる弁護士としても感無量であった。

　2023年4月28日、23名の黒い雨被爆者が原告となって、広島地裁に、広島市及び広島県を被告とする、第2次「黒い雨」訴訟を提起した。

　広島高裁判決を受け入れた内閣総理大臣談話が閣議決定され、原告以外の黒い雨被爆者を救済するという政府の方針が示されたにもかかわらず、なぜ、第2次訴訟が提起されるに至ったのか。

　それは、本書終章「被爆者健康手帳交付行政の課題」で田村和之が指摘しているように、2022年3月18日付けで策定された厚生労働省の処理基準自体の問題と、処理基準を踏まえた新基準における行政実務上の運用の問題の2つに起因している。

　2022年4月1日から処理基準を踏まえた新基準の運用が開始されたが、運用開始から1年となる2023年3月末現在、広島市及び広島県によると、広島市長及び広島県知事に対して4,696名が被爆者健康手帳の交付申請を行い、うち3,763名が新たに黒い雨被爆者と認定されたものの、184名は交付申請を却下されている。却下理由の内訳は、黒い雨に遭ったことが確認できないというものが77名、11種類の障害を伴う疾病の罹患が確認できないというものが95名、新基準の運用開始前死亡が12名とのことである。

　第2次訴訟の原告は、黒い雨に遭ったことが確認できない、あるいは黒い雨に遭ったことは確認できるものの11種類の疾病の罹患が確認できないとして却下された者らで構成される。

　このうち、黒い雨に遭ったことは確認できるものの11種類の疾病の罹患が確認できないとして却下された場合は、まさに厚生労働省の処理基準

自体の問題である。すなわち、確定した広島高裁判決は黒い雨に遭ったという外形的な被爆事実が認められれば被爆者援護法1条3号該当性が認められるとし、そのように考えることが直爆、入市、救護・看護被爆者との整合性や、被爆者の不安を一掃し健康障害を予防・軽減するという被爆者援護法の趣旨・理念に適うといえるにもかかわらず、黒い雨被爆者にだけ11種類の疾病の罹患を要件とするのは不当であるという問題である。

　他方で、黒い雨に遭ったことが確認できないとして却下された場合は、宇田雨域、増田雨域及び大瀧雨域の3つの雨域の外で黒い雨に遭ったとして、被爆者認定を求めている場合である。処理基準やそれを踏まえた新基準上、3つの雨域の外では黒い雨に遭ったと認めないとされている訳ではない。しかし、実際に黒い雨に遭ったことが確認できないという理由で却下された場合を見ると、それは3つの雨域の外で黒い雨に遭ったとして被爆者健康手帳の交付申請をしている場合となっている。広島高裁判決は、黒い雨降雨域は3つの雨域に限定されるものではないと明言している。被爆から約78年になる現時点で黒い雨降雨域の全体像が明らかになっていないのは、戦争遂行主体であって、被爆者に対する援護に責任を有する国が、然るべき時期に然るべき調査をしなかったことに起因するのであるから、国がそのような調査を行っていないことによってことによる不利益を、何ら責任のない黒い雨被爆者に負わせることは、被爆者援護法の趣旨・理念に悖るといわざるを得ない。にもかかわらず、3つの雨域を、行政実務上「新たな線引き」として運用することが不当であるという問題である。

　「黒い雨」訴訟の訴状において、同訴訟の目的は、1つに「国の非科学的・不合理な態度を改めさせ、被爆区域あるいは健康診断特例区域を実質的に拡大させること」、2つに「非人道的な核兵器の究極的廃絶と、世界の恒久平和の確立を全世界に訴えること」を挙げた。

　このうち、1つ目については、「黒い雨」訴訟を通して、宇田強雨域に限定された従前の健康診断特例区域の指定が不合理なものであり、宇田雨域、増田雨域及び大瀧雨域といった3つの雨域内の黒い雨被爆者は救済さ

れるようになったことから、一定の成果を挙げたといえるが、前述のとおり、黒い雨被爆者にのみ疾病の要件を課していることや、3つの雨域を「新たな線引き」とする行政実務上の運用の問題が残されている。

　2つ目については、黒い雨被爆者を含む多くの被爆者の身を挺しての訴えにより、原子爆弾という比類のない破壊兵器の使用がもたらす非人道的な結果が広く世界に知れ渡り、2017年7月7日に核兵器禁止条約が採択され、2021年1月22日に発効を迎えた一方で、未だ全世界で約1万2,700発の核兵器が存在し、2022年2月24日にはロシアがウクライナに侵略を開始し、核兵器の使用に言及して核による威嚇を行う等、国際情勢は、核兵器の使用による惨禍が再び繰り返されかねない危機的な状況にある。

　「黒い雨」訴訟の目的達成は未だ道半ばである。このような認識のもと、第2次訴訟においても、1つに「黒い雨被爆者に関する被爆者認定の在り方を是正し、すべての黒い雨被爆者を速やかに救済すること」、2つに「非人道的な核兵器の究極的廃絶と世界恒久平和の確立を全世界に訴えること」を目的として、訴訟を提起することとなった。

　原爆投下後78年がたつというのに、まだ「黒い雨」問題は解決していない。「科学的な線量推計」に基づいて被爆の実相を過小評価しようとする、国の施策との闘いは、まだ続く。本書を通じて、このような古くて新しい「黒い雨」を含む放射線被曝の問題の経緯について知り、考え、そして行動するきっかけとしていただければ、これに勝る喜びはない。

　　　　　　　　　　　　　　　　　　　　　　　2023年5月

●執筆者紹介

田村和之（たむら かずゆき）（編者）
広島大学名誉教授。行政法、社会福祉法

竹森雅泰（たけもり まさひろ）（編者）
弁護士（広島弁護士会）。「黒い雨」訴訟弁護団事務局長

湯浅正恵（ゆあさ まさえ）
広島市立大学国際学部教授。社会学。

向井　均（むかい ひとし）
広島市立大学大学院博士後期課程。社会運動研究

増田善信（ますだ よしのぶ）
元・気象庁気象研究所研究室長。気象学　数値予報・気象シミュレーション。

矢ヶ崎克馬（やがさき かつま）
琉球大学名誉教授。物性物理学。

大瀧　慈（おおたき めぐ）
広島大学名誉教授。統計学。

原爆「黒い雨」訴訟

2023年6月30日　初版第1刷発行

編著者　田村 和之・竹森 雅泰

発行者　浜田　和子
発行所　株式会社 本の泉社
　　　　〒112-0005 東京都文京区水道 2-10-9　板倉ビル2階
　　　　電話：03-5810-1581　Fax：03-5810-1582
　　　　mail@honnoizumi.co.jp　／　http://www.honnoizumi.co.jp

ＤＴＰ　田近　裕之
印刷　新日本印刷株式会社
製本　株式会社　村上製本所